KB125115

The Golfers

더 골퍼

더 골퍼

제1판 제1쇄 발행 2016년 7월 18일

지은이 박노승
펴낸이 임용훈

마케팅 양총희, 오미경
편집 전민호
용지 정림지류
인쇄 현대인쇄공사
표지인쇄 예일정판
제본 동신제책사

펴낸곳 예문당
출판등록 1978년 1월 3일 제305-1978-000001호
주소 서울시 동대문구 답십리2동 16-4(한천로 11길 12)
전화 02-2243-4333~4 **팩스** 02-2243-4335
이메일 master@yemundang.com
블로그 www.yemundang.com
페이스북 www.facebook.com/yemundang
트위터 @yemundang

ISBN 978-89-7001-669-6 03690

＊ 이 도서의 국립중앙도서관 출판시도서목록(CIP)은 e-CIP홈페이지(http://www.nl.go.kr/ecip)와 국가자료
공동목록시스템(http://www.nl.go.kr/kolisnet)에서 이용하실 수 있습니다.(CIP제어번호:CIP2016014817)

The Golfers
더 골퍼

박노승 지음

예문당

이 책은 소설이 아닌 실제로 있었던 사실들에 대한 자료를 모아서 저술한 것입니다. 메이저 대회 6승 이상의 위대한 골퍼들이 탄생하기까지의 훈련과정과 그들의 스승들이 가르쳤던 스윙의 기초와 정신자세를 살펴보고, 메이저 대회의 우승을 향한 고된 과정을 현장감 있는 생생한 문체로 상세히 기술했습니다. 뼈대가 되는 사실들은 각 골퍼의 자서전에서 나온 것이고, 미디어의 자료들을 비교 검증하여 객관적으로 실었습니다. 자서전이 없는 선수들의 이야기는 당시의 신문기사와 인터뷰 내용을 참고로 한 것입니다. 책장을 넘기다 보면 믿기 어려운 놀라운 일화들을 발견할 수 있을 것입니다.

골프 역사의 줄거리가 되는 위대한 선수들의 계보는 뒤쪽의 도표를 보면 한 눈에 알 수 있습니다. 저의 전작 『더 멀리 더 가까이(전설이 된 골프 영웅들의 이야기)』에서는 세상을 떠난 전설적인 골퍼 9명의 이야기를 썼고, 이 책에는

2016년 현재까지 아직 살아있는 7명의 영웅들에 대한 이야기를 써서 위대한 선수를 중심으로 한 골프 역사를 완성했습니다. 이 두 권의 책을 읽는다면 누구보다도 더 해박한 역사와 지식으로 무장할 수 있을 것입니다.

또한, 책의 요소요소에는 여러분의 골프 기량을 향상시킬 수 있는 스윙의 기본기가 들어 있으며, 위대한 골퍼들의 기본이 된 자신감, 집중력, 인내심 등 정신자세에 대해서도 배우게 될 것입니다. 각 선수의 이야기를 읽으면서 유튜브에 접속하여 그 선수의 스윙을 살펴보도록 권합니다. 책에 나오는 이야기들을 직접 플레이한 영상을 찾아본다면 훨씬 더 재미있고 유익하게 배울 수 있으리라 확신합니다.

여러분이 훌륭한 골프선수가 되기를 꿈꾸고 있다면, 선수를 가르치는 지도자나 부모라면, 골프를 진정으로 사랑하는 아마추어골퍼라면 이 책을 통해 골프 지식과 지혜를 업그레이드하기를 바랍니다.

2016년 6월

박 노 승 (nsgolfbook@gmail.com)

진지한 골퍼라면 골프의 역사에 대하여 관심을 가지고 있을 것이다.

　골프장의 역사, 골프클럽의 역사, 골프공의 역사, 골프 룰의 역사, 메이저 대회의 역사, 골프 선수들의 역사 등 알고 나면 재미있는 사실들이 너무나 많다. 이 책은 골프 선수들의 이야기를 썼지만 다른 분야의 역사를 이해하는 데도 큰 도움이 될 것이다. 책을 읽기 전에 위대한 선수들에 대한 간단한 줄거리를 잡아놓고 시작하는 것이 이해에 많은 도움이 되리라 믿는다.

　1870년에 태어난 영국의 해리 바든Harry Vardon은 오늘날 가장 보편적인 골프 그립인 바든 그립(오버래핑 그립)을 유행시켰고, 근대 골프 스윙의 기초를 개발하여 새로운 스윙을 선보이며 메이저 대회 7승을 달성했다. 그는 프로골퍼로서 슈퍼스타로 인정받은 최초의 선수이다.

1892년에 태어난 미국 최초의 전문 프로골퍼인 월터 하겐Walter Hagen은 미국 프로골프의 기초를 만들었으며, 메이저 대회 11승을 올렸다. 1922년 미국인 최초로 디오픈에서 우승한 그는 당시 골프계를 지배하던 영국의 시대를 종식시키고 미국의 시대를 열게 만든 주인공이다.

1902년에 진 사라센Gene Sarazen과 보비 존스Bobby Jones가 태어났다. 진 사라센은 사상 최초로 커리어 그랜드 슬램을 달성하며 메이저 대회 7승을 했고, 보비 존스는 아마추어로서 메이저 6승, 프로로서 메이저 7승으로 총 13승을 달성했다. 1930년에는 보비 존스가 당시의 4개 메이저 대회를 한 해에 모두 우승함으로써 골프 역사에 한 번뿐인 '캘린더 그랜드 슬램Calendar Year Grand Slam'을 달성한 유일한 선수로 인정받고 있다. 이후 1930년에 전격 은퇴하여 아마추어 신분을 끝까지 지켰다.

1912년에 미국의 골프 삼총사American Triumvirate인 바이런 넬슨Byron Nelson, 샘 스니드Sam Snead, 벤 호건Ben Hogan이 태어났다. 바이런 넬슨은 PGA 투어 11연승의 신화를 이루며 메이저 5승을 했고, 샘 스니드는 PGA 최다승인 82승을 하며 메이저 7승을 하였다. 벤 호건은 최고 전성기에 자동차 사고를 당한 이후 컴백하여 1953년에 마스터스, US오픈, 브리티시 오픈을 모두 우승하는 기록을 세우며 메이저 9승을 달성했고, 커리어 그랜드 슬램을 달성한 두 번째 선수가 되었다.

1929년에 태어난 아놀드 파머^Arnold Palmer가 골프 삼총사의 후계를 물려받고 '킹^The King'이라는 별명을 얻는다. 그는 메이저 7승을 했지만 PGA 챔피언십에서 우승하지 못하여 커리어 그랜드 슬램 달성에 실패했다. 같은 해에 잊힌 천재로 불리는 모 노만^Moe Norman이 태어났는데 그는 메이저 대회에서 능력을 보여주지 못하고 무관으로 세상을 떠났다. 골프 역사상 최고의 볼 스트라이커로 인정받고 있다.

　1935년에 남아프리카 공화국의 게리 플레이어^Gary Player가 태어나서 미국 독주에 제동을 걸었다. 그는 메이저 대회 9승을 올렸고, 커리어 그랜드 슬램을 달성한 세 번째 선수가 되었다. 168센티미터의 왜소한 체격을 가졌지만 자기만의 스윙을 개발하여 힘의 열세를 극복했다.

　1939년에 가난한 멕시코 이민자의 아들로 태어난 리 트레비노는 메이저 대회에서 6승을 달성하였다. 하지만 아쉽게도 마스터스에서 우승을 거두지 못해서 커리어 그랜드 슬램을 달성하지 못했다. 잭 니클라우스와 끈덕진 라이벌 관계를 유지했다.

　1940년에는 잭 니클라우스^Jack Nicklaus가 태어나서 아놀드 파머, 게리 플레이어와 함께 '빅 쓰리^Big Three'라고 불리며 골프계를 평정하였다. 그는 메이저 대회

18승을 하여 역사상 메이저 대회 최다 승자이고, 26살 때 이미 커리어 그랜드 슬램을 달성했으며, 46세 때 마스터스 대회 우승으로 최고령 마스터스 우승자가 되었다. PGA 투어 통산 73승을 달성했다.

1949년, 톰 왓슨^{Tom Watson}이 태어나 1970년대와 1980년대에 잭 니클라우스의 라이벌이 되었다. 그는 메이저 8승을 달성했지만, PGA 챔피언십을 우승하지 못해서 커리어 그랜드 슬램 달성에는 실패했다. 디오픈에서만 5승을 거둔 그는 링크스 코스의 달인으로 인정받고 있다.

1957년, 영국의 닉 팔도^{Nick Faldo}와 스페인의 세베 발레스테로스^{Seve Ballesteros}가 태어나면서 유럽 골프의 부흥기를 선도했다. 닉 팔도는 1980년대부터 1990년대 사이에 메이저 6승을 하여 해리 바튼 다음으로 많은 메이저 대회의 우승을 거둔 유럽 선수가 되었다. 그러나 유럽 골프가 미국의 독주에 대 반격을 가할 수 있게 만든 주인공은 세베 발레스테로스였다. 그는 메이저 5승을 올리고 라이더 컵 매치에서 유럽이 미국을 제압하는 결정적인 역할을 하는 신화적인 존재가 되었지만 뇌암으로 인해 2011년 54세에 세상을 떠났다.

1975년에 태어난 타이거 우즈^{Tiger Woods}는 오늘날 최고의 선수로 인정받고 있다. 메이저 14승을 했고, 24살에 최연소로 커리어 그랜드 슬램을 달성했으며,

PGA 투어 79승을 기록 중이다. 타이거는 현재 부상으로 대회 참가를 못하고 있지만 그가 돌아오면 메이저 대회 최다승인 잭 니클라우스의 18승에 도전할 것이다.

  타이거 우즈 이후에 메이저 4승 이상을 올린 선수는 로리 맥길로이Rory McIlroy 뿐이다. 골프계에서는 타이거 우즈의 뒤를 이을 새로운 슈퍼스타를 기다리고 있지만 아직까지는 요원한 상태다. 누가 과연 그 자리를 차지하게 될지 함께 지켜보자.

✛ 위대한 골퍼들의 메이저 대회 우승 역사

출생년도

1870   해리 바든(7승)

1892   월터 하겐(11승)

1902   진 사라센(7승)
        보비 존스(13승)

1912   바이런 넬슨(5승)
        샘 스니드(7승)
        벤 호건(9승)

1929   아놀드 파머(7승)

1935   게리 플레이어(9승)

1939   리 트레비노(6승)
1940   잭 니클라우스(18승)

1949   톰 왓슨(8승)

1957   닉 팔도(6승)
        세베 발레스테로스(5승)

1975   타이거 우즈(14승)

( )는 메이저 대회 우승 횟수

1

아놀드 파머
Arnold Palmer (1929~)

주요 업적

메이저 대회 7승 마스터스: 1958, 1960, 1962, 1964 │ US오픈: 1960 │ 디오픈: 1961, 1962

프로 통산 95승 PGA 투어 62승

바든 트로피 4회 1961, 1962, 1964, 1967

The King

'킹(The King)'이라 불린 사나이

미국의 골프 미디어들은 아놀드 파머Arnold Palmer를 가리켜 '킹(The King)'이라고 부른다. 골프 역사상 가장 위대한 선수로 인정받는 벤 호건Ben Hogan은 아놀드의 바로 이전 세대로서 메이저 9승의 위업을 달성했고, 잭 니클라우스Jack Nicklaus는 아놀드의 전성기 시절 최고의 라이벌이었으며, 메이저 18 승으로 최다 승자에 이름을 올려놓은 선수이다. 그런데 어떻게 메이저 통산 7승을 거둔 아놀드가 그들을 제치고 '킹'의 자리에 오를 수 있었을까?

사실 아놀드는 킹이 될 만한 운과 시기를 타고 태어났으며, 그만한 자질도 가지고 있었다. 키 178센티미터에 80킬로그램의 체격, 균형 잡힌 근육질의 몸매, 호감이 가는 얼굴은 사람을 끌어당기는 힘이 있었으며, 플레이 스타일도 기존의 프로선수들과는 많이 달랐다. 냉정한 모습으로 거리와 바람을 계산하고 확률에 의한 플레이를 하는 다른 골프 선수들과는 달리 아놀드의 플레이는 언제나 공격적이었다. 샷의 결과는 공을 보지 않더라도 그의 표정으로 명확히 읽을 수 있었다.

1950년대 중반부터 TV에 중계되기 시작한 골프는 대중들에게 아놀드의 모습을 쉽게 보여주었다. TV 카메라는 수십 명의 다른 골프 선수들을 보여주기보다 아놀드를 집중적으로 중계했고, TV의 영향력을 등에 업은 아놀드는 골프의 르네상스 시대를 열기 시작했다. 1950년대 후반에 들어서 가파른 경제성장과 함께 생활이 윤택해진 미국인들은 새로운 영웅의 출현을 갈구했고, 때마침 혜성처럼 아놀드가 등장한 것이다. 그때까지만 해도 골프는 상류사회의 엘리트 스포츠라는 인식이 퍼져 있었지만, 평범한 중류가정 출신인 아놀드의 이미지는 노동자 계층과 중산층 사람들에게 강하게 어필했다. 대담한 플레이로 우승을 거머쥐는 모습은 미국인들에게 도전정신으로 무엇이든 이루어 낼 수 있다는 자신감을 주었던 것이다.

대중들은 아놀드를 보기 위해 골프장으로 모여 들었고, 여기에는 골프를 전혀 모르는 사람들도 많이 섞여 있었다. '아니의 군대(Arnie's Army)'라고 불렸던 그의 추종자들은 그 전에는 볼 수 없었던 큰 규모였으며 언제까지나 '킹' 아놀드 파머에게 충성을 바치는 군대였다. 그의 군대는 그가 플레이하는 모습을 볼 수 없어도 신음과 함성소리만으로 하나가 되어 울고 웃었다. 이처럼 아놀드는 골프를 메이저 스포츠로 만들었고, 그렇게 탄생한 킹은 오늘날까지도 그 자리를 굳건하게 지키고 있다.

그린키퍼의 아들

아놀드 파머는 1929년 9월 10일, 펜실베이니아의 피츠버그에서 50킬로미터쯤 떨어진 인구 12,000명의 러트로브^{Latrobe}라는 작은 마을에서 2남 2녀의 장남으로 태어났다. 아버지 디컨 파머^{Milfred Jerome "Deacon" Palmer}는 소아마비의 영향으로 다리를 조금 절었고 러트로브 컨트리클럽^{Latrobe Country Club}의 헤드프로 겸 그린키퍼였으며 5번 홀 근처의 작은 집에서 살았지만 그 집은 오직 거실만 난방이 들어왔다.

아놀드는 3살 때 아버지가 짧게 잘라준 골프 클럽을 처음으로 잡아보았는데, 오버래핑 그립으로 클럽을 잡으라는 아버지의 가르침을 쉽게 따라했고 그때 배운 그립을 평생 지켰다. 아버지는 그립을 비롯한 기본적인 자세만 가르쳤고, 스윙테크닉에 대한 레슨은 전혀 하지 않았다. 최대한 세게 치라는 것이 아놀드가 배운 스윙이론의 전부였다. 지나가던 멤버가 아놀드의 스윙을 보고 너무 세게 휘두르면 균형을 잡기 힘들다고 충고하자 아버지는 스윙에 관해서는 누구의 말도 받아들이지 말라고 가르쳤다. 아놀드는 위대했던 골퍼 샘 스니드^{Sam Snead}나 벤 호건처럼 자기만의 스윙을 스스로 만들어내야 한다는 것을 알게 되었다. 여덟 살이 되었을 때 골프 룰에 대한 지식을 완벽하게 습득했고 에티켓의 중요함도 배우게 되었다. 이러한 룰에 대한 완벽한 지식은 위대한 골퍼들의 기본 조건이다.

골프장 프로에 대한 아버지의 생각은 스코틀랜드의 전통에 따른 보수적인 것이었다. 멤버들의 초대가 없으면 클럽하우스 안으로 들어가는 것을 삼가야 했고, 식사를 할 때도 클럽의 주방이나 프로 숍을 이용했다. 아버지의 이런 행동은 아놀드에게 자연스럽게 주입되었고, 어린 아놀드는 자기의 신분이 멤버들과는 다른 2류의 인생이라는 것을 어렴풋이 알게 되었다. 골프를 치는 것도 멤버들이 없을 때만 가능했는데 그의 엄마 도리스 파머Doris Palmer가 가끔 라운드에 데려가 준 덕분에 진짜 라운딩을 해볼 수 있었고, 그 결과 여덟 살에 100타를 깰 수 있었다. 열 살이 되면서 아버지의 일을 돕기도 하고 멤버들의 캐디도 했던 아놀드는 클럽이 공식적으로 문을 닫는 월요일마다 다른 캐디들과 어울려서 라운딩을 했다. 그는 1번 아이언을 특별히 잘 다루었고 다른 롱아이언의 샷들도 빠르게 발전했지만 칩샷이나 벙커 샷 같은 쇼트게임에는 약했다. 아버지가 그린을 보호하기 위해서 그린 주변에서의 연습을 엄격하게 제한했기 때문이다.

아놀드가 처음으로 공식 대회에 출전한 것은 열두 살 때였다. 예선에서 82타를 치고 본선 매치플레이에 나가게 되었는데 첫 매치에서 두 살 위의 선수를 만났다. 그는 스윙도 이상할 뿐 아니라 1번 홀에서 티샷을 숲으로 넣으며 아놀드에게 첫 홀을 선사했다. 아놀드는 시합이 끝나기도 전에 이미 승리를 예감한 듯 기뻐했다. 하지만 결과는 예상과 달리 4대 3의 패배(매치플레이에서 남은 홀이 3홀이고 한 쪽이 4홀을 이기고 있으면 상대가 나머지 3홀을 모두 이겨도 4대 3 패배가 되는 것을 의미한다)로 끝이 났다. 이 시합에서 아놀드는 평생 동안 잊지 못할 중요한 교훈을 배우게 된다. "골프 시합에서는 어떤 상대도 얕보면 안 된다." 열세 살이 되면서 러트로브 코스에서 이븐 파를 칠 정도가 되었고 주니어 대회의 우승도 했지만 아버지는 결코 아놀드를 칭찬하지 않았다. 아놀드는 그런 아버지로부터 칭찬을 받기 위해서 더욱 열심히 연습에 열중하게 되었다.

웨이크포레스트 대학

아놀드는 1946년 웨스트 펜실베이니아 주니어 챔피언십에서 우승을 차지했다. 결승 매치에서 짧은 퍼팅을 실패한 아놀드는 화를 참지 못하고 퍼터를 집어 던져버렸다. 우승컵을 받아들고 집으로 돌아오는 차 안은 깊은 정적이 흘렀고 아놀드는 그 이유를 짐작하고 있었다. 결국 아버지가 한참만에 조용히 말했다. "앞으로 한 번만 더 클럽을 내던지면 다시는 시합에 참가하지 못하게 될 거야." 아버지는 품위를 잃은 승리보다 품위 있는 패배가 더 중요하다는 것을 가르쳐주었다.

그 일이 있은 후 디트로이트의 주니어 토너먼트에 참가했을 때 버디 워샴Buddy Worsham이라는 동갑내기 선수를 만나서 친구가 되었다. 그는 1947년 US오픈에서 연장전 끝에 샘 스니드를 물리치고 우승했던 루 워샴Lew Worsham의 동생이었다. 버디 워샴은 아놀드의 인생을 상상하지 못한 방향으로 변화하게 만든다. 1947년, 워샴은 노스 캐롤라이나의 명문대학 웨이크포레스트Wake Forest에 전액 장학금을 받고 골프팀 선수로 뽑힌다. 사실 아놀드는 집안 형편상 대학에 진학하겠다는 생각을 하지 못했다. 그저 아버지를 도와 골프장 일을 하면서 러트로브 대학의 경영학과에 다니려는 생각을 했을 뿐이었다. 그러나 돈이 없어도 대학 골프팀 선수로 갈 수 있다는 소식은 아놀드에게 큰 희망의 불꽃과 같았다. 워샴의 도움으로 웨이크포레스트 대학 골프팀 코치와 상담을 했고, 워샴과 동일한 조건으로 입학을 허락한다는 편지를 받으면서 아놀드의 인생계획은 크게 달라지게 되었다.

1947년 가을, 웨이크포레스트 대학에 입학한 아놀드는 학교를 대표하여 골프시합을 다녔는데 이때가 자기 인생에서 가장 행복한 시간이었다고 그는 회고한다. 워샴과는 룸메이트이자 형제 같은 친구로 지냈다. 그는 아놀드의 그립을 고쳐줌으로써 심한 훅 샷 문제를 해결해주기도 했다. 아놀드는 팀에서 최강의 선수가 되었고 미국 대학 선수 중에서 최고로 인정받던 하비 워드Harvie Ward를 제압하기도 했다. 공부를 잘하지 못했던 아놀드에게는 학점을 따는 것이 가장 어려운 숙제였지만 이 역시 워샴의 도움으로 고비를 넘기곤 했다. 그러나 그들의 행복은 오래가지 못했다. 1950년 겨울, 늦은 밤에 외출했던 워샴이 운전 도중 사고로 세상을 떠나고 만 것이다. 4학년이던 아놀드의 충격은 감당할 수 없을 만큼 컸다. 워샴이 함께 가자고 제안했을 때 거절했던 것이 너무나 후회스럽고 죄스러웠다. 만약 함께 갔더라면 항상 그랬듯이 자기가 운전대를 잡았을 것이고, 그랬다면 그런 끔찍한 비극은 피할 수 있었을 것이라는 후회가 계속 그를 괴롭혔다. 그렇게 위샴을 떠나보낸 아놀드는 더 이상 혼자서 학교에 남아있을 수 없었다. 그는 학교를 휴학하고 의무 복무기간이 3년인 연방해안수비대에 자원하여 입대한다.

인생의 전환점, 1954년 US 아마추어 챔피언

1954년 1월, 연방해안수비대에서 3년을 복무한 아놀드는 제대 후 웨이크 포레스트 대학으로 돌아오게 된다. 그러나 오후 수업을 계속 빼먹고 골프 연습에 주력했던 아놀드는 학교로부터 학사경고 처분을 받은 뒤 졸업을 못하고 결국 자퇴하고 만다. 훗날 그는 대학 학위를 받지 못한 것을 평생 후회했다. 대학을 자퇴한 아놀드는 지인의 도움으로 페인트 세일즈맨 일을 시작했지만 프로골퍼의 꿈을 버리지 못하고 골프의 세계로 돌아온다. 스물다섯 살의 청년 아놀드가 가진 것은 골프 클럽뿐이었고, 누군가의 도움이 필요했지만 무명의 아마추어에게 스폰서가 되어줄 사람은 없었다. 아놀드가 살아날 길은 US 아마추어와 같은 전국대회에서 우승하고 프로로 전향하는 방법뿐이었다.

1953년, 연방해안수비대에 근무 중인 스물세 살의 아놀드 파머.

1954년 8월, US 아마추어 챔피언십이 디트로이트 컨트리클럽^{Country Club}
of Detroit에서 개최되었다. 이 대회에서 우승하기 위해서는 먼저 18홀 매치
플레이를 연속 6번 승리한 후 준결승과 결승에서 36홀 매치플레이를 이
겨야 하는 마라톤 대회였다. 미국과 캐나다의 이름 있는 아마추어 강자들
이 모두 모였는데, 최강으로 인정받았던 하비 워드^{Harvie Ward}, 마스터스에서
아마추어 돌풍을 일으켰던 빌리 조 패튼^{Billy Joe Patton}, US 퍼블릭 링크스 챔
피언 진 앤드루스^{Gene Andrews}, 캐나다 아마추어 챔피언 돈 체리^{Don Cherry}까지
과거의 US 아마추어 챔피언들이 모두 참가했다. 아놀드는 첫 매치부터
네 번째 매치까지 연승을 거둔 후 다섯 번째 매치에서 가까웠던 친구 프
랭크 스트래너한^{Frank Stranahan}을 만난다. 과거 36홀 매치에서 11대 10으로
패한 경험이 있고, 1950년 US 아마추어 때에도 4대 3으로 패배했던 기억
이 있어서 두려운 상대였다. 그러나 이번에는 아놀드의 3대 1 승리였고,
패배한 프랭크는 프로 전향을 선언한다.

8강전에서는 캐나다의 아마추어 챔피언 돈 체리와 18홀까지 가는 접전
끝에 1홀 차이로 승리하여 준결승에 올랐다. 아놀드는 아버지에게 전화
하여 준결승 진출 사실을 알렸고 부모들은 8시간을 운전하여 다음날 아
침 간신히 준결승전에 도착했다. 준결승전 상대는 예일 대학 골프팀의 주
장이었던 37세의 에드 마이스터^{Ed Meister}였는데, 36홀까지 승부를 내지 못
하고 연장 세 번째 홀에서 버디를 잡은 아놀드가 승리하며 결승에 올랐다.

결승전의 상대는 밥 스위니^{Bob Sweeny}였다. 그는 43세의 뉴욕 은행가이고

백만장자이며 1937년 브리티시 아마추어 챔피언을 지낸 최고의 골퍼였다. 벤 호건과 비슷한 나이의 스위니는 전성기 때 호건과 내기 골프를 하면서 몇 타를 잡아줄 정도의 실력으로 소문이 자자했다. 1번 티에 나타난 스위니는 백만장자다운 복장과 구두를 갖추고 아름다운 여자 친구를 대동하고 있었다. 반면 아놀드는 헐렁한 바지를 자꾸 잡아 올리면서 걷고 있었으며, 긴장한 부모가 따라오는 평범한 아마추어 선수의 모습이었다. 외모나 재력으로 볼 때 두 선수의 매치는 최고 상류층과 중하류층의 한판 싸움이었고 그 분위기를 느낀 관중들은 아놀드의 편이 되어 주었다.

시합이 시작되자 스위니는 1, 2, 3번 홀에서 연속으로 롱 퍼트 버디를 잡고 3홀을 리드하며 아놀드의 사기를 꺾었다. 그에게서는 나쁜 샷이 거의 나오지 않았으므로 버디를 해야 홀을 이길 수 있다는 것을 확인하며 기회가 오기를 참고 기다렸다. 드디어 아놀드에게도 버디의 기회가 왔고 8, 9, 10번 홀을 연속으로 이겨서 매치는 무승부(All Square)로 돌아갔다. 오전 18홀이 끝났을 때 스위니가 2홀을 앞선 상태였다. 점심을 먹으며 아놀드는 자신에게 말했다. '스위니를 상대로 시합을 하지 말고 골프코스를 제압하는 마음으로 플레이하면 나에게도 우승의 기회가 있을 것이다.' 그런 아놀드의 마음가짐은 크게 효과가 있었고, 그 이후 매치플레이에서는 언제나 같은 생각으로 시합에 나가게 되었다. 아놀드가 27홀까지 두 홀을 만회하여 경기는 다시 무승부가 되었지만 바로 다음 홀에서 스위니가 12미터 버디 퍼팅을 성공시키며 다시 앞서 나갔다. 그러나 아놀드가 30번, 32

번 홀을 이기며 처음으로 리드를 잡고 마지막 홀에 도착할 때까지 한 홀을 앞서고 있었다. 마지막 티샷을 숲으로 보낸 스위니는 공을 찾지 못하고 아놀드에게 다가와서 축하의 악수를 청하며 새로운 US 아마추어 챔피언이 되었음을 확인해주었다. 마지막 그린에서 기다리던 어머니가 달려와 포옹하며 울음을 터뜨렸는데 아버지가 옆에 없었다. 아버지로부터 칭찬받고 싶었던 아놀드는 관중들 속에 섞여 있는 아버지를 발견했다. 어머니와 아버지를 끌어안은 아놀드는 더 이상 눈물을 참을 수 없었다. 그 순간이 자기의 인생에서 가장 행복했고 인생의 방향을 바꾼 전환점이었다고 훗날 아놀드는 회고했다.

프로가 된 아놀드 파머

1954년 11월 15일, 아놀드는 프로 전향을 선언하고 윌슨^{Wilson Sporting Goods} ^{Company} 사로부터 연간 5,000달러를 받는 조건으로 3년 계약을 맺는다. 그리고 크리스마스를 며칠 앞두고 여자 친구 위니 월저^{Winnie Walzer}를 설득하여 버지니아 주까지 달려가 결혼식도 없는 도둑 결혼을 한다. 위니의 나이가 아직 스무 살이 안 됐고 부모들의 반대도 심할 것이기 때문에 다른 주로 원정까지 가서 몰래 결혼을 강행한 것이다. 두 사람은 집도 없이 아놀드가 끌고 다니는 트레일러에서 신혼살림을 차리고 다음 시즌의 PGA

투어를 준비했다. 당시 PGA의 규정에 따르면 루키는 처음 6개월 동안 시합에 참가해도 전혀 상금을 받을 수 없었다. 그럼에도 불구하고 아놀드는 참가 가능한 PGA 대회를 빠지지 않고 출전하여 자기의 기량을 테스트했다.

어떤 대회에 출전했을 때의 일이다. 중견 프로 한 사람이 새로 PGA 투어에 참가한 루키 아놀드의 스윙을 보면서 말했다. "저 친구는 빨리 다른 일자리를 알아보는 것이 좋겠어. 저런 스윙으로는 프로 투어에서 살아남을 수 없지." 그러나 아놀드는 아버지로부터 스윙에 대해서는 어느 누구의 의견도 받아들이지 말라는 교육을 철저히 받았기 때문에 그 중견 프로의 말을 무시하고 자기의 스윙을 지켰다. 다만 샷을 휘어지게 치는 기술이나 쇼트게임에서는 아직도 부족한 부분이 많다는 것을 깨닫고 아침부터 저녁까지 연습장을 떠나지 않았다.

퍼팅의 달인으로 불리던 조지 로우^{George Low}를 만나 평생 동안 지켜야 할 퍼팅에 대한 교훈을 배운 것도 바로 이때였다. 아놀드의 퍼팅 자세는 처음부터 평범하지 않았다. 체중을 발 끝쪽에 두면서 볼에 아주 가까이 서고 두 무릎을 굽혀서 붙이면서 쪼그린 자세를 만든 뒤 손목을 앞뒤로 꺾으면서 공을 때리는 스타일이었다. 그래서 홀보다 짧게 치는 일은 거의 없었다. 그러나 다른 프로들은 자연스럽게 허리를 펴고 손목을 사용하는 대신 팔과 어깨를 써서 부드럽게 공을 밀어야 한다고 충고하곤 했다. 아놀드는 조지에게 자기 퍼팅에 대한 조언을 요청했고 그의 퍼팅 연습을 지켜보던 조지가 아놀드를 그린 구석으로 불러내어 말해주었다. "아놀드, 내 말을 명심하게. 자네 퍼팅에는 아무런 결점도 없어. 아주 훌륭한 테크닉이야. 앞으로 누구의 말도 듣지 말고 자네 방식대로 퍼팅을 하도록 하게." 이 말은 아놀드가 평생 처음이자 마지막으로 들었던 퍼팅 레슨이었다. 조지의 말을 뇌리에 새긴 아놀드는 자기 퍼팅에 큰 자신감을 가졌고 자기만의 방식을 평생 동안 지켰다.

그리고 그는 1955년 8월 캐나다 오픈에서 64-67-64-70, 합계 265타로 PGA 첫 우승을 기록한다. 첫 우승의 점수 265타의 기록은 아놀드 스스로도 평생 동안 깨지 못한 본인 최고기록이었다. 1955년 31개의 대회에서 1승을 거두며 상금 8,215달러, 1956년에 2승을 하며 상금 16,145달러, 1957년에 4승을 올리며 상금 27,803달러를 벌어들인 아놀드는 원하던 집을 사서 이사할 수 있었다.

1958년 마스터스 챔피언

프로골프 선수에게 메이저 대회의 우승이란 위대한 선수로 인정받을 수 있는 첫 번째 조건이다. 일반 PGA 대회에서 아무리 많은 우승을 하고 큰 상금을 벌더라도 메이저 대회에서 우승하지 못하면 골프 역사 속에 기억되지 못한다. 잘 치는 선수(Good Player)와 위대한 선수(Great Player)를 구별하는 기준인 것이다.

1958년 마스터스 대회 참가를 위해 오거스타 내셔널 골프클럽^{Augusta} National Golf Club에 도착한 아놀드는 벤 호건, 잭키 버크^{Jackie Burke}와 함께 연습 라운드를 했다. 밤새 운전을 하며 달려온 피로 때문에 연습 라운드 점수 는 형편없었다. 라운드 후 라커룸에서 옷을 갈아입던 아놀드는 우연히 벤 과 잭키의 대화를 듣게 되었다. "잭키, 저렇게 샷이 엉망인 아놀드 파머가 어떻게 마스터스의 초대장을 받았는지 모르겠어." 벤은 처음부터 아놀드 의 스윙과 플레이 스타일을 좋아하지 않았다. 그 말을 들은 아놀드는 화 가 끓어올랐고 이번 대회에서 자기가 초대된 이유를 보여주겠다는 결심 을 하게 된다. 처음 세 라운드를 마쳤을 때 70-73-68을 쳐서 마스터스에 서 세 번이나 우승했던 45세의 샘 스니드와 공동 선두였고, 1955년 챔피 언 캐리 미들코프^{Cary Middlecoff}가 한 타 차이로 따라오고 있었다.

마지막 라운드에서 아놀드는 젊은 라이벌 켄 벤추리^{Ken Venturi}와 같은 조 였고 그 뒤로 다른 10명의 선두 경쟁자들이 따라오고 있었다(당시에는 조 편성을 대회 진행위원회가 임의로 할 수 있었지만, 현재는 예외 없이 선두인 선수가 마 지막 조에 나가게 되어 있다). 140미터의 짧은 거리임에도 불구하고 세계에서 가장 어려운 홀 중 하나로 꼽히는 파3, 12번 홀에 도착했을 때 아놀드는 벤추리에게 1타 차이로 선두를 지키고 있었다.

그리고 이 홀에서 룰의 적용을 놓고 판정 시비가 벌어지게 된다. 아놀드가 티샷을 한 공이 깃발을 넘어 그린과 벙커 사이의 러프에 떨어지면서 그만 땅에 박혀버린 것이다. 전날 심하게 내린 비로 인해 박힌 공은 무벌 타로 드롭하는 로컬룰이 적용되고 있었으므로 아놀드가 드롭을 하려 하는데 심판이 다가와 반만 박혔으므로 드롭이 불가하다고 말했다. 룰에 대해 심판 이상의 지식을 가지고 있던 아놀드는 로컬룰에 의한 정당한 권리임을 주장했지만 심판의 결정은 변하지 않았다. 두 개의 공을 쳐서 라운드 후 룰의 재정을 받겠다는 제안도 해보았지만 거절되었다. 하는 수 없이 박힌 공을 그대로 쳤으나 겨우 40센티미터 앞에 떨어졌고, 다시 칩샷 후 2퍼트를 한 아놀드의 점수는 더블보기 5가 되었다. 동반 플레이를 하던 벤추리는 파를 하고 역전에 성공하여 자기가 1타 차 선두가 되었다고 믿었다. 이때 아놀드는 13번 홀로 이동하지 않고 심판에게 아무 말도 하지 않은 채 공이 있던 원위치로 가서 다시 드롭하고 플레이를 했다. 그리고 파를 잡아낸 후 13번 홀로 갔다. 자칫하면 실격을 당할 수도 있는 행동이었지만 룰에 자신이 있었던 아놀드의 행동에는 거침이 없었다.

오거스타 내셔널 골프클럽의 12번 홀은 그린 주변에 갤러리가 접근할 수 없고 티잉 그라운드에서 멀리 있는 그린을 지켜봐야 했으므로 관중들은 무슨 일이 일어나고 있는지 알 수 없었다. 어쩌면 아놀드가 실격당할지도 모른다는 말이 나오기 시작했다. 아놀드는 화가 났지만 파5, 13번 홀의 티샷을 아주 길게 친 후 3번 우드로 물을 넘겨 6미터로 붙여 이글을 잡고 마음의 안정을 되찾았다.

마스터스의 룰 위원회는 즉시 회의를 열어 상황을 논의하였으며 15번 홀에 도착한 아놀드에게 12번 홀의 점수가 5가 아닌 3이라고 확인해주었다. 그 이후 16번, 18번 홀에서 보기를 하며 73타, 합계 284타로 마친 아놀드는 1타 차 우승을 하며 결국 메이저 첫 승을 기록했다. 마스터스의 우승으로 아놀드는 이제 최고 수준의 선수들과 싸워 이길 수 있다는 강한 자신감을 가지게 되었다.

골프 평론가 허버트 워렌 윈드Herbert Warren Wind, 1916-2005는 아놀드의 우승 기사를 쓰면서 최초로 '아멘 코너(Amen Corner)'라는 말을 사용했는데, 이는 마스터스 코스의 11번, 12번, 13번 홀의 어려움을 상징하는 단어가 되었다. 그 이후 골프 미디어에서는 '아멘 코너'라는 용어를 공식적으로 사용하게 된다.

아니의 군대

다음 해인 1959년 마스터스 마지막 라운드에서 아멘 코너의 파3, 12번 홀에 도착한 아놀드는 선두를 지키며 마스터스 2년 연속 우승을 눈앞에 두고 있었다. 전년도 마스터스 마지막 라운드의 판정시비로 우승을 놓칠 뻔했던 기억 때문이었을까? 아놀드의 티샷이 연못Rae's Creek 속으로 사라지면서 트리플보기 6을 기록했고, 17, 18번 홀에서 연속으로 1미터짜리 퍼트를 실패하면서 우승의 꿈은 사라지고 말았다. 마지막 6개 홀에서 5개의 버디를 몰아친 우승자 아트 월Art Wall에게 2타 차이로 패배한 아놀드의 실망감은 이루 말할 수 없을 만큼 컸다.

그러나 아놀드를 감동시킨 사건도 있었다. 마스터스 진행위원회는 근처 군대에서 자원봉사를 나온 군인들의 도움을 받았는데 스코어보드의 정리를 맡은 어떤 군인이 '아니의 군대(Arnie's Army)'라는 작은 사인을 들고 있는 모습을 본 것이다. 그 사인을 본 아놀드는 전기에 감전된 듯한 충격을 받았고, TV 중계 아나운서와 미디어의 기자들이 아니의 군대라는 용어를 쓰기 시작하면서 그의 응원단들은 모두 아놀드의 군대가 되었다. 아니의 군대는 골프 역사상 가장 충성스러운 응원단으로 인정받고 있다.

마크 맥코맥Mark McCormack

마스터스 챔피언이 된 후로 쏟아져 들어오는 광고 제의와 시범경기 요청 그리고 PGA 투어 참가 스케줄 조정 등 많은 일들이 복잡하게 얽혀가자 아놀드는 모든 일들을 총괄하여 관리해줄 에이전트의 필요성을 느끼게 되었다. 아놀드보다 한 살 아래인 마크 맥코맥은 대학팀의 골프 선수였고, 예일대의 로스쿨을 졸업하고 변호사가 된 후 클리블랜드에서 활동하고 있었다. 아놀드는 평소 알고 지냈던 맥코맥의 평판을 조사한 후 자기의 독점 에이전트로 활동해 줄 것을 제안했다. 일단 자기의 일이 안정되면 두 명 정도 다른 선수들을 함께 관리해도 좋지 않겠냐는 아이디어도 주었다. 변호사를 그만두고 스포츠 에이전트가 되는 것은 인생을 바꾸는 중대한 결정이었지만 맥코맥은 조금도 망설이지 않고 아놀드의 제안을 받아들였다. 스포츠 스타로서 아놀드의 잠재적인 가능성이 무한하다고 판단했기 때문이다. 아놀드의 잘생긴 외모, 중류층 블루컬러의 가족적 배경, 공격적인 플레이 스타일, 관중들에게 친절한 태도, 드라마틱한 과정으로 우승을 해내는 솜씨, 구름처럼 따라다니는 아니의 군대 등을 마케팅에 활용한다면 성공은 보증수표와 같은 것이었다.

계약서 전문 변호사로서 아놀드와의 계약서를 만들어 서명해야 하는 맥코맥은 가장 간단하고도 안전한 방법을 선택하기로 결심했다. 계약서도 없이 아놀드를 만나서 악수하며 함께 일하자는 말을 함으로써 두 사람의 계약이 완성되었다. 맥코맥이 해야 하는 첫 번째 임무는 "No"라는 말을 못하던 아놀드 대신 악역을 맡는 것이었다. 마케팅 수완이 좋은 맥코맥은 아놀드를 단순한 프로골프 우승자의 이미지보다 정직하고 의리있고 신뢰할 수 있는 품질 좋은 골퍼의 이미지로 만들어 갔다. 당장은 우승했다는 사실이 중요하지만 훗날 더 이상 우승을 못하더라도 대중들에게 환영받을 수 있는 이미지를 만들어서 은퇴 후에도 스타로 남을 수 있는 방법을 연구했다. 실제로 그의 전략은 대성공을 거두었고 아놀드의 나이가 87세가 된 오늘날에도 그의 수입은 전체 골퍼 중 톱5 안에 들고 있다.

맥코맥은 1961년 아놀드 파머 엔터프라이즈Arnold Palmer Enterprises를 설립하여 스포츠 재벌이 되는 기초를 만들었다. 이제는 회사를 대표할 수 있는 심벌 로고가 필요했는데 처음에는 월계수에 골프클럽을 X자로 넣은 디자인을 생각했지만 너무 평범했고 또 저작권 문제도 있었다. 아놀드가 우산은 어떻겠느냐고 제안했을 때 맥코맥은 이미 보험회사가 기업 로고로 사용 중이므로 불가능할 것이라는 의견을 내어놓았다. 그러나 몇 주 후 회의에서 전 세계적으로 우산을 기업로고로 등록한 회사가 없다는 놀라운 소식을 접했고, 아놀드 파머 엔터프라이즈는 즉시 디자인을 시작했다. 그 디자인이 오늘날 흔히 볼 수 있는 펼쳐진 우산에 빨강, 노랑, 흰색, 초록색이 들어 있는 심벌이다.

아놀드가 계약했던 스포츠 용품 업계의 거인 윌슨wilson과의 계약서 내용을 검토하던 맥코맥은 아놀드에게 일방적으로 불리하게 작성된 계약서를 수정해야 한다고 그를 설득했다. 계약서에 의하면 아놀드가 독자적으로 다른 마케팅 활동을 하기 위해서는 윌슨의 사전 동의를 얻거나 반드시 윌슨 제품의 광고가 함께 나와야 했다. 그러나 아놀드의 의견은 달랐다. 계약서를 자세히 읽어보지 않고 서명했지만, 윌슨의 사람들을 믿기 때문에 수정이 필요 없다고 여겼다. 계약서보다 말과 의리를 더 중요시했던 것이다. 그러나 현실은 달랐다. 맥코맥이 추진했던 수정계약서가 윌슨 회장에 의해 거부되면서 1963년 아놀드는 윌슨과 결별하였고, 드디어 마음대로 사업을 펼칠 수 있는 자유의 몸이 되었다. 1962년에만 광고수입으로 상금의 다섯 배가 넘는 50만 달러 이상을 벌어들였고 골프 용품 이외에도 세탁소, 비누, 향수 등의 광고 모델이 되면서 1966년에는 벌써 골프 대회의 상금 수입이 더 이상 중요하지 않을 정도의 사업기반을 구축했다.

맥코맥은 1960년 IMG International Management Group라는 회사를 설립하여 게리 플레이어와 잭 니클라우스를 영입하면서 'Big Three'라고 불리던 프로골퍼 3명을 모두 관리하게 된다. 프로골퍼들의 세계랭킹 제도를 만들어서 골프의 국제적인 경쟁체제를 처음 도입한 것도 맥코맥이었다. IMG는 현재 전 세계에 3,000명 이상의 직원을 거느린 최대의 스포츠 매니지먼트 회사가 되었으며 2003년 맥코맥이 세상을 떠난 후 골프 명예의 전당과 테니스 명예의 전당에 추대되었다. 아놀드는 지금도 맥코맥과의 만남을 부인 위니를 선택한 것 다음으로 잘한 결정이었다고 회고한다.

1960년 마스터스 우승

1960년은 아놀드와 골프 업계 전체에 황금기를 가져온 한 해였다. 1950년 초까지도 10퍼센트 미만이던 TV 보급률이 1960년에는 80퍼센트를 넘어섰고 주말에는 골프를 중계 방송했다. 아놀드는 미국 최고의 골퍼로 인정받았고 그의 높은 인기는 점점 더 많은 사람들을 TV 앞에 끌어 모았으며 블루칼라의 중류계층 사람들에게도 골프 붐을 일으키는 결정적인 역할을 했다. 신문 기자들과의 인터뷰에서도 아놀드는 언제나 솔직했고 감정을 숨기지 않았으므로 큰 환영을 받았고 기자들은 골프에 대해, 또 아놀드에 대해 점점 더 많은 기사를 썼다.

아놀드는 1960년 마스터스에서 두 번째 우승을 차지한다. 하지만 그보다 중요한 사실은 이 우승이 매우 드라마틱했다는 것이다. 1959년 마스터스에서 3라운드까지 선두였던 아놀드가 마지막 라운드에서 74타를 쳐서 아트 월에게 역전패를 당했던 것은 아직까지 회자되고 있었다. 다시 챔피언의 그린재킷을 찾아야겠다고 다짐한 아놀드는 첫 라운드에서 67타로 선두에 올랐고, 둘째 라운드에서 73타로 조금 부진했지만 그래도 벤호건에게 1타 차로 리드해나갔다. 셋째 라운드에서 72타를 친 아놀드는 호건, 보로스Julius Boros, 벤추리 등에게 아직도 1타 차 선두를 지켰다. 마지막 라운드에서 우승 경쟁은 아놀드, 벤추리, 핀스터로 좁혀졌고 벤추리가 70타를 쳐서 합계 283타로 클럽하우스 리더가 되었다.

벤추리에게 1타를 뒤지고 있던 아놀드는 파5인 13번, 15번 홀에서 버디 기회를 놓치고 낙담하며 16번 홀로 이동하고 있었다. 이때 별명이 '아이언맨'인 그의 캐디가 말했다. "미스터 파머, 지금 혹시 겁먹고 있는 것 아닙니까?" 오랫동안 아놀드의 캐디를 해 온 그는 본능적으로 언제 선수에게 정신적 자극을 주어야 하는지 알고 있었다. 캐디의 말을 들은 아놀드는 갑자기 아버지의 꾸중이 생각났다. "딴 생각 말고 너의 샷에 집중해라." 파3, 16번 홀에서 티샷을 그린에 올린 아놀드는 오르막 10미터짜리

더 골퍼 • The Golfers

버디 퍼팅을 남겼는데 과감한 퍼트를 위해서 깃발을 뽑지 않고 퍼트를 하기로 결심했다. 퍼팅을 짧게 하는 일이 없었던 아놀드의 공은 홀을 향해서 구르다가 깃대를 맞고 튀어 나왔다. 깃대를 뽑고 쳤으면 들어갔을지도 모르는 아쉬운 장면이었다(당시의 골프 룰은 퍼팅한 공이 깃대에 맞아도 벌타가 없었지만, 현재는 그린 위에서 친 공이 깃대에 맞을 경우 2벌타를 받고 공이 멈춘 자리에서 플레이를 계속한다).

정신을 가다듬은 아놀드는 17번 홀에서 8번 아이언으로 세컨드 샷을 날려 9미터 거리에 붙였고, 오르막 퍼트의 라인을 신중히 살피면서 어떠한 경우라도 홀보다 짧아서는 안 된다고 굳게 다짐했다. 힘차게 퍼팅한 공은 오르막을 타고 구르며 속도가 떨어지면서 홀 앞에서 잠시 멈추는 듯하더니 곧 아니의 군대로부터 함성이 터져 나왔다. 드디어 공동선두가 된 것이다. 18번 홀의 드라이버 샷을 페어웨이 한가운데로 보낸 후 6번 아이언으로 깃발에서 1.5미터에 붙인 아놀드는 응원단의 함성을 들으며 부모님과 부인이 기다리고 있는 18번 그린을 향해 걸어갔다. 아놀드는 그 버디 퍼트를 성공시킬 자신이 있었고 퍼팅한 공은 홀 가운데로 빨려 들어갔다. 17번, 18번 홀에서 연속 버디를 잡고 대 역전극을 벌인 아놀드의 두 번째 마스터스 우승은 전국의 골프팬들을 흥분시키기에 충분했다. 우승 후 기자회견에서 마지막 두 홀의 버디 퍼팅에 대한 질문이 나왔다. 아놀드의 대답은 너무나 평범했다. "나는 조지 로우가 말했던 대로 고개를 숙이고 머리를 움직이지 않도록 노력했을 뿐이다."

대역전 드라마, 1960년 US오픈

1960년 마스터스 우승 이후 미디어들은 이제 벤 호건과 샘 스니드의 시대가 끝나고 아놀드의 시대가 열렸다는 기사를 앞 다투어 써냈다. 이어진 1960년 US오픈에는 과거 세대 최강의 골퍼 벤 호건, 현재 최강으로 인정받고 있는 아놀드 그리고 차세대 스타로 떠오른 20세의 아마추어 선수 잭 니클라우스가 참가하여 세대 간의 경쟁이 치열했고, 미디어와 골프팬들은 그 결과를 기다리며 흥분했다.

　1960년 US오픈은 콜로라도 주 덴버 시 근교의 체리 힐스^{Cherry Hills Country Club}에서 개최되었다. 해발 1,500미터가 넘는 산에 위치한 체리 힐스는 공기의 밀도가 낮아서 공이 더 멀리 날아가는 유리한 점이 있는 반면, 고소증으로 인한 산소부족 때문에 머리가 아프거나 집중력이 떨어질 수 있는 위험이 도사리고 있었다. 실제로 48세였던 벤 호건은 산소통을 가지고 다니며 중간중간 산소를 들이마시며 시합을 해야 했고, USGA^{미국골프협회}는 플레이어를 위해 코스에 산소 흡입이 가능한 시설을 제공했다. 두 번의 연습 라운드에서 아놀드는 285미터 파4, 1번 홀의 드라이버 샷을 온그린하면서 시합에서도 그린을 노리기로 결심했다. 다른 선수들이 롱 아이언으로 티샷을 한 후 간단한 웨지 어프로치 샷으로 버디를 노리는 교과서적인 게임을 하는 것에 비교하면 아놀드의 선택은 무모함에 가까웠다.

　실제로 첫 라운드 1번 홀의 티샷이 그린 오른쪽의 개울로 들어가 버렸고, 더블보기 6으로 출발하며 무모함에 대한 대가를 치러야 했다. 같은 조에서 함께 플레이하던 잭 플렉Jack Fleck과 캐리 미들코프는 모두 US오픈을 제패했던 챔피언들인데 그들은 아주 신중하며 느릿한 플레이를 하는 스타일이어서 빠르게 플레이하는 아놀드는 집중력이 떨어졌고 가까스로 1오버파 72타로 첫 라운드를 마쳤다. 둘째 라운드에서 71타를 친 아놀드는 선두 마이크 수책Mike Souchak에게 8타나 뒤지면서 우승의 희망이 멀어져 갔다. 토요일 오전의 세 번째 라운드(USGA는 1965년부터 4일 시합으로 변경되었다)를 72타로 마친 아놀드는 선두 수책에게 7타 뒤진 15위가 되었고 벤 호건과 니클라우스가 3타 차 공동 5위로 선두를 위협했다.

  3라운드 동안 12개의 버디를 하고도 2오버파인 자기의 플레이를 반성하며 보기를 줄인다면 아직 도전할 수 있다는 생각을 버리지 않았다. 점심으로 샌드위치를 받은 아놀드는 골프 기자 댄 젠킨스Dan Jenkins, 밥 드럼Bob Drum 그리고 동료선수 몇 명이 모여서 식사를 하는 테이블로 가서 말했다. "마지막 라운드에서 내가 65타를 치면 합계 280타가 되는데 그 정도면 우승이 가능한 점수가 아닐까?" 현실성이 없는 그의 말을 들은 사람들이 조용히 비웃는 동안 16살 때부터 전문적으로 아놀드의 기사를 써 왔던 피츠버그 프레스의 밥 드럼 기자는 그에게 이렇게 대답했다. "280타는 충분치 않을 걸세. 선두와 너무 큰 차이가 있어. 1번 홀에서 드라이버나 치지 말게." 자기가 믿는 후원자로부터 실망스러운 대답을 듣고 화가 난 아놀드는 점심식사를 중단하고 두고 보자는 말을 남기며 연습장으로 달려가서 드라이버를 힘껏 휘두르며 티타임을 기다렸다. 사실 US오픈 3라운드 후 5타 차이의 역전 우승 기록은 있었지만 7타 차이를 뒤집은 기록은 없었고 누구도 그런 상상을 하지 않았다.

 마지막 라운드 1번 홀에서 아놀드는 고집을 꺾지 않고 또 다시 드라이버로 그린을 공격했다. 세 라운드 동안 언제나 드라이버로 그린을 직접 공략하여 더블보기-파-보기를 기록했던 아놀드의 무모한 모습을 보며 갤러리는 술렁거렸고 기자들은 비웃었다. 하지만 이번에는 티샷을 지켜보던 아니의 군대로부터 우레와 같은 함성이 터져 나왔다. 공이 그린 위에 정확히 멈춘 것이다. 홀까지 8미터짜리 이글 퍼트를 남기고 그린을 향해 걷기 시작한 아놀드는 아드레날린이 넘치고 힘이 솟아나는 것을 느낄 수 있었다. 이후 7번 홀까지의 플레이 내용을 살펴보면 다음과 같다.

 1번 홀 파4: 원온 투 퍼트. 버디.

 2번 홀 파4: 그린 프린지에서 10미터 퍼트 성공. 버디.

 3번 홀 파4: 그린 어프로치 샷을 홀에 30센티미터로 붙여서 버디.

 4번 홀 파4: 6미터 퍼트 성공. 버디.

 5번 홀 파5: 어려운 러프에서의 샷을 세이브하며 파.

 6번 홀 파3: 8미터 퍼트 성공. 버디.

 7번 홀 파4: 어프로치 샷을 2미터로 붙여서 버디.

이렇게 7번 홀까지 6언더파를 몰아치는 동안 아놀드를 따르던 그의 군대들이 질러대는 반복된 함성소리에 모든 선수들이 상황을 짐작할 수 있었다. 아놀드와 호건, 수책, 플렉 등 총 8명이 합계 4언더파로 1타 차 단독 선두에 나선 잭 니클라우스를 쫓고 있었고 리더보드는 뒤죽박죽되었다. 결론은 9명 중에서 4언더파를 끝까지 지킨 아놀드의 대역전 우승이었다. 앞 조에서 함께 플레이하던 니클라우스와 벤 호건의 플레이를 보며 따라 가던 아놀드는 그들이 무너지는 모습을 지켜보면서 자기의 점수를 지켜 나가는 유리한 위치에 있었다. 니클라우스가 13번, 14번 홀에서 연속 보기를 하며 무너졌고, 벤 호건은 파5, 17번 홀에서 세 번째 샷을 물에 빠뜨리며 무너졌다. 2, 3라운드에서 36개 홀의 그린을 한 번도 놓치지 않았던 벤 호건의 신들린 샷은 4라운드 16번 홀까지 모든 그린을 놓치지 않고 계속되었지만 17번 홀에서 깃발에 가깝게 붙여보려는 욕심이 그만 화를 불렀다. 그의 세 번째 샷은 완벽해보였고 물을 넘어서 바로 홀 뒤에 떨어졌지만, 강한 백스핀이 걸리면서 물에 빠지고 만 것이다. 아니의 군대만큼이나 많은 호건의 응원단에서 신음소리가 터져 나왔고 눈물을 흘리는 갤러리들도 있었다.

18번 홀을 파로 마무리한 아놀드는 자신의 예언대로 65타를 쳐서 280타로 클럽하우스 리더가 되었고 자신의 모자를 벗어서 갤러리에게 던지는 세리모니를 하였다. 이제 승부는 남은 선수들에게 달렸는데 공동 선두였던 선수들이 모두 무너지고 있었다. 가장 마음에 걸리는 선수는 1955

년 US오픈 연장전에서 벤 호건을 누르고 챔피언이 된 자이언트 킬러 잭 플렉이었는데 플렉도 16번 홀에서 30센티미터짜리 퍼트를 실수하며 보기를 기록하여 무너졌고 아놀드는 그의 첫 번째 US오픈 우승컵을 품에 안았다.

아놀드의 우승은 그를 킹의 자리에 올리고 더 많은 군대를 모아서 더 큰 부자가 되는 확실한 계기가 되었다. 골프팬들은 누구나 이제 서른 살이 된 전성기의 아놀드가 US오픈에서 몇 번이든 반복하여 우승할 것이라고 기대했다. 그러나 안타깝게도 이번 우승이 그의 처음이자 마지막 US오픈 우승이었다. 골프 역사가들은 이번 대회가 호건의 시대를 종식시키고 아놀드가 왕의 자리에 올랐으며 2위를 한 니클라우스가 새로운 세대의 선두주자로 나타나는 중요한 사건이었다고 기록하고 있다.

그랜드 슬램을 목표로

1922년 월터 하겐이 미국 출생 골퍼로서 최초로 우승을 차지한 후 디오픈The Open에서 미국의 강세는 꺾이지 않았다. 월터 하겐 4승, 보비 존스 3승, 진 사라센 1승의 기록이 있고, 1926년부터 1933년까지 8년 연속 미국 선수가 우승컵 클라렛 저그Claret Jug에 이름을 새겼다. 하지만 그 이후 1946년 샘 스니드, 1953년 벤 호건이 우승을 했을 뿐 미국 골퍼들은 디오픈 참가를 기피해왔다. 대서양을 배로 건너는 데만 일주일이 걸리고, 우승을 하더라도 여행 경비보다 훨씬 적은 상금을 받았으며, 가장 중요한 것은 US오픈 챔피언이라도 반드시 두 라운드의 예선을 거쳐야 하는 까다로운 조건 때문이었다. 미국 선수들이 참가를 기피하는 사이에 남아공의 원조 골프영웅 보비 록Bobby Locke이 4번 우승하고, 호주의 골프영웅 피터 톰슨Peter Thomson도 5번이나 우승하면서 미국 밖의 영웅들이 디오픈을 점령하고 있었다.

아놀드는 진정한 챔피언으로 인정받기 위해서는 디오픈 우승이 필수라고 생각했고, 1960년 세인트앤드루스 올드코스의 디오픈에 처음으로 참가하기 위해 밥 드럼 기자와 함께 비행기에 올랐다. 비행기 속에서 아놀드가 프로골퍼의 그랜드 슬램을 4대 메이저 대회 우승으로 하면 좋겠다는 견해를 밝혔는데 좋은 의견이라고 동조한 밥 드럼 기자가 영국에 도착하여 현지 기자들과 대화하며 그들의 동감을 얻어냈다. 그 이후 미국 신문에 그랜드 슬램의 내용이 보도되면서 다른 미디어들도 뜻을 같이하여 프로골프에서 그랜드 슬램이라는 정의가 확립되었다. 1960년 마스터스와 US오픈에서 우승한 아놀드는 역사상 최초의 캘린더 그랜드 슬램을 달성하겠다는 욕심이 있었으므로 이번 대회의 우승이 절실했다.

3라운드까지 마쳤을 때 선두는 호주의 켈 내글Kel Nagle이었고 아놀드는 4타 뒤진 공동 3위였지만 역전 우승에 자신있었다. 아놀드는 자신의 스타일대로 후반에 맹추격하며 18번 홀을 버디로 끝냈지만 내글이 침착하게

17번, 18번 홀을 파로 마무리하여 아놀드에 1타 차이로 우승했다. 승부는 악명 높은 17번 로드 홀^{Road Hole}의 그린에서 판가름났다. 아놀드가 4라운드 동안 17번 그린에서 열 번의 퍼트를 했는데, 내글의 퍼트 숫자는 고작 네 번에 불과했다.

1960년 디오픈 본선에 출전한 미국 선수는 아놀드와 58세의 진 사라센 단 두 명뿐이었지만, 아놀드의 참가 이후 미국 골퍼들이 디오픈의 중요성을 인정하기 시작하여 점점 더 많은 미국 선수들이 대서양을 건너는 계기가 되었다.

그랜드 슬램

남자 골프에서 그랜드 슬램이라 함은 한 해에 4개의 메이저 대회에서 모두 우승하는 것을 일컫는다. 마스터스 대회가 개최되기 전에는 US 아마추어, 브리티시 아마추어 챔피언십, US오픈, 브리티시 오픈을 4대 메이저로 여겼다. 이후 마스터스, US오픈, 디오픈, PGA 챔피언십 4개의 대회를 남성 4대 메이저 대회로 인정하고 있다. 오직 바비 존스만이 1930년에 유일하게 진정한 의미의 그랜드 슬램을 달성하였다. 활동기간 동안에 4개의 메이저 대회에서 우승하는 것을 '커리어 그랜드 슬램'이라 하는데 역사상 커리어 그랜드 슬램을 달성한 선수는 겨우 5명뿐이다.

1961년, 1962년 디오픈 챔피언

1961년 로얄 버크데일 골프클럽Royal Birkdale Gold Club에서 열린 디오픈에 두 번째로 참가한 아놀드는 전년도에 호흡을 맞췄던 캐디 팁 앤더슨Tip Anderson을 다시 불러서 코스 공략 작전을 세웠다. 바람을 뚫고 낮게 날아서 많이 구르도록 준비한 드라이브 샷은 큰 무기였다. 처음 두 라운드에서 70-73으로 선두를 1타 차로 따라가던 아놀드가 강한 비바람 때문에 취소될 뻔했던 3라운드에서 69타를 치며 데이 리스Dai Rees에게 1타 차 단독 선두가 되었다. 마지막 라운드 4홀을 남기고 리스가 버디 3개를 몰아치면서 추격해왔지만 결국 1타 차 우승을 확정하며 생애 첫 디오픈 챔피언이 되었다. 1953년 벤 호건의 우승 이후 미국 선수로는 처음이었다. 우승 후 아놀드는 R&ARoyal and Ancient 대회 진행위원들과 만나 미국의 메이저 챔피언들에게 예선을 면제해줘서 더 많은 미국 선수들이 참가하는 길을 열자고 제의했고, R&A가 그 제안을 받아들여서 1965년부터 예선 면제 자격조건이 생기게 되었다.

1962년의 디오픈은 로얄 트룬 골프클럽Royal Troon Golf Club에서 개최되었는데 6,300미터로 길지 않은 코스지만 '자이언트 킬러'라는 별명을 가질 정도로 매우 까다로운 코스였다. 영국의 도박사들 사이에서 1962년 마스터스 챔피언인 아놀드의 우승 확률은 2대 1까지 상승했다. 36홀이 끝난 후

1961년 US오픈 챔피언 진 리틀러^{Gene Littler}, 1961년 마스터스 챔피언 게리 플레이어 그리고 디오픈에서 네 번이나 우승했었던 보비 록이 컷을 통과하지 못하고 짐을 싸야 했다. 디오픈에 처음 참가했던 1962년 US오픈 챔피언 잭 니클라우스도 첫 라운드에서 80타를 치면서 컷 탈락의 위기를 맞았지만 2라운드에서 72타를 치며 간신히 컷을 통과할 수 있었다. 71-69타로 대회를 시작한 아놀드는 2타 차 선두가 되었다. 3라운드 67타, 4라운드 69타를 친 아놀드는 6타 차이로 우승했고, 합계 276타의 기록은 디오픈의 최저 타수 기록을 2타 경신한 좋은 기록이었다. 아놀드가 생애에 이번 대회보다 더 잘 친 적은 없었다고 말할 정도였다. 미국 골퍼로는 1926~27년 보비 존스, 1928~29년 월터 하겐 이래 처음으로 2년 연속 디오픈을 제패한 선수가 되었다. 그러나 1962년 우승 이후 디오픈에 20회나 더 출전했음에도 1977년 7등을 했을 뿐 성적이 좋지 않았다.

1964년 마스터스 우승 후 컨디션이 나빠진 아놀드는 세인트 앤드루스에서 열린 디오픈 참가를 포기했다. PGA 투어의 동료 선수였던 토니 레마^{Tony Lema}가 처음으로 디오픈에 출전하고 싶어 한다는 소식을 들은 아놀드는 자기의 캐디 팁 앤더슨을 소개했고, 자기가 쓰던 퍼터를 주면서 선전을 기원해주었다. 첫 출전한 레마는 세인트 앤드루스 올드코스에서 고작 9홀을 연습했는데 니클라우스를 5타 차로 누르고 우승하는 이변을 일으켰다. 하지만 레마는 1966년 32세의 나이에 비행기 사고로 그만 부인과 함께 세상을 일찍 떠나버린다.

1962년, 1964년 마스터스 우승

많은 대회를 역전 우승하여 갤러리를 흥분시키던 아놀드도 한순간의 방심으로 어이없이 무너져 버린 대회들이 있었다.

1961년 마스터스 대회에서 게리 플레이어는 3라운드까지 69-68-69 타를 치며 2위였던 아놀드에게 4타 차 선두를 지키고 있었지만 비로 인해서 월요일로 연기된 마지막 라운드의 후반 9홀을 4오버파 40타로 끝내면서 절망했다. 그나마 18번 홀의 어려운 벙커 샷을 파로 막아낸 것이 다행이었다. 플레이어가 부진한 사이 1타 차로 선두를 빼앗은 아놀드는 18번 홀의 티샷을 페어웨이 한 가운데로 완벽하게 친 후 호위병들의 환호를 들으며 페어웨이를 향해 걷고 있었다. 파만 하면 우승이고 보기를 해도 연장전인데 두 번째 샷의 위치가 너무나 완벽해서 7번 아이언 샷으로 쉽게 파를 할 수 있을 것 같았다.

그러나 페어웨이를 걷던 아놀드가 치명적인 실수를 저지른다. 가까운 친구에게 "잘 했어, 아놀드. 네가 우승이야"라는 말을 듣고 좋아하다가 집중력을 잃어버린 것이다. 갑자기 아놀드의 눈에서 공과 코스가 사라지고 나무, 하늘, 갤러리들의 옷 색깔들이 보이며 뇌가 기능을 정지한 것 같았다. 아놀드의 7번 아이언 샷이 오른쪽 벙커로 들어갔을 때도 집중력은 돌아오지 않았다. 서둘러 친 벙커 샷이 그린을 넘어가고 보기라도 해야 연장전이 가능했지만 칩샷은 홀을 5미터나 지나갔고, 더블보기가 되어 결국 게리 플레이어에게 우승을 선사했다. "골프는 끝날 때까지 끝난 것이 아니다"라고 가르친 아버지의 말씀이 생각났지만 이미 너무 늦은 뒤였다.

골프에서는 잘 치는 선수보다 운 좋은 선수가 승리한다는 말이 있다. 1962년 마스터스에서 아놀드가 보여준 플레이가 그런 경우였다. 아놀드의 가장 강한 모습과 가장 약한 모습을 모두 보여준 대회이기도 하다. 처음 세 라운드에서 70-66-69타를 친 아놀드는 다우 핀스터월트Dow Finsterwald에 2타 차 그리고 3위 게리 플레이어에게 4타 차로 선두를 달리고 있었다. 마지막 라운드가 시작되자 아놀드는 보기를 거듭하며 타수를 잃기 시작했고, 아니의 군대에서는 신음소리만 들릴 뿐 조용했다. 전반을 3오버파 39타로 끝낸 아놀드가 10번 홀에서 더블보기로 2타를 더 잃으며 결국 선두를 빼앗겼고, 그 이후 간신히 파 플레이를 계속하던 아놀드는 공동 선두가 된 전년도 챔피언 게리 플레이어와 핀스터월트에게 2타 뒤진 채로 파3, 16번 홀에 도착했다. 아놀드의 16번 홀 티샷은 이번에도 그린을 벗어났고 15미터 정도의 호수를 향해 쳐야 하는 내리막 칩샷을 남겼는데 파를 잡기도 어려워 보이는 상황이었다. 함께 플레이하며 버디 퍼트를 남기고 있던 게리 플레이어는 캐디에게 이제 우리가 우승했다고 속삭였다. 가까운 TV 중계석의 아나운서가 아놀드는 이번 홀에서 파만 잡아도 다행이며 우승은 물 건너갔다고 말하는 것이 들리자 억지로 웃으며 중계방송 박스를 쳐다보았다. 그 직후 아놀드의 칩샷이 그대로 홀로 빨려 들어갔고 갤러리의 함성이 터져 나왔다. 게리 플레이어는 나중에 그 샷이 얼마나 어려운 것이었는지 일반 골퍼들은 상상하기 어려울 것이며 자기는 큰 쇼크를 받았다고 회고했다.

사기가 오른 아놀드는 17번 홀에서 5미터짜리 버디 퍼트를 성공시키며 공동선두가 되었고 결국 세 선수가 다음날 연장 18홀에서 승부를 가리게 되었는데, 세 선수가 연장을 치르는 것은 마스터스 역사상 처음 있는 일이었다. 연장전에서 9홀이 끝났을 때 게리 플레이어가 아놀드에 3타 앞섰고 핀스터월트는 우승경쟁에서 멀어졌다. 그러나 10번 홀을 시작하면서 아놀드 특유의 마지막 몰아치기가 나와 10번, 12번, 13번, 14번, 16번 홀에서 버디를 잡으며 68타가 되어 71타에 그친 플레이어에게 역전 우승을 했다. 1958년부터 5년 동안 3번째 우승을 한 것이었다. 시상식 후 기자회견에서 아놀드는 지독히 운 좋은 우승이었음을 인정했지만 그의 군대는 킹의 위대함을 재확인했다.

1964년 마스터스는 특별한 드라마 없이 아놀드가 일방적으로 리드를 지키며 우승을 거두었다. 10언더파 69-68-69를 친 아놀드는 5타 차 선두였고, 이제는 1953년 벤 호건의 최저타 우승 스코어인 14언더파 274타에 도전하겠다는 목표를 세웠다. 마지막 라운드의 70타는 벤 호건의 기록에는 모자랐지만 2위 잭 니클라우스에게 6타 차 승리를 확인해주었다. 마스터스 역사상 처음으로 네 번 우승을 한 챔피언이 탄생하는 순간이었다.

서른네 살 아놀드의 일곱 번째 메이저 우승이며 그의 마지막 메이저 우승이었다. 1960년부터 1964년까지 아놀드가 참가했던 열아홉 번의 메이저 대회에서 우승 6회, 5위 이내 14회, 10위 이내에 16회라는 발군의 성적을 기록했지만, 골프 선수의 최고 전성기를 첫 메이저 우승과 마지막 메이저 우승 사이의 기간이라고 간주할 때, 34세였던 1964년에 끝난 7년의 전성기는 너무 짧았다는 아쉬움이 남는다. 벤 호건은 34세에 그의 9번의 메이저 우승 중 겨우 한 번을 했을 뿐이며, 나머지 8번을 그 이후에 이루어 냈던 것과 비교하면 아쉬움은 더 커진다. 또한 메이저 대회 중에서 PGA 챔피언십을 우승하지 못하여 커리어 그랜드 슬램 달성에 실패한 것도 위대한 챔피언의 한으로 남았다.

불운의 US오픈 연장전

아놀드의 US오픈 우승 기록은 1960년 한 번뿐이다. 1962년, 1963년, 1966년에는 모두 18홀의 연장전에서 패배하여 아쉬움이 더 컸다.

1962년 US오픈은 펜실베이니아 피츠버그 근처의 오크몬트 컨트리클럽Oakmont Country Club에서 개최되었다. 오크몬트는 1903년에 개장하여 미국 최고의 명문으로 꼽히는 코스가 되었으며 US오픈을 8회나 개최하여 가장 여러 번 개최한 기록을 가지고 있고, 2016년에 US오픈이 다시 열린 곳이기도 하다. 피츠버그 근처에서 태어난 아놀드에게는 홈 게임이나 다름 없었으므로 골프 미디어들은 당연히 그의 우승을 예상했다. 더구나 4월에 마스터스 대회에서 우승한 후 최고의 컨디션을 유지하고 있었다. 극성스러운 그의 군대가 많이 모이는 것은 당연했다. 그러나 아놀드의 마음에 걸리는 선수가 있었으니 그는 올해에 프로로 데뷔한 스물두 살의 루키, 잭 니클라우스였다. 니클라우스는 프로 전향 후 6개월 만에 역사상 베스트 루키가 기록했던 상금 액수를 이미 초과한 상태였으므로 다크호스로 경계 받고 있었다. 아놀드는 기자들에게 이렇게 말했다. "모든 사람들이 나를 우승후보로 선택했지만 우리는 그 뚱뚱한 젊은이를 조심해야 한다." 이번 대회의 열쇠는 티샷이 좁은 페어웨이를 지켜야 하는 것인데 아놀드는 니클라우스가 그런 능력을 가지고 있다는 것을 알고 있었다.

공교롭게도 첫 라운드부터 아놀드와 니클라우스가 같은 조에서 만나게 되었다. 티잉 그라운드부터 그린까지 둘러싸고 있는 아니의 군대 속에서 니클라우스는 첫 세 홀 모두 버디를 잡으며 기세를 올렸고 아놀드는 5타나 뒤처지게 되었다. 그러나 첫 라운드 후반에 몰아치기를 한 덕분에 간신히 71타로 마무리했고 니클라우스는 72타로 끝냈다. 둘째 라운드에서 68타로 공동선두가 된 아놀드는 셋째 라운드 18번 홀에서 3퍼트 보기를 하는 등 73타로 조금 부진했지만 아직 공동 선두를 지켰고, 니클라우스가 2타 차이 공동 5위로 따라오고 있었다. 마지막 라운드 시작 전 점심시간에 18번 홀에서의 3퍼트 보기가 계속 생각나면서 심리적 부담을 떨칠 수가 없었다.

오후가 되면서 갤러리의 숫자는 25,000명까지 늘어나서 US오픈 사상 최대 숫자를 기록했다. 아니의 군대는 니클라우스를 따라다니며 퍼트 실패나 미스 샷에 환호하고 소란을 피워 오히려 아놀드를 화나게 만들었다. 확실한 버디 기회가 있는 파5, 9번 홀에서 두 번째 샷을 그린 근처 러프로 보냈지만 어렵지 않은 칩샷이어서 버디를 만들 수 있는 좋은 기회였다. 그러나 아놀드의 칩샷은 뒤땅을 찍으며 겨우 몇 센티미터 앞에 떨어졌고 다시 칩샷을 하여 2퍼트 보기가 되었다. 아놀드는 이번 보기가 시합 결과에 결정적인 영향을 미치리라는 것을 본능적으로 알았다. 반면 니클라우스는 9번, 11번 홀에서 버디를 하며 69타를 치고 합계 283타로 클럽하우스에서 결과를 기다리고 있었다. 17번 홀까지 니클라우스와 공동선두였던 아놀드는 18번 홀의 두 번째 샷을 4번 아이언으로 3미터 거리에 붙이면서 버디가 가능하게 되었지만 결국 빗나가고 다음 날 니클라우스와 18홀 연장전을 벌이게 되었다. 자기 평생에 단 한 번의 멀리건을 받을 수 있다면 18번 홀의 그 퍼팅을 다시 하고 싶다고 회고했을 만큼 아놀드의 아쉬움은 컸다. 네 라운드 동안 아놀드는 3퍼팅을 10번 했고 니클라우스는 한 번밖에 안 했으므로 그 차이는 컸다.

다음 날 연장전이 시작되자 니클라우스가 앞서나가기 시작했고 6번 홀이 끝났을 때는 이미 4타 차로 달아났다. 그러나 후반이 되면서 9번, 11번, 12번 홀에서 세 개의 버디를 잡은 아놀드가 1타 차이로 따라 붙으며 니클라우스를 압박했고 홈 갤러리들의 함성은 커져갔다. 보통 이런 상황이 되면 쫓기는 선수가 무너지고 결국 역전을 시킬 수 있게 마련인데, 니클라우스는 전혀 다른 종류의 동물이었다. 그의 태도는 조금도 변하지 않았고 철벽같은 집중력을 유지하며 자기의 게임플랜을 지켜갔다. 결국 아놀드가 먼저 흔들리면서 13번 홀에서 3퍼트 보기를 하여 2타 차이가 되었으며 그 이후 다시는 역전의 기회가 찾아 오지 않았다. 아놀드 74타, 니클라우스 71타로 경기가 끝났다. 결국 부진한 쇼트게임과 퍼팅이 아놀드의 우승에 결정적인 장애가 되었고, 니클라우스는 프로로서 첫 우승을 메이저 대회 우승으로 장식하게 되었다. 아놀드는 이제 니클라우스가 최고의 자리에 오르는 것은 시간문제임을 알 수 있었고, 이때부터 그들의 평생 라이벌 관계가 시작되었다.

1963년 US오픈은 매사추세츠 주 보스턴 근처 브루클린의 더 컨트리클럽The Country Club에서 개최되었다. 1913년, 20세의 아마추어 프란시스 위멧Francis Ouimet이 영국의 위대한 챔피언들인 해리 바든과 테드 레이를 기적적으로 물리치고 챔피언이 된지 50년을 기념하기 위해서 같은 골프장으로 돌아온 것이었다. 하지만 대회가 진행된 사흘 내내 강풍이 불면서 선수들의 전반적인 스코어가 나빴고, 디펜딩 챔피언 니클라우스는 컷을 통과하지 못했다. 73-69-77-74타로 합계 9오버파 283타로 마친 아놀드는 줄리우스 보러스, 잭키 커핏과 공동 선두가 되어 다음날 18홀 연장전을 벌이게 되었다. 연장전 11번 홀에서 트리플 보기를 하는 등 부진한 경기를 펼친 아놀드는 76타로 끝나서 70타를 친 보러스에게 우승컵을 빼앗겼다. 2년 연속 연장전에서 패배한 아놀드는 크게 상심하며 다음 기회를 기다려야 했다. 하지만 불행하게도 더욱 충격적인 패배가 그를 기다리고 있었다.

1966년 US오픈의 충격적인 역전 패배

1964년 마스터스에서 우승한 아놀드는 긴 슬럼프에 빠진다. 1964년 2승, 1965년에는 US오픈에서 컷조차 통과하지 못하고 겨우 1승으로 시즌을 끝냈다. 미디어에서는 이제 아놀드의 전성기가 끝났다는 기사를 쏟아내고 있었다. 서른여섯 살이 된 아놀드는 자기 생애 처음으로 정신적 고통과 함께 몸에 통증이 오는 것을 느꼈다. 담배를 끊은 후 체중이 늘기 시작했고 스윙이 둔해진다는 느낌마저 들었다. 이제 아놀드는 스스로 더 이상 젊지 않다는 것을 실감했다.

1966년이 되면서 시즌 첫 시합인 LA오픈의 3라운드에서 7홀 연속 버디를 하며 62타를 치면서 우승했다. 다음 시합들에서 줄곧 5위 이내에 들었고 마스터스에서 62홀까지 선두를 달리다가 4위로 마무리하는 좋은 성적을 보이면서 '왕의 귀환'을 알렸다. 이제 골프팬들은 샌프란시스코 올림픽클럽에서 열리는 US오픈을 기다렸다. 올림픽클럽은 1955년 US오픈에서 벤 호건이 무명의 잭 플렉에게 패함으로써 US오픈 5회 우승의 꿈을 접어야 했던 역사적인 장소였다. 왼쪽에서 오른쪽으로 휘어진 홀들이 많으므로 아놀드도 스윙을 바꾸어서 페이드 샷을 준비하며 시합을 기다렸다.

처음 두 라운드에서 71-66타를 친 아놀드가 빌 캐스퍼Bill Casper와 공동선두에 나섰다. 1959년 US오픈 챔피언이었던 캐스퍼는 강력한 스윙을 하지는 못하지만 날카로운 쇼트게임과 퍼팅으로 유명한 선수였다. 셋째 라운드에서 70타로 빌 캐스퍼에 3타 차 선두가 된 아놀드는 마지막 라운드의 9홀까지 3언더파 32타를 치면서 7타 차의 선두가 되었고 그의 우승을 의심하는 사람은 없었다. 가장 경계했던 니클라우스도 이미 우승 경쟁에서 멀어졌고 이제 코스에는 더 이상 경계의 대상이 없었다. 전반 9홀이 끝난 후 캐스퍼는 니클라우스의 추격을 뿌리치고 2위를 지키는 것이 목표라고 말했고 아놀드는 캐스퍼가 2위는 충분히 할 것이라는 덕담을 해주기도 했다. 그러나 1959년 US오픈 챔피언이었던 캐스퍼는 그렇게 얕볼 상대가 아니었다. 1964년부터 1970년 사이 캐스퍼는 PGA 투어 27승을 달성하여 전성기에 있던 잭 니클라우스보다 2승을 더 올린 당대 최강의 골퍼였기 때문이다.

아놀드는 이제 1946년 벤 호건이 세웠던 US오픈 최저타 276타에 도전하기로 결심했다. 후반 9홀에서 1오버파 36타만 치면 275타가 되는 상황이므로 현실적으로도 충분히 가능한 목표였다. 그러나 그 목표는 아놀드의 일생에서 가장 잘못된 것이었다. US오픈의 우승을 잊어버리고 벤 호건과 시합을 시작한 아놀드는 마지막 9홀에서 유령에 홀린 듯 무너져내리며 메이저 대회 역사상 가장 충격적인 역전 패배라는 기록을 세우게 되었다.

10번 홀: 아놀드 보기로 6타 차 리드.

11번 홀: 아놀드와 캐스퍼 모두 파.

12번 홀: 두 선수 모두 버디. 아놀드가 6홀을 남기고 6타 차 리드. 그러나 그 버디는 가장 나쁜 버디였다. 왜냐하면 그가 이제 호건의 기록을 깰 수 있다는 확신을 가지게 되었기 때문이다.

13번 홀: 아놀드 보기. 5타 차 리드.

14번 홀: 두 선수 모두 파. 4홀을 남기고 5타 차 리드.

15번 홀: 파3에서 어려운 위치의 깃대를 직접 공격하다가 보기가 되었고, 캐스퍼는 그린 가운데에서 7미터의 버디를 성공시키며 이제 3타 차 리드. 차이가 점차 좁혀지자 아놀드는 처음으로 상황이 심각해질 수 있다는 생각을 한다.

16번 홀: 파5, 16번 홀에서 오너를 잡은 캐스퍼가 티샷을 페어웨이 가운데로 안전하게 쳐 놓았다. 투온을 노리지 않겠다는 확실한 의사표시였다. "안전하게 쳐서 나를 이길 수 있다고?" 아놀드도 1번 아이언으로 안전한 플레이를 선택할 수 있었지만 지는 한이 있더라도 공격적인 플레이를 보여주고 싶었다. 아놀드의 드라이브

샷은 심한 훅이 나면서 깊은 러프에 떨어졌고 간신히 보기를 할 수 있었지만 안전하게 쓰리온을 한 캐스퍼는 버디를 잡아냈다. 아놀드는 두 홀에서 4타를 잃었고 이제 마지막 두 홀을 남기고 차이는 1타뿐이었다.

17번 홀: 올림픽 클럽에서 가장 어려운 홀이다. 아놀드의 드라이브 샷은 훅이 나서 또 러프로 갔고 보기를 하여 드디어 공동선두가 되었다.

18번 홀: 아놀드는 이제 호건의 기록을 깬다는 생각보다 1955년 같은 골프장에서 호건이 잭 플렉에게 역전패를 당했던 US오픈이 생각나기 시작했다. 아놀드는 결국 드라이버를 포기하고 1번 아이언으로 티샷을 해야 했는데 그마저 러프로 갔고 2미터짜리 옆 라이 퍼트를 성공시키며 어려운 파 세이브에 성공하여 겨우 연장전에 가게 되었다. 아놀드 71타, 캐스퍼 68타로 끝나서 두 선수는 278타 공동 선두가 된 것이다.

다음 날 18홀 연장전이 열렸지만 정신적 충격이 컸던 아놀드는 자꾸 전날의 기억이 떠올라서 집중할 수 없었고, 결국 73타를 쳐서 69타를 친 캐스퍼에게 US오픈 트로피를 넘겨주었다. 이번 패배는 아놀드에게 회복이 불가능한 정신적 상처를 남겼고, 위대한 골퍼가 역사 속으로 사라져가는 내리막길의 출발점이 되었다. 넷째 라운드에서 잠시 오만해졌던 아놀드는 보비 존스가 깨우쳤던 'Old Man Par'의 정신에 패배했다.

1967년 뉴저지 주의 발터스롤 골프클럽Baltusrol Golf Club에서 열렸던 US오픈에서도 아놀드는 잭 니클라우스와 마지막 라운드까지 우승경쟁을 펼쳤지만 2위에 그치고, 지난 여섯 번의 US오픈에서 세 번의 연장전 패배를 포함하여 네 번이나(1962년, 1963년, 1966년, 1967년) 2위를 하는 불운의 골퍼가 되었다.

골프 역사상 가장 공격적인 골퍼

아놀드의 플레이가 역사상 어떤 골퍼보다도 공격적인 스타일이었다는 것은 모두가 인정한다. 그러나 그의 스타일이 프로골퍼로서 올바른 것이었는지에 대해서는 여러 의견들이 있다. 아놀드는 그의 무모한 스타일 때문에 최소한 20개 대회의 우승을 놓쳤다고 말한 프로가 있기도 하고, 아놀드의 플레이 능력에 냉철한 판단력으로 유명한 벤 호건의 머리를 조합했다면 아놀드의 메이저 우승 횟수가 훨씬 늘어났을 것이며, 그의 전성기도 길어졌을 것이라는 분석도 있다. 그러나 정작 아놀드는 그런 의견들에 동의하지 않았다. 너무 공격적이라 우승을 놓친 대회도 있지만 반대로 공격적이었기 때문에 역전 우승한 대회도 많았고, 대회의 성적으로만 평가받는 골퍼보다 플레이 과정으로 팬들을 즐겁게 해주고 사랑을 받는 골퍼가 더 자랑스러운 골퍼라고 믿었기 때문이다.

2013년, 전 세계의 프로골퍼들이 상금과 광고로 벌어들인 총 수입의 순위가 발표되었다. 84세의 아놀드는 상금을 많이 벌지는 못했지만 총 광고 수입 4천만 달러를 기록하여 1위 타이거 우즈, 2위 필 미켈슨에 이어 3위에 올랐고 4위가 잭 니클라우스였다. 프로골퍼로서 53년 동안 총 상금 수입이 186만 달러에 불과했던 '킹' 아놀드 파머의 대중적인 인기가 아직도 얼마나 대단한 것인지를 보여주는 증거이다.

　　아놀드는 텔레비전 스포츠 최초의 슈퍼스타였고 골프 스포츠의 발전을 위해서 가장 큰 기여를 했던 골퍼로 인정받고 있으며 그의 영향력은 아직도 전성기 때와 같이 살아 숨 쉬고 있다. 그의 고향 러트로브에 있는 비행장의 이름마저 '아놀드 파머 공항Arnold Palmer Airport'이며 공항 입구에는 아놀드의 동상이 세워져 있다.

2

게리 플레이어
Gary Player (1935~)

주요 업적

메이저 대회 9승 마스터스: 1961, 1974, 1978 │ US오픈: 1965 │ 디오픈: 1959, 1968, 1974
PGA 챔피언십: 1962, 1972
프로 통산 165승 이상 PGA 투어 24승 │ 시니어 투어 19승 포함

Black knight

남아프리카 공화국의 전설

얼마 전 갑작스런 어머니의 죽음을 받아들여야 했던 8살의 소년은 어둠이 내린 집 앞 벤치에서 아버지와 누나를 기다리고 있었다. 1시간 30분이나 걸려 학교에서 집으로 돌아온 그 아이는 아무도 없는 집안으로 들어가는 것이 싫었다. 몇 시가 되는 줄도 모르고 혼자서 아버지가 돌아오는 길을 바라보며 기다리고 또 기다렸다. 언제나 혼자였던 아이는 외로움에 떨며 엄마의 모습을 떠올렸다. 아침 6시에 일어나서 혼자 식사를 해결한 후 버스를 두 번 갈아타고 50킬로미터나 떨어진 학교에 갔다가 돌아올 때면 이미 사방에 어둠이 내리고 있었다. 어둠 속에서 자라난 이 소년은 훗날 프로골퍼가 되어 마스터스 대회에서 외국인으로는 처음으로 우승을 거두었으며, 1965년 29세의 나이에 4개 메이저 대회를 모두 우승하면서 진 사라센, 벤 호건에 이어 역사상 세 번째로 커리어 그랜드 슬램을 달성한

더 골퍼 • The Golfers

다. 그렇게 메이저 대회 통산 9승을 이뤄내면서 남아프리카 공화국의 전설이 된 소년이 바로 '흑기사' 게리 플레이어다.

가난한 가정의 막내로 태어나

게리는 1935년 11월 1일 남아프리카 공화국의 요하네스버그에서 태어났다. 5살 위의 누나 윌머Wilma와 8살 위의 형 이안Ian까지 삼남매 중 막내였다. 8살에 어머니를 잃은 후 게리의 어린 시절은 가난과 고통의 시간이었다. 아버지는 교육을 제대로 받지 못한 금 광산의 노동자였지만 어머니는 고등 교육을 받은 주부였으며 조용히 아버지를 내조했다. 어머니는 게리에게 규율과 예절과 신뢰와 사랑을 가르쳤고 잠자리에 들기 전에는 언제나 소리 내어 기도를 해주곤 했다. 평소에는 매우 엄격했지만 게리는 어머니의 사랑을 느꼈다.

아버지는 어린 게리에게 창조적이고 적극적인 정신자세의 중요성을 가르쳐 주었고 골프 선수로 대성할 때까지 뒷바라지를 했다. 성인이 되었을 때도 키가 168센티미터에 불과했던 게리는 체격의 핸디캡 때문에 골프 선수로서 성공하기는 어려울 것이라는 생각을 했었다. 그러나 아버지는 그에게 이렇게 말했다. "중요한 것은 밖으로 보이는 것이 아니고 너의 마음속에 있는 강한 의지력이다." 아버지의 말은 챔피언이 된 후에도 평생 동안 게리의 마음속에 살아 있었고 자신감의 원동력이 되었다.

형 이안은 게리에게 독립심을 가르쳐주었다. 어느 날 형과 함께 8킬로미터 달리기를 하다가 지쳐서 그만 길바닥에 주저앉았다. 가슴이 터질 것 같았고 땀이 비 오듯이 쏟아졌다. 형은 동생을 일으키고 머리를 쥐어박으며 소리 질렀다. "넌 무엇이든 할 수 있어. 이 세상에 불가능한 것은 없다고!" 게리는 겁이 나서 다시 뛰기 시작했고 끝까지 형과 함께 뛰고 돌아왔다. 그러면서 배웠다. "이 세상에 안 되는 일은 없다. 인내하라. 그리고 끝까지 포기하지 마라."

또 어느 날은 게리가 동네 아이들에게 맞고 울면서 달려왔다. 이안은 게리를 의자에 앉히더니 두 눈을 똑바로 보면서 말했다. "게리, 싸우는 법을 배워라. 내게 달려오지 말고 싸워서 이겨!" 게리는 형의 매몰찬 반응에 실망했지만, 훗날 알게 되었다. 형 덕분에 혼자서 싸워나갈 수 있는 독립심을 배웠다는 것을. 며칠 후 형은 집 앞 큰 나무의 높은 가지에 10미터쯤 되는 길이의 밧줄을 묶어주면서 매일 맨손으로 그 밧줄을 잡고 끝까지 올라가라고 했다. 처음에는 불가능했지만 시간이 지나면서 쉽게 오르고 내릴 수 있었다. 형은 역기 드는 법과 권투도 가르쳐주었다. 게리는 이때 자기의 손목, 팔, 어깨의 근육이 강하게 발달했다고 믿는다. 11살이 되었을 때 게리는 학교에서 만능 스포츠 학생으로 인정받았다. 작은 체격이지만 럭비, 크리켓, 수영, 육상 등에서 모두 우수했다. 아버지와 형은 무엇이든 잘

더 골퍼 • The Golfers

하고 싶으면 끊임없이 연습하라고 강하게 밀어붙였다. 그들은 엄격했지만 게리는 사랑 없는 규율과 훈련은 무익하고, 규율과 훈련이 없는 사랑은 몸과 마음을 나약하게 만든다는 것을 깨달았다.

프로골퍼로서의 첫 우승

게리의 아버지는 키 183센티미터의 장신이며 핸디캡 2의 골퍼였으므로 어릴 때부터 자연스럽게 아버지가 스윙하는 모습을 보며 자랐다. 14살 때 아버지를 따라서 처음 라운딩을 나갔을 때 3개 홀을 연속 파로 플레이했고, 아버지는 게리에게 골프의 재능이 있음을 알아차렸다. 게리가 본격적으로 골프에 열중하게 된 계기는 버지니아 파크 골프클럽Virginia Park Golf Club의 헤드프로였던 버위Verwey의 딸 비비앤Vivienne을 만난 것이었다. 게리는 첫눈에 비비앤에게 반해 언젠가 반드시 그녀와 결혼하겠다고 결심했다. 비비앤은 아버지의 프로 숍에서 일을 도와주고 있었는데 게리는 그녀를 만나기 위해서 매일 골프장에 갔다. 그는 버위에게 스윙의 기본들을 배우기 시작했고, 하루에 10시간 이상 연습하면서 프로골프의 꿈을 꾸기 시작했다.

　15살이 된 어느 날, 게리는 친구들과 장난을 하다가 목뼈를 다치게 되었고 16살이 될 때까지 아무런 운동도 할 수가 없었다. 목이 완쾌된 후 게리는 2년 동안 매일 골프 연습에 매달렸고 버위가 스윙의 문제점들을 지적하며 훈련을 도와주었다. 다른 골퍼들처럼 게리도 다운스윙 때에 체중을 왼발로 옮기는 기술을 완전히 습득하는데 어려움이 있었다. 그러나 체중이동 없이는 비거리를 낼 수 없다는 것을 알게 되었고, 마침내 체중이동의 기술을 완벽하게 배울 수 있었다. 게리의 전성기 때 찍은 스윙 사진을 보면 그의 체중이동이 얼마나 공격적이고 완벽한 것인지 알 수 있다. 연습 라운드를 하며 집중력을 기르는 훈련도 꾸준히 했다. 퍼팅을 할 때마다 우승을 위한 퍼트라는 생각으로 집중했다. 이제 게리는 남아프리카 공화국뿐 아니라 미국, 영국, 호주를 다니며 챔피언이 되는 꿈을 꾸기 시작했다.

14세에 처음 라운딩을 했던 게리가 겨우 4년 후인 1953년에 18세의 나이로 프로골퍼가 되었을 때 게리의 성공을 예상하는 사람들은 아무도 없었다. 오히려 대부분 그의 프로 진출을 회의적으로 바라봤다. 무엇보다 챔피언이 되기에 168센티미터의 키는 너무 왜소해 보였다. 그러나 그런 시선은 게리가 더욱 더 열심히 훈련을 하는 자극제가 되었다. 게리는 월급 80달러를 받는 버지니아 파크의 보조 프로가 되었고 골프 연습 시간도 길어졌다. 버지니아 파크는 주말에만 여는 골프장이었으므로 주중에는 하루 종일 혼자서 연습을 할 수 있었다. 가족들은 게리의 성공을 믿었지만 어떤 스포츠 기자는 게리의 스윙으로 위대한 선수가 되기는 어려울 것이라고 평가했다. 그러나 좋은 골프 스윙이란 무엇인가? 역사적으로 위대했던 챔피언들은 모두 자기만의 다른 스윙을 가지고 나타났었다. 골프 스윙에는 정답이 없고 과학으로 설명할 수 없는 뭔가가 있다. 게리의 골프 영웅 보비 록Bobby Locke은 가장 이상한 스윙을 가졌지만 디오픈을 4회나 제패하고 진정한 챔피언이 되었다. 그리고 남아프리카 공화국의 모든 젊은 골퍼들의 우상이 되었다.

게리는 남아프리카 공화국 투어에 참가할 수 있는 자격을 받은 후 투어의 거의 모든 시합에 참가하기 시작했다. 아버지는 투어 참가 비용을 마련하기 위해서 은행의 융자를 받아주었다. 돈을 절약하기 위해서 게리는 시합 때도 헌 공을 사용했다. 자기를 따라오는 관중은 가족뿐이었지만 그에게는 큰 힘이 되었다. 주위의 회의론자들은 게리의 성적에 대해 부정적인 평가를 했지만 요하네스버그에서 열렸던 큰 시합에서 보비 록에 이어 2등을 함으로써 그들을 놀라게 했다. 그리고 상금 600달러를 받았다. 1953년, 1954년은 투어에 적응하는 기간이었지만 상금랭킹 12위에 오르는 등 만족스러운 결과를 만들었다. 1955년에는 드디어 게리의 프로 첫 우승이 기다리고 있었다. 베노니에서 열린 이스트랜드 오픈에서 우승을 하게 된 것이다. 게리는 메이저 9승을 포함하여 160회 이상의 우승을 했지만 첫 우승의 순간이 그 어떤 우승보다도 더 감격적이었다고 회고한다.

해외 대회에 참가하며

그가 1955년에 첫 우승을 했을 때는 요하네스버그의 킬러니 골프클럽^{Killarney} Golf Club의 보조 프로로 옮긴 후였는데, 게리의 우승을 본 멤버들이 모금을 하여 해외 투어를 주선해주었다. 게리는 두 달 정도의 계획을 잡고 생애 첫 번째 외국 방문길에 올랐다. 첫 번째 시합은 이집트 카이로에서 열린 매치플레이 챔피언십이었는데 게리가 우승을 하여 900달러의 상금을 챙겼고, 덕분에 여행 일정을 연장할 수 있었다. 게리의 다음 목적지는 영국이었다. 골프의 발상지 세인트앤드루스 올드 코스에서의 라운딩은 감격 그 자체였다. 여행 동안 한 푼의 동전까지 아껴가며 영국 골프를 경험한 게리는 5개월의 여행을 마치고 요하네스버그로 돌아왔다.

1956년, 게리는 영국의 서닝데일^{Sunningdale Golf Club}에서 열린 던롭 챔피언십에 출전한다. 총 5라운드 경기였는데 게리가 70-64-64-68-72를 쳐서 총 338타로 우승을 거둔다. 338타는 5라운드 경기 사상 최저타 신기록이었다. 게리의 라운딩을 지켜보던 노먼 폰 니다^{Mr. Norman von Nida}는 게리를 호주 멜버른에서 열리는 앰폴^{Ampol} 토너먼트에 초대했다. 집으로 돌아온 게리는 호주로 떠나기 전에 비비앤에게 이렇게 말했다. "만일 내가 앰폴 대회에서 우승하면 돌아오는 즉시 결혼식을 하겠어." 앰폴 토너먼트는 미국, 영국, 호주의 스타들이 대거 참가하는 큰 대회였고 우승 상금도 14,000달러나 되는 꿈같은 대회였다. 마지막 라운드의 18번 홀에서 무명의 게리는 7타 차 우승을 확신하며 흥분했다. 그동안은 돈이 없어서 결혼을 미뤄왔지만 이제 충분히 결혼식을 하고도 남을 정도의 돈이 생긴 것이다. 게리는 멜버른을 떠나며 비비앤에게 웨딩드레스를 사라는 전보를 보냈다. 1957년 1월에 열린 결혼식 날에도 두 사람은 9홀의 골프를 치고 식을 올렸다. 비비앤이 핸디캡 2의 골퍼였기 때문이다.

1956년에 게리는 첫 번째 남아프리카 공화국 오픈 챔피언이 되었다. 1983년까지 13회나 자국의 챔피언 자리에 오르는 신기록의 첫 발자국이었다. 1956년까지 이집트, 영국, 호주, 남아프리카 공화국에서 우승을 하고 메이저 대회인 디오픈에 처음으로 참가하여 4위의 성적을 거둔 게리는 점차 국제 골프계의 주목을 받기 시작했다. 1957년 게리의 아버지는 마스터스 대회 위원장인 클리포드 로버츠Clifford Roberts에게 게리를 초청해 달라고 요청하는 편지를 보냈다. 비록 가난하지만 초대만 해준다면 모금을 해서라도 경비를 마련하여 대회에 참가하겠다는 내용이었다. 로버츠는 모금을 시작하라는 간단한 회신을 보내왔다. 게리의 탁월한 투어 성적을 인정하여 마스터스에 초대하기로 결정한 것이었다.

이제 게리는 미국으로 진출할 수 있는 길이 열리게 되었다. 처음으로 참가한 1957년 마스터스 대회에서는 24위에 머물렀으나 1961년, 마스터스 역사상 최초의 외국인 우승자가 되었고 세 번 우승의 위업을 달성한다. 이때 게리는 중요한 교훈을 얻었다. 아놀드 파머나 샘 스니드는 마스터

스 코스의 파5 홀들에서 쉽게 투온을 했는데 게리는 어떤 파5에서도 투온
이 불가능했다. 앞으로 그들과 싸워서 이기려면 거리를 획기적으로 늘려
야 한다는 것을 절실히 깨달았다. 게리는 즉시 유연성 운동, 근력강화 운
동, 역기, 요가 등을 시작했으며, 그런 운동들을 평생 동안 계속하여 훗날
'Mr. Fitness'라는 별명도 얻게 되었다. 미국으로 시합을 갈 때에는 30킬
로그램이나 되는 운동기구들을 가지고 다니기도 했다.

　프로골퍼가 자기 나라에서 우승을 하는 것과 외국 원정경기에서 우승
을 하는 것은 큰 차이가 있다. 외국 원정은 우선 시차라는 걸림돌이 있고
음식, 잔디, 벙커 속의 모래, 경기의 분위기, 언어, 잠자리 등 모든 것이 낯
설다. 그래서 골프의 기량뿐 아니라 낯선 환경을 극복하는 문제가 더 어
려운 숙제이다. 게리도 이런 핸디캡들을 안고 미국 투어에 도전을 시작했
고, 1958년 달라스^{Dallas} 오픈에서 미국 PGA 투어 첫 승을 올리게 된다. 처
음으로 출전했던 1958년 US오픈에서 2위의 성적으로 골프계를 놀라게
만들었던 게리는 그의 골프영웅 벤 호건을 만날 수 있었다. 벤 호건은 게
리의 플레이를 보고 그가 위대한 선수가 될 것이라고 예언했다.

1959년 디오픈 챔피언

1958년 마스터스에서는 컷 통과에 실패했지만, 처음 참가한 US오픈에

서 2위, 디오픈에서 7위의 성적을 거둔 게리는 메이저 대회에서 우승할 수 있다는 자신감이 생기기 시작했다. 그의 첫 번째 메이저 우승은 1959년 디오픈에서 찾아왔다. 게리는 디오픈이 열리는 뮤어필드 링크스^{Muirfield} ^{Golf Links}에 시합이 시작되기 10일 전에 도착했다. 첫 번째 메이저 대회의 우승을 이루기 위해서는 충분한 연습 라운드가 필요하다고 생각했기 때문이다. 오전, 오후에 따라 바뀌는 바람의 방향을 파악하고 바람 속에서 필요한 샷을 준비했다. 원래 게리의 스윙에는 결점이 있었다. 어드레스에서 스탠스가 너무 넓었고, 스윙이 너무 낮고 평평했으며, 손목의 움직임이 너무 빨라서 훅을 내곤 했다. 그러나 게리는 영국으로 오기 전에 스윙의 결점들을 모두 고쳤고 이제는 작고 간결한 스윙으로 무장하고 있었다.

처음 두 라운드를 75-71타로 끝낸 게리는 선두에 8타나 뒤져있었다. 그러나 두 라운드를 남겨 놓은 게리는 8타 차이의 열세를 극복하고 우승할 수 있다는 자신감에 차 있었다. 다음날 3라운드에서 70타로 끝났을 때 선두와의 격차를 4타 차이로 좁힐 수 있었다. 마지막 라운드에서 1번 홀을 버디로 출발한 게리는 17번 홀까지 무결점 플레이를 펼치며 우승이 가능한 상황을 만들었다. 파4, 18번 홀의 티잉 그라운드에 섰을 때 이제 파만 하면 66타의 놀라운 점수를 기록하면서 우승이 확실해지는 순간이었다. 그러나 골프라는 게임에서는 이런 상황이 더 위험하다는 것을 모두가 알고 있다. 티샷을 페어웨이 벙커에 빠뜨린 게리는 두 번째 샷으로 페어웨이로 빠져 나왔고, 6번 아이언으로 친 어프로치 샷이 그린보다 짧았는데 거기서 3퍼트를 하여 더블보기를 기록했다. 결국 68타, 총 284타로 마무리하고서 18번 홀의 그린을 걸어 나오는 게리의 심장은 터질 것 같이 괴로웠다. 다 잡았던 우승을 마지막 홀에서 날려 보냈다고 생각했다. 이제는 2시간 뒤에 따라오고 있는 선두권 선수들의 결과를 기다려보는 방법밖에 없었다. 게리는 두 시간을 자신에 대한 실망감과 자책감으로 채우며 초조하게 기다렸다. 마지막 경쟁자 프레드 불록Fred Bullock이 18번 홀을 끝냈을 때 비로소 자신이 2타 차이로 디오픈 챔피언이 된 것을 알았다. 프로 경험도 길지 않았던 스물세 살 청년의 감격을 상상할 수 있겠는가? 아버지의 가장 큰 희망이 디오픈 우승이었던 게리는 그 소원을 풀어 드렸다. 그러나 시상식에 아버지가 없다는 사실이 그의 마음을 아프게 했다.

빅 쓰리Big Three

게리의 미국 투어 성공에 큰 영향을 준 사람은 IMG의 회장 마크 맥코맥이었다. 맥코맥은 아놀드 파머의 에이전트로 계약할 때 파머 이외의 다른 선수들과는 일하지 않기로 약속했었다. 그런 사정을 알게 된 게리는 1960년에 파머를 직접 만나서 맥코맥과 함께 일하게 해주기를 요청했고 파머도 흔쾌히 양해해 주었다. 맥코맥은 게리와 파머를 묶어서 마케팅에 활용하기 시작했고 'Challenge Golf'라는 TV 프로그램을 만들어서 시범경기를 하여 수입을 늘렸다. 1961년 잭 니클라우스가 프로로 데뷔하면서 맥코맥과 계약을 하자 미디어에서는 세 선수를 '빅 쓰리Big three'라고 부르기 시작했다. 세 선수가 모여서 마케팅 활동을 하자 그 효과는 점점 더 큰 힘을 얻게 되었고 1960년대의 골프계를 석권하게 되었다. 빅 쓰리는 1960년부터 1966년까지 7년 동안 마스터스의 우승을 계속했고, 28회의 메이저 대회 중 15회의 우승을 챙겨갔다.

게리는 파머와 니클라우스를 번갈아가며 남아프리카로 초대하여 야생 동물들의 세계를 보여주었고 아버지가 일하던 금광의 수백 미터 아래 갱도까지 안내하기도 하며 친분을 쌓았다. 게리는 두 선수에 비해서 상대적으로 적은 팬들을 가졌지만 그들의 충돌을 막는 완충 역할을 수행했다. 세 사람은 가장 큰 라이벌이면서도 절친한 친구 관계를 유지했고 서로를 존중하며 함께 성장하고 부와 명예를 나누어 가졌다. 파머는 평생 동안 골프 선수로 활약하겠다고 했었고 게리와 잭은 35세에 선수 생활을 끝내겠다고 했었지만, 결국 세 사람은 더 이상 우승 경쟁을 할 수 없을 때까지 선수 생활을 하며 골프계의 아이콘으로 남게 되었다. 빅 쓰리는 2012년부터 마스터스 대회의 시구자로 선정되어 함께 시구하는 명예를 누리고 있다. 세 선수가 언제까지 함께 시구할 수 있을지 지켜보는 것도 흥미로운 일이다.

1961년 마스터스 챔피언

1961년 제25회 마스터스는 게리의 다섯 번째 도전이었다. 미디어는 앞다투어 아놀드 파머의 우승을 예상했다. 파머는 전년도 마스터스 챔피언이며 1960년에만 8승을 올렸고 1955년부터 생애 통산 21승을 기록하는 등 최고의 전성기에 있었기 때문이다. 더 중요한 것은 파머의 인기였다. 관중들은 파머를 골프의 신쯤 되는 존재로 우상화하며 몰려다녔다. 이에 비해 게리는 1959년 디오픈을 포함하여 PGA 투어 4승을 했을 뿐 언론의 큰 관심을 끌지 못했다. 다만 1961년 4월 마스터스가 열리기 전에 PGA 2승을 했고 상금 순위 1위를 달리고 있다는 것이 게리의 상승세를 말해주는 증거였다. 1달 전에 열렸던 펜서콜라Pensacola 오픈에서 두 선수는 동반라운드를 했었고, 게리가 65타로 71타의 파머를 제압했었다는 사실은 이미 잊혀졌다.

빗속에서 첫 라운드가 시작되었고 둘째 라운드가 끝났을 때 게리가 69-68타, 파머는 68-69타로 두 선수는 7언더파 공동선두에 나섰다. 88명의 참가자 중에서 41명이 컷을 통과했는데 컷 점수가 5오버파였으니 게리와 파머의 점수가 얼마나 좋은 성적이었는지 알 수 있다. 3라운드는 게리가 69타로 좋은 점수를 유지한 것에 비해 파머는 73타로 마치면서 게리가 4타 차 선두로 마지막 라운드를 시작하게 되었다. 4라운드는 비로 인해 월요일로 연기되었고 마지막 라운드를 기다리는 게리의 마음은 초조했다. 마지막 라운드의 전반 9홀을 2언더파 34로 끝낸 게리의 우승은 확실해 보였다.

그런데 10번 홀에서 보기를 했지만 그래도 12번까지 4타 차 선두를 지키고 있던 게리가 흔들리기 시작했다. 비교적 쉽게 플레이되는 파5, 13번 홀에서 더블보기, 파5, 15번 홀에서 보기를 기록하며 우승의 향방이 알 수 없어진 것이다. 버디의 가능성이 높은 13번, 15번 홀에서 3타를 잃은 것은 치명적이었다. 74타로 라운드를 마친 게리는 18번 홀 그린을 내려오면서 거의 울고 있었고 이제 아놀드 파머의 경기 결과를 기다려야 했다. 파머가 18번 홀 티잉 그라운드에 섰을 때 1타 차로 선두에 나서며 관중들을 열광시키고 있었다. 이제 마지막 홀에서 파만 하면 우승이었다. 그러나 골프 경기에서의 많고 많은 이야기들은 마지막 그린에서 생겨나는 법이다.

파머의 티샷이 힘차게 페어웨이를 갈랐다. 관중들의 환호성은 게리에게 고문의 목소리였다. 그러나 파머의 어프로치 샷이 벙커에 들어갔고, 세 번째 샷에서 그린을 넘긴 파머는 네 번째 샷 만에 홀 5미터에 붙였다. 이제 퍼트를 성공시켜야 연장전에 갈 수 있었다. 그러나 상상할 수 있듯이 파머는 그 퍼트를 실패하고 더블보기를 기록함으로써 그린재킷과 우승컵을 게리에게 넘겨주었다. 게리 280타, 아놀드 파머와 아마추어였던 찰스 코우Charles Coe가 281타로 공동 2위였다. 아마추어선수인 코우의 1타 차 2위도 아까웠다. 마스터스가 시작된 이래 오늘까지 아마추어선수의 우승은 없었다. 게리는 마스터스 역사상 최초의 외국인 우승자가 되었고,

두 번째 외국인 우승이자 유럽 최초의 우승은 1980년에 스페인의 세베 발레스테로스Seve Ballesteros가 이루어냈다.

1962년 PGA 챔피언십

1961년 마스터스 우승 후 게리는 슬럼프에 빠지면서 15개월 동안이나 우승 없이 마음고생을 해야 했다. 특히 1962년 마스터스에서 아놀드 파머에게 연장전 끝에 역전패를 당한 것은 너무나 큰 실망감을 안겨주었고 게리의 골프 경력 중 가장 가슴 아픈 패배로 남았다. 마지막 라운드에서 아놀드 파머와 함께 플레이했던 게리는 15번 홀까지 파머에게 2타 차 선두를 지키고 있었다. 파3, 16번 홀에서 게리의 티샷이 그린 위에 멈춘 것과 대조적으로 파머의 티샷은 오른쪽으로 날아가며 그린을 놓쳤고 파 세이브가 불가능한 곳에 멈췄다. 게리는 캐디에게 이제 우리가 우승했다고 말하며 기뻐했지만 파머의 칩샷은 깃대를 강하게 때리며 버디가 되고 말았다. 17번 홀에서도 파머의 티샷이 훅이 나면서 아이젠하워 나무 밑에 떨어졌고, 5번 아이언으로 간신히 온그린한 파머는 10미터나 되는 퍼팅을 성공시켜서 버디를 잡고 게리, 핀스터월드와 함께 3명이 연장전을 벌이게 되었다. 다음날 벌어진 연장전의 전반 9홀에 끝났을 때 게리 34타, 파머 37타로 3타 차이가 났는데 10번 홀에서 그린을 놓쳤던 파머의 칩샷이 다시 한 번 깃대를 때리며 버디가 되었고, 기세가 오른 파머는 후반 9홀을 5언더파 31타로 마무리해서 총 68타로 71타의 게리에게 역전 우승을 했다. 1962년 디오픈에서는 컷조차 통과하지 못해서 게리의 충격은 더 커져만 갔다.

1962년 PGA 챔피언십은 디오픈이 열렸던 바로 다음 주에 필라델피아 근처의 아로니밍크 골프클럽Aronimink Golf Club에서 열렸다. 두 개의 메이저 대회가 영국과 미국에서 연속해서 열리는 것은 2주 연속 플레이해야 하는 골퍼들에게 큰 어려움이어서 1969년부터 디오픈은 7월, PGA 챔피언십은 8월에 개최하는 것으로 확정된 후 오늘날에 이르고 있다. 언론에서는 1962년 마스터스와 디오픈을 우승했던 아놀드 파머를 강력한 우승 후보로 예상했으며, 그 다음으로는 프로 데뷔 후 첫 승을 US오픈에서 만들어 냈던 잭 니클라우스를 주목하고 있었다. 시합 전, 지친 게리는 친구를 만나서 차라리 남아프리카 공화국으로 돌아가고 싶다고 말할 정도였다. 그런데 연습 라운드를 하던 게리에게 기적 같은 변화가 일어났다. 갑자기 마음이 편안해지면서 자신감이 생겨난 것이었다. 이제 나이 스물여섯에 무너질 수는 없으며 빨리 일어나서 자기의 능력을 증명해야겠다는 집념마저 생겨났다.

처음 두 라운드에서 72-67타 1언더파를 친 게리는 선두 덕 포드Doug Ford에게 1타 뒤진 공동 2위였지만, 3라운드에서 69타를 쳐서 2타 차 선두로 나서게 되었다. 마지막 라운드에서 4타 차로 따라오던 밥 걸비^{Bob Goalby}와 동반 플레이를 하게 되었는데 밥의 추격은 무서웠다. 밥은 14번, 16번 홀에서 버디를 잡고 1타 차이로 따라 붙었다. 18번 홀에서 게리의 티샷이 오른쪽으로 밀리면서 그린이 보이지 않는 곳에 떨어지며 결정적인 위기가 찾아왔지만, 게리는 자기 생애의 베스트 샷 중 하나로 남을만한 멋진 샷으로 온그린에 성공하여 파를 잡아냈다. 3번 우드로 그린의 100미터 왼쪽을 목표로 힘차게 휘두른 샷은 오른쪽으로 꺾이는 슬라이스가 되면서 그린 위에 멈췄다. 밥이 연장전에 갈 수 있는 퍼트를 실패함으로써 게리의 우승이 확정되었다. 게리 287타 1위, 밥 288타 2위, 잭 니클라우스 290타 3위로 경기가 끝났다. 스물여섯 살 게리의 메이저 3승째였다. PGA 챔피언십의 우승은 게리의 자신감을 회복시켰다는 점에서 큰 의미가 있었다. 이제 게리는 디오픈, 마스터스, PGA 챔피언십을 우승했고, 커리어 그랜드 슬램 달성을 위해 US오픈 우승에 초점을 맞추게 되었다.

1965년 US오픈 우승과 커리어 그랜드 슬램

1963년 매사추세츠의 브룩클린에 있는 더 컨트리클럽에서 개최된 US오픈에서는 줄리어스 보로스가 아놀드 파머와 재키 커핏^{Jackie Cupit}을 연장전에서 물리치고 우승했다. 게리는 8위에 그쳐서 그랜드 슬램의 꿈을 이루지 못했다. 1964년 US오픈에서는 선두 경쟁에 참여해보지도 못하고 23위로 물러나고 말았다. 그러나 아직도 게리의 꿈은 US오픈 챔피언이었다.

1965년 오랫동안 기다려온 게리의 그랜드 슬램이 드디어 완성되었다. 미주리 주 세인트 루이스 근교 벨러리브 컨트리클럽Bellerive Country Club에서 열린 1965년 US오픈에서 우승을 한 것이다. 1, 2라운드에서 70-70으로 이븐파를 친 게리는 호주의 켈 내글에게 1타 차로 선두를 지켰고, 3라운드에서 게리 71타, 내글 72타로 이제 2타 차 선두가 되었다. 그리고 마지막 라운드가 열린 일요일(US오픈은 1965년부터 토요일에 3, 4라운드를 플레이하던 관행을 바꿔서 최종 라운드를 일요일에 열도록 조정하였다)에 게리는 16번 홀까지 3타 차 선두를 지키며 와이어 투 와이어 우승이 확실해 보였다. 그러나 파5, 17번 홀에서 게리가 더블보기를 범하는 사이 내글이 버디를 기록함으로써 순식간에 두 선수는 공동 선두가 되었다. 18번 홀을 파로 끝낸 두 선수는 월요일에 18홀 연장전을 벌였고, 게리가 71타를 쳐서 내글의 74타를 꺾고 챔피언이 되었다. 게리는 우승 상금 25,000달러 전액을 미국 암연구센터와 주니어골프 육성 재단에 기부하였다. 그는 29세에 진 사라센Gene Sarazen(32세에 달성), 벤 호건(40세에 달성)의 뒤를 이어 역사상 세 번째로 커리어 그랜드 슬램을 달성한 선수가 되었다. 그리고 1966년 잭 니클라우스가 26세에 네 번째로 달성했고, 2000년에 타이거 우즈가 24세의 나이로 다섯 번째 그랜드 슬램의 주인공이 되었다.

1968년 디오픈 우승

1966년에는 영국에서 열린 세계 매치플레이 챔피언십에서 우승한 것 외에 PGA 투어나 다른 큰 대회 우승이 없었으며, 1967년에도 PGA 투어의 우승 없이 보냈다. 하지만 1968년 시즌은 시작부터 좋았다. 14개의 PGA 대회에 참가하여 10번의 톱10 성적을 기록했다. 그러나 번번이 우승의 문턱을 넘지 못했던 게리는 초조해지기 시작했고, 카누스티 골프 링크스Carnoustie Golf Links에서 열리는 디오픈에서 우승의 희망을 걸게 되었다. 스코틀랜드 동쪽 해안에 위치한 카누스티는 세계에서 가장 어려운 코스 중 하나로 인정받고 있으며 게리도 그의 골프 경력 중 가장 어려웠던 코스로 회고하는 곳이다. 1999년 디오픈에서 마지막 1홀을 남기고 3타 차 선두를 달리던 프랑스의 장 반 데 벨드Jean Van de Velde가 트리플 보기로 무너지면서 챔피언의 꿈을 접어야 했던 곳도 카누스티였다.

게리는 미국 투어에서 줄곧 핑 퍼터를 써왔는데 퍼팅 성적이 좋지 않았던 게리는 부인에게 자기가 쓰던 블레이드 퍼터를 가져오라고 전화를 했다. 미국에서는 5달러면 살 수 있는 평범한 퍼터를 일본에서 우연히 50달러나 주고 샀던 중고 퍼터인데 게리는 그 퍼터로 우승을 많이 일구어낸 바 있다. 퍼팅의 자신감을 되찾기 위해 무엇인가 변화가 필요했던 것이다. 비바람 속에서 시작된 첫 라운드에서 74타, 두 번째 라운드에서 71타를 친 게리는 디오픈에 처음 참가한 빌리 캐스퍼Billy Casper에게 5타를 뒤지고 있었다. 다행히도 퍼팅이 좋아지면서 자신감을 회복하였고, 3라운드에서 다시 71타를 친 게리는 선두 캐스퍼와의 차이를 2타로 줄였다.

마지막 날, 기온이 떨어지며 강풍이 불기 시작한 가운데 4라운드가 시작되었다. 13번 홀이 끝났을 때 게리는 캐스퍼, 밥 찰스Bob Charles와 공동 선두가 되었다. 14번 홀은 파5였는데 그린이 언덕 위에 있어서 깃대가 보이지 않는 홀이었다. 티샷을 페어웨이 가운데로 쳐 놓은 게리는 3번 우드로두 번째 샷을 했다. 완벽한 샷을 했다는 느낌이 있었지만 그린이 보이지 않아서 결과가 궁금했다. 잠시 후 관중들의 환호성이 들려왔다. 공이 홀의 60센티미터 앞에 서 있었던 것이다. 이글을 기록한 게리는 나머지 4홀을 파로 마무리하여 73타로 끝냈고 총 289타로 우승하였다. 장타를 앞세워 맹추격해 온 잭 니클라우스와는 2타 차이였다. 1959년 이후 9년 만에 챔피언에 복귀했으며 5번째 메이저 우승이었다. 게리는 디오픈 우승 후 다른 대회에서도 6승을 추가하며 1968년 시즌을 만족스럽게 마무리했다.

1972년 PGA 챔피언십

게리는 1969년, 1970년, 1971년을 통틀어 총 13승을 올렸지만 메이저 대회에서는 번번이 우승의 문턱에서 물러나야 했다. 1969년 PGA에서 2위, 1970년 마스터스 3위, 1971년 PGA 4위 등 계속해서 우승 기회를 놓쳤다.

이렇게 메이저 우승에 목말랐던 게리에게 1972년에 다시 기회가 찾아왔다. 1972년 PGA 챔피언십은 디트로이트 근교의 오클랜드 힐스 컨트리클럽Oakland Hills Country Club에서 개최되었다. 미국 최고의 코스 디자이너 도널드 로스Donald Ross가 디자인하여 1918년 개장된 미국 최고의 명문 코스 중 하나이며 US오픈, PGA 챔피언십, 라이더컵Ryder Cup, US 아마추어 챔피언십 등 중요한 대회들을 모두 개최했던 역사를 가진 클럽이다. 이곳에서 열렸던 1951년 US오픈에서 벤 호건이 우승한 후 'The Monster'라는 별명이 붙었을 만큼 난이도가 높은 코스이기도 하다. 게리는 최고의 컨디션으로 시합장에 도착했고 전년도 챔피언 잭 니클라우스 등 최고수들이 모두 모였다.

1라운드 결과 신인 버디 앨린Buddy Allin이 68타로 깜짝 선두에 나섰고, 아놀드 파머 등 5명이 한 타 차 공동 2위 그룹으로 따라갔으며 게리는 71타로 잭 니클라우스에 1타 앞선 상황이었다. 2라운드에서 71타를 친 게리는 선두와 2타 차이였고, 3라운드에서 67타를 치면서 총 209타로 1타 차 선두에 나서게 되었다. 일요일 마지막 라운드에 나가기 전에 남아프리카공화국의 집으로 전화를 했다. 아버지가 자기를 위해서 꼭 우승해 달라고 당부했던 말이 가슴 속에 남았다. 빗속에서 시작된 마지막 라운드의 첫 4홀에서 게리가 2오버파를 치면서 선두 경쟁은 치열해졌고 우승의 향방도 예측하기 어려웠다. 그러나 16번 홀에서 게리가 승기를 잡았다. 당시 137미터짜리 어프로치 샷을 남기고 있었는데 나무를 넘기고 물을 건너야 그린 구석에 있는 홀에 접근할 수 있었다. 이 샷이 승부처라는 것을 직감한 게리는 9번 아이언으로 완벽한 샷을 치면서 버디를 잡았고, 17번 홀에서 마저 어려운 2미터 파 퍼트를 성공시켰다. 결국 게리는 281타로 2타 차 우승을 손에 넣게 되었다. 서른여섯 살 게리의 두 번째 PGA 우승이며 여섯 번째 메이저 우승이었다.

1973년, 게리는 깊은 슬럼프 속에서 헤매고 있었다. 1972년 시즌 후반부터 옆구리에 통증이 있었는데 검사 결과 콩팥과 방광에 문제가 생겨서 수술을 받아야 했다. 1973년 2월에 수술을 받은 게리는 3개월 이상 병원에 입원해야 하는 신세가 되었고, 마스터스 대회를 포기하고 입원실에 머물러야 했던 게리는 크게 상심했다. 드디어 퇴원을 하게 된 게리는 서둘러 미국 PGA 투어 경기에 참가하지만 결과는 참담했다. 7개의 대회에 나가서 상금 12,000달러를 벌어들이는 데 그쳤다. 전년도 경기당 평균 수입이 12,000달러였던 것을 감안하면 슬럼프는 심각했다. 감각에 의존하는 게리의 스윙은 매일 연습을 해야 스윙의 느낌을 유지할 수 있는데 3개월 동안이나 입원했었으니 어찌 보면 당연한 결과였다. 샷들은 대부분 훅이 났고 페어웨이로 공을 보내기가 어려울 정도로 심각했다. 딱해 보이는 게리를 돕기 위해 잭 니클라우스와 트레비노가 우정 어린 스윙교정 제안을 해주었지만 효과가 없었다. 슬럼프가 길어지면서 정신적인 쇼크가 찾아왔고, 급기야 선수생활을 포기하는 것까지 생각하게 되었다.

게리는 1973년 디오픈이 열리는 로얄 트룬 골프클럽에 도착했다. 모든 골퍼들처럼 내일은 잘 칠 수 있을지 모른다는 희망을 버리지 않고 시작한 첫 라운드였지만 76타로 역시 부진했다. 라운드 후 연습장에 간 게리는 크리스티 오코너Christy O'Connor Jr.가 연습하는 것을 보게 되었다. 별로 힘도 안 들이고 쉽게 스윙을 하고 있는 그의 모습을 보면서 게리는 영감을 얻었다. 게리는 오코너의 스윙을 관찰하여 흉내를 내보기로 했다. 백스윙의 톱에서 클럽 페이스가 열렸다가 임팩트 때에 다시 스퀘어로 돌아오는 것을 관찰했고, 비슷한 느낌으로 흉내 내어 연습해 보았더니 샷의 느낌이 훨씬 좋아졌다. 마지막 라운드에서 69타를 친 게리는 공동 14위로 대회를 마쳤으며 자신감을 완전히 회복하게 되었다. 그리고 런던에서 열린 월드 매치플레이 챔피언십World Match Play Championship에서 우승하면서 슬럼프에서 탈출했다. 1974년에는 마스터스 우승, 디오픈 우승, 호주 오픈 우승이 게리를 기다리고 있었다.

1974년 더블 메이저 챔피언(마스터스와 디오픈)

게리는 일곱 번째 메이저 우승에 대한 자신감을 가지고 오거스타 내셔널 골프클럽에 도착했다. 첫 라운드는 71타로 10위권의 무난한 출발이었다. 둘째 날에는 데이브 스톡턴Dave Stockton이 66타를 치며 7언더파로 선두에 나섰고, 헤일 어윈Hale Irwin이 5홀 연속 버디를 잡아내며 1타 차이로 뒤쫓고 있었다. 게리는 퍼팅에서 고전하면서 다시 71타를 쳤다. 두 라운드 동안 72 퍼트를 했으니 얼마나 퍼팅이 나빴는지 짐작할 수 있다. 3라운드 시작 전 연습 그린에 있던 게리는 갑자기 퍼팅의 키를 찾은 후 자신 있게 라운드를 시작했다. 그리고 퍼팅이 잘 들어가기 시작하면서 12번부터 16번 홀까지 5홀 연속 버디를 잡아 66타로 마무리했다. 이제 선두 스톡턴에게 1타 차로 2위가 되었다. 마지막 라운드의 6번 홀에서 버디를 잡은 게리는 공동 선두에 나섰고, 이어진 9번 홀에서의 버디로 단독 선두가 되었다. 이때부터 게리보다 4타 뒤졌던 잭 니클라우스의 무서운 추격이 시작되었다. 13번 홀에서 1타 차이까지 따라붙은 니클라우스의 추격은 상당한 압박감을 주었지만 게리는 침착했고, 17번 홀에서 게리의 우승 샷이 나왔다. 9번 아이언 어프로치 샷을 남긴 게리는 과거 17번의 마스터스 출전에서 60번 이상 17번 홀을 플레이했었지만 두 번째 샷을 단 6번밖에 그린에 올리지 못했던 것을 기억하고 있었다. 그러나 이번에는 기필코 깃대를 공격하여 원한을 갚겠다는 각오를 다졌다. 9번 아이언으로 힘차게 스윙한 후 볼이 날아가는 것을 보며 게리가 캐디에게 말했다. "에디, 어쩌면 퍼팅이 필요 없겠어." 그러나 홀을 향해서 구르던 공은 15센티미터 앞에서 멈췄고 짧은 버디 퍼팅을 해야 했다. 70타로 끝낸 게리는 278타로 우승을 거두었다. 1961년 이후 13년 만에 두 번째 마스터스 우승이었고 7번째 메이저 우승이었다.

시즌 첫 번째 메이저 대회인 마스터스를 우승한 게리는 이제 시즌 그랜드 슬램에 도전하고 싶은 욕심이 생겼다. 그는 다른 시합들을 포기하고 1974년 6월의 US오픈에 초점을 맞췄다. 게리는 일반 PGA 대회의 20승보다 메이저 1승이 더 중요하다고 생각했다. 대회가 열린 윈지드 풋 골프클럽Winged Foot Golf Club은 뉴욕 근처에 위치해 있었는데, 1923년 개장한 이래 US오픈, PGA 챔피언십 등 중요한 대회들을 모두 개최했던 명문 클럽이다. 오래된 골프장들의 디자인이 거의 그러하듯이 좁은 페어웨이, 작고 굴곡이 심한 그린, 전략적으로 위치한 벙커 그리고 US오픈 특유의 깊은 러프 등이 코스를 어렵게 만들었고, 연습 라운드를 해본 선수들도 이븐파만 칠 수 있으면 우승이 확실하다고 입을 모았다. 첫 라운드에서 게리는 유일하게 70타, 이븐파를 쳐서 1타 차 선두에 나섰고, 2라운드에서 3오버 73타를 친 게리는 아놀드 파머, 헤일 어윈 레이몬드 플로이드와 함께 공동 선두가 되었다. 2라운드 후 리 트레비노, 빌리 캐스퍼, 진 리틀러, 줄리우스 보로스, 켄 벤추리, 토니 잭클린Tony Jacklin등 많은 유명 선수들이 대거 탈락하게 된 것을 두고 언론에서는 '윈지드 풋의 대학살'이라고 보도하였다. 3, 4라운드에서 게리는 77-73타를 쳐서 총 293타, 13오버파로 8위에 머무르고 말았다. 우승은 선수들의 예상보다 훨씬 나쁜 점수인 7오버파 287타를 친 헤일 어윈이 차지했다. 실망스럽게도 게리가 꿈꿨던 그랜드 슬램의 가능성은 없어졌다. 패배한 대회는 빨리 잊을수록 좋다는 것을 알고 있던 게리는 다음 메이저 대회인 디오픈을 준비하기 시작했다.

1974년 디오픈은 잉글랜드 리버풀 근처의 로열 리덤 앤 세인트 앤스 골프클럽Royal Lytham and St. Annes Golf Club에서 개최되었다. 바다가 보이지는 않지만 전형적인 링크스 코스이며 코스 가운데 기차 철로가 있고, 1번 홀이 파3인 특이한 골프장이다. 1926년 이곳에서 처음 열린 디오픈에서 보비 존스가 우승을 한 이래 2012년까지 11회나 디오픈이 개최되었다. 20년 째 디오픈에 참가하고 있었던 게리는 우선 미국 투어의 캐디인 래빗 다이어Rabbit Dyer를 초대했다. 당시에 4대 메이저 대회 중 자기의 캐디를 마음대로 쓸 수 있는 대회는 디오픈뿐이었다. 래빗은 1973년 슬럼프에 빠져 있을 때 변함없이 게리의 곁을 지키며 일해준 동료였으므로 게리가 기량을 회복하면서 감사의 뜻으로 영국에 초대하게 되었고, 래빗은 디오픈 역사상 최초의 흑인 캐디가 되었다. 또 이 대회는 역사상 최초로 미국의 직경 1.68인치 골프공이 유일한 공인구가 된 대회였다.

게리는 1라운드에서 2언더파 69타로 영국의 존 모건John Morgan과 공동선두에 나섰다. 2라운드에서 68타를 친 게리는 5언더파 137타로 2위 피터 우스터헤이스Peter Oosterhuis에 5타 앞선 선두가 되었다. 3라운드에서는 75타로 부진했지만 아직도 2위 우스터헤이스에 3타, 3위 잭 니클라우스에 4타를 앞서고 있었다. 마지막 날 쾌청한 날씨 속에서 진행된 4라운드에서 게리는 전반 9홀을 3언더파 32로 마무리하여 5타 차 선두가 되었고 우승은 당연해 보였다. 그러나 계속 하는 말이지만 골프 시합의 특별한 이야기는 언제나 후반 9홀에서 생겨나는 법이다. 17번 홀 티샷을 페어웨이로 잘 쳐

놓은 게리는 6번 아이언 어프로치 샷을 무릎 높이의 깊은 러프에 넣고 말았다. 룰에 따라 5분 이내에 공을 찾아야 하는 게리는 시계를 빌려 차고 시간을 재면서 갤러리들에게 함께 공을 찾아보도록 요청했다. 다행히도 4분이 지날 무렵, 한 경기 진행 요원이 그의 공을 찾아 주었고, 가까스로 1벌타의 위기를 넘길 수 있었다. 게리는 자기가 할 수 있는 최강의 스윙을 했지만 공은 겨우 5미터 앞 러프에 떨어졌다. 다시 힘찬 스윙을 한 게리의 공은 놀랍게도 그린에 올라갔고, 그 퍼트를 성공시켜서 기적적인 보기를 만들어냈다. 결국 게리는 1언더파 70타를 쳐서 총 2언더파 282타로 2위에 4타 차로 우승하였다. 게리의 8번째 메이저 우승이었다.

1974년 9월 11일, 게리는 〈세계 골프 명예의 전당〉 창립회원 13명 중 하나로 해리 바든, 월터 하겐, 프란시스 위멧, 진 사라센, 보비 존스, 벤 호건, 샘 스니드, 바이런 넬슨, 패티 버그Patty Berg, 밀드레드 자하리아스Mildred Babe Zaharias, 아놀드 파머, 잭 니클라우스 등과 함께 입회되는 명예를 누렸다. 입회 연설에서 게리는 이렇게 말했다. "나는 골프에 큰 재능을 가졌다고 생각한다. 그러나 재능만 가지고 이 자리에 올 수는 없었다."

1978년 마스터스, 마지막 메이저 우승

게리는 1978년 마스터스에 출전했지만 1974년 디오픈 우승 후 3년 이상

PGA 투어 우승이 없었던 그를 아무도 주목하지 않았다. 미디어에서는 이제 전성기가 지난 선수이며 과거의 챔피언일 뿐이라는 기사마저 썼다. 첫 두 라운드를 72-72로 시작한 게리는 선두에 5타 차이였고, 3라운드에 69타를 친 후 선두와 7타나 차이가 나는 공동 10위였다. 마지막 라운드에서 게리는 스페인의 천재 골퍼인 스물 한 살의 세베 발레스테로스와 같은 조로 플레이하게 되었는데 관중들은 두 선수에게 아무런 관심도 보이지 않았다. 전성기가 한물 가버린 선수와 무명의 스페인 청년은 달아오르는 우승경쟁의 변수가 아니라고 생각하고 있었다. 자극을 받은 게리가 세베를 돌아보며 말했다. "세베, 이 많은 관중들 중에서 내가 우승할 수 있다고 생각하는 사람은 아무도 없다. 잘 보아라. 오늘 내가 우승할 수 있다는 것을 증명해 보이겠다." 이후로 신들린 듯한 퍼팅을 계속한 게리는 마지막 10개의 홀에서 7개의 버디를 잡으면서 64타, 총 277타의 기록으로 경기를 끝냈다. 마지막 홀에서 4.5미터 버디 퍼팅을 성공시킨 게리는 허공에 오른손 주먹을 휘두르며 버디 세리모니를 했는데 요즈음 선수들이 흔하게 하는 펀치를 휘두르는 세리모니의 원조가 되었다. 이제 운명은 아직 플레이를 하고 있는 8명의 선수들 결과에 달렸다. 게리는 클럽하우스 모니터 앞에서 남은 경기들을 지켜보고 있었다. 13번, 15번 홀에서 이글을 잡아내며 추격해 오던 톰 왓슨이 18번 홀에서 2.4미터의 파 퍼팅을 실패하며 보기가 되어 1타 모자라게 끝났다. 7타 차 선두를 달리던 허버트 그린이 마지막 변수였는데 18번 홀 그린에 도착한 그린은 1미터짜리 버디 퍼트를 남기고 있었다. 버디를 성공하면 게리와 연장전에 갈 수 있는 상황이었지만 그린은 그 퍼팅에 실패했다. 게리의 우승이 확정되는 순간이었다. 게리의 세 번째 마스터스 우승이며 메이저 9승째였다. 그때까지도 마스터스 우승자 중에서 미국인이 아닌 선수는 게리가 유일했다. 세베가 게리에게 다가와서 축하하며 말했다. "게리, 축하합니다. 난 오늘 마스터스에서 우승하는 방법을 배웠습니다. 나도 언젠가 우승을 할 것입니다. 감사합니다." 세베가 배운 것은 아무도 내 편이 없을 지라도 투지와 용기로 싸우면 이길 수 있다는 교훈이었다. 그 교훈을 가슴에 새긴 세베는 1980년 두 번째 외국인 마스터스 챔피언이 되었다. 게리는 1978년 PGA 투어 3승을 올렸고 그것이 생애 총 24승을 올린 PGA 투어의 마지막 우승이었다.

1985년부터 PGA 시니어 투어인 챔피언스 투어Champions Tour에서 활동한 게리는 1998년까지 14년 동안 19승을 올렸고, 유럽 등 다른 시니어 투어에서도 15승을 올렸다. 생애 통산 프로 우승은 165회였는데 미국에서의 우승이 40회였고, 나머지 125승은 전 세계를 여행하며 우승한 기록이다. 시합을 위해 여행했던 비행거리만 해도 2,414만 킬로미터였는데 시간으로 계산하면 3년 이상의 세월을 비행기 안에서 생활한 셈이다. 역사상 어떤 스포츠 선수보다도 길었던 이 비행시간 기록은 결코 깨어지지 않을 것이며, 게리의 투어 프로로서의 활동이 얼마나 긴 여정이었는지 잘 말해주고 있다.

게리의 스윙과 연습

1955년 게리가 처음으로 영국에 갔을 때 남아프리카 공화국에서 온 어린 프로의 스윙을 본 영국의 선배 프로들은 고국으로 돌아가서 안정적인 수입이 있는 골프장의 헤드프로로 취직을 하라고 충고해주었다. 프로골퍼로 활동해서는 성공하기 어렵다는 뜻이었다. 게리의 스윙에 대한 부정적인 견해는 고국에서도 마찬가지였다. 스윙 궤도가 비정상적으로 플랫^{flat} 하고, 백스윙의 톱에서 클럽헤드가 심하게 닫히며, 그립도 정통적인 골프 그립과는 거리가 멀다는 분석이었다. 게리는 작은 키 때문에 온 힘을 다써서 강하게 공을 치기 위한 자기만의 방법이 필요했다. 따라서 스트롱 그립이 되었고 오른쪽에서 왼쪽으로 휘어지는 드로우 구질의 공을 치게 되었다.

그는 왜 교과서적인 스윙을 배우지 못하고 자기만의 변형을 만들게 되었을까? 답은 그가 골프 스윙을 배운 과정을 보면 알 수 있다. 게리는 스윙 연습을 할 때 공이 없었다. 학교에 다니면서 주말에만 골프장에 갔는데 평일에는 집 마당에 고무 매트를 깔고 수만 번의 연습스윙을 했다. 공을 치는 감각 없이 상상만으로 했던 스윙이 결국 자기 스윙의 기본이 된 것이다. 게리가 확실히 알고 있었던 이론은 임팩트 때 체중을 왼쪽으로 이동시켜야 한다는 사실이었고, 그는 그 이론을 혼자서 실천하여 습득하였다. 위대한 선수가 된 후에도 두 개의 체중기용 저울 위에 올라가서 어드레스를 해보고 백스윙과 임팩트 그리고 피니시 상태에서의 체중 이동을 점검했다고 한다.

게리는 선수 생활을 하면서 자기 스윙의 결점들을 하나씩 고쳐 나갔다. 벤 호건은 게리에게 왼손 그립을 더 약하게 잡을 것을 제안했다. 벤 호건으로부터 스윙에 대한 충고를 들었던 선수의 대부분은 그립을 바꾸라는 제안을 받았다고 한다. 그립을 정확하게 잡지 않고 위대한 골퍼가 된 선수는 없었다는 것이다. 진 사라센도 자서전에서 스윙의 75퍼센트는 그립에 좌우된다고 말했다. 게리는 골프 스윙이 기계적인 테크닉보다는 느낌에 의해서 개발된다고 생각했다. 그래서 시합에서 공을 칠 때 자기가 칠 수 있는 최대한의 강한 힘으로 공을 치려고 노력했다. 강하게 쳐야 공을 똑바로 보낼 수 있다고 믿었기 때문이다. 40세가 넘어가면서는 척추에 무리가 가지 않는 스윙으로 변화해가면서 나이가 먹은 후의 선수 생활을 준비했다. 게리는 골프에 대한 자기의 생각을 이렇게 말했다. "골프는 정답이 없는 퍼즐과 같은 게임이다. 나는 선수 생활을 50년 이상 했지만, 스윙을 하는 방법에 대해서는 아무것도 모르는 느낌이다."

골프 역사상 연습을 가장 많이 했던 선수로 인정받는 사람은 벤 호건이다. 그러나 게리의 연습량도 호건에 비견될 정도이다. 실제로 게리의 연습광경을 보았던 호건이 그의 연습량을 칭찬하기도 했다. 아침 6시에 벙커 샷 연습을 시작한 게리가 정오가 되어서도 아직 그 자리에 남아있더라는 이야기는 유명한 일화다. 벙커 샷을 연습하면서 게리는 3개의 공을 홀에 넣어야 연습을 끝낸다는 목표를 세웠고, 못 넣는 날은 공이 보이지 않을 때까지 모래 속에서 나올 수 없었다. 칩샷을 하면서도 10개의 공을 홀에 넣어야 끝낸다는 목표를 세워놓고 연습을 시작했다. 디오픈을 준비하기 위해서 일부러 비바람이 심한 날을 골라 혼자서 골프장을 헤매는 것은 기본이었다. 라운드 성적이 나빴던 날에는 오랫동안 연습을 해야 편하게 잠자리에 들 수 있었다. 골프에는 운이 따라야 한다는 말이 있지만, 게리는 연습을 많이 할수록 점점 더 운이 좋아진다고 믿었다.

흑기사의 체력훈련

게리의 별명은 '흑기사Black Knight'이다. 유난히 검정색 셔츠와 바지를 챙겨 입고 나오는 날이 많았기 때문에 붙여진 별명이었다. 검정색으로 만들어진 그의 이미지는 공작새처럼 화려한 플레이어였다. 미신을 믿어서 검정색을 입는다는 소문도 있었지만 게리는 아무런 미신이나 징크스를 믿지 않았다. 어릴 적에 보았던 서부 영화에서 주인공이 입었던 검정색 카우보이 복장이 너무 멋있어 보여서 자기도 따라하게 되었다고 한다. 80세가 넘은 지금도 골프 채널의 레슨 프로그램에 출연할 때면 언제나 검정색의 흑기사가 된다.

50세부터 시니어 투어에서 활동하면서 63세에 마지막 우승을 하였고

2008년 게리 플레이어의 스윙. 72세라는 나이에도 아직 탄탄한 몸매를 유지하고 있는 'Mr. Fitness'의 모습이다.

80세인 지금도 건강한 몸으로 활동할 수 있는 비결은 무엇일까? 168센티미터의 키에 몸무게 68킬로그램, 허리 사이즈 31인치를 평생 동안 유지해 온 작은 거인의 비결은 체력훈련Fitness과 다이어트의 실천이다. 최근에는 거의 모든 프로골퍼들이 피트니스 센터에서 긴 시간을 보내지만 게리는 이미 30년 먼저 체력단련에 힘을 쏟았던 원조이다. 그의 다른 별명이 'Mr. Fitness'인 것만 보아도 짐작이 간다. 하루에 윗몸 일으키기를 1,000회씩 반복하는 운동을 절대로 빼먹지 않을 정도의 강한 정신력도 보유하고 있었다. 게리는 자신의 모든 약점들을 정신력으로 극복하면서 오늘의 영웅이 되었다.

그는 좋은 스윙을 갖지 못했다.
공을 특별히 멀리 치지도 못했다.
아이언 샷이 정밀하지도 않았다.
그러나 압박감이 커질수록 퍼팅을 더 잘했다.
그의 정신력은 골프 역사상 최강으로 꼽힌다.

강한 정신력은 산도 움직일 수 있다는 격언이 생각난다. 1935년에 태어난 게리가 언제까지 젊은이 같은 체력을 유지하고 건강을 과시하며 활동할 수 있을 것인지 우리 모두 지켜보자.

3

잭 니클라우스

Jack Nicklaus (1940~)

메이저 대회 18승 마스터스: 1963, 1965, 1966, 1972, 1975, 1986 ｜ US오픈: 1962, 1967, 1972, 1980

디오픈: 1966, 1970, 1978 ｜ PGA 챔피언십: 1963, 1971, 1973, 1975, 1980

상금왕 8회

PGA Player of the Year 5회

PGA 투어 통산 73승

Golden Bear

최고령 마스터스 챔피언

1986년 4월, 마스터스 대회를 앞두고 신문들은 연일 46세가 된 잭 니클라우스에 대한 기사를 쏟아내고 있었다. '이제 골프 선수로서는 수명이 끝났다', '골든베어는 동면에 들어갔다', '그의 골프클럽은 이미 녹이 슬었다', '이제 골프대회에 대한 미련을 버리고 골프장 디자인 사업에나 전념하라.' 1980년 PGA 챔피언십에서 우승한 이후 5년 동안 메이저 대회의 우승이 없었고, 이제 46세가 된 잭에게 우승의 희망을 거는 전문가는 거의 없었다. 그러나 잭의 마음속에는 아직도 젊은 시절 가졌던 우승에 대한 열정이 살아있었다. "뭐라고? 내가 끝났다고?" 잭은 그 기사를 쓴 기자들을 반드시 후회하게 만들겠다고 결심했다.

　대회가 시작되었고 74-71-69타를 기록한 잭은 선두 그렉 노먼에 4타 차이로 9위에 머무르고 있었다. 마지막 라운드가 열리는 일요일 아침, 잭은 아들 스티브에게 65타를 치면 우승할 수 있고, 66타면 연장전에 가게 될 것이라 예언하며 오거스타 내셔널 골프클럽으로 갔다. 8번 홀까지 겨우 이븐파의 점수였지만 인내심을 가지고 플레이하던 잭에게 9번 홀에서 버디 기회가 왔고 3미터짜리 버디 퍼트를 성공시키며 선두를 추격하기 시작했다. 결국 9번 홀부터 18번 홀까지 10개의 홀에서 7언더파를 몰아친 잭은 65타를 기록하며 역전 우승을 차지했다. 46세의 최고령 마스터스 챔피언이 되었으며 6번째 마스터스 우승이고 18번째 메이저 우승이었다.

평생 스승 잭 그라우트

잭 니클라우스는 1940년 1월 21일 오하이오 주의 콜럼버스에서 태어났다. 아버지 찰리 니클라우스^{Charlie Nicklaus}는 약국을 경영했는데 큰돈을 벌지는 못해도 그럭저럭 넉넉한 가정을 유지할 수 있었다. 찰리는 모든 스포츠를 좋아했고 콜럼버스의 명문클럽인 쇼토 컨트리클럽^{Scioto Country Club}의 멤버였다. 아버지를 닮은 잭도 스포츠를 좋아했고, 야외에서 하는 운동이면 무엇이든 참여하기를 즐겼다. 열 살 때부터 아버지를 따라다니며 골프를 배우기 시작한 잭은 쇼토 컨트리클럽의 유소년 골프 프로그램에 가입하여 정식으로 골프레슨을 받기 시작했다. 이때 잭의 평생 스승이 된 유능한 티칭프로 잭 그라우트^{Jack Grout}를 만나게 된 것은 너무나 큰 행운이었다.

1950년에 어린 잭을 처음 만났을 때 그라우트는 마흔 살이었다. 십대 후반에 텍사스의 글렌 가든 컨트리클럽Glen Garden Country Club에서 벤 호건, 바이런 넬슨과 함께 연습했고, 프로가 된 후 PGA 투어 선수로 활약했었던 그라우트는 스윙을 분석하는 눈이 가장 날카롭다는 평가를 받는 최고의 티칭프로였다. 쉽게 골프에 빠져드는 잭의 재능을 알아본 그라우트는 연습공과 레슨을 무료로 제공하며 열렬한 후원자가 되었다. 그 후로 그라우트는 잭이 한 인간으로서 또 골프 선수로서 성장하는 과정을 지켜보며 잭의 인생에 빼놓을 수 없는 일부가 된다. 1970년 아버지 찰리가 겨우 56세에 일찍 세상을 떠난 후 잭이 그라우트를 아버지같이 따르며 의지한 것만 봐도 그들이 선생과 학생의 관계를 뛰어넘어 가족이나 친구처럼 지냈다는 것을 알 수 있다. 잭은 선수 생활을 하는 동안에도 그라우트가 세상을 떠난 1989년 전까지 매년 시즌 초에 그라우트를 찾아가 스윙의 기본을 점검했고, 몇 번 있었던 슬럼프 때도 그의 도움을 받아 정상으로 돌아올 수 있었다. 선생과 제자의 관계가 50년 동안 변함없이 유지된 것이다.

그라우트의 레슨 방법은 보통의 티칭프로들과는 많이 달랐다. 그는 말을 적게 하면서 스윙 테크닉에 대한 장황한 설명으로 아이들의 머리를 복잡하게 만드는 것을 피했다. 다른 프로들처럼 자기의 스윙 방법을 똑같이 주입하여 가르치려고 하지도 않았다. 어쩌다 잭이 스윙의 이론에 대해 질문을 해오더라도 뼈대가 되는 기본만 설명하고 긴 답변을 피했다. 골프

스윙 테크닉의 원인과 결과는 말로 설명하여 배우는 것이 아니라 본인 스스로 느끼면서 배우는 것이라는 믿음 때문이었다. 기본에 대한 명쾌하고 단순한 설명만을 반복할 뿐인데도 잭은 스스로 깨우치며 잘 따라갔다.

그라우트가 가르친 기본기들은 그립, 목표조준, 스탠스, 자세(GASP: Grip, Aim, Stance, Posture)였고, 여기에 한 가지를 추가하여 스윙 아크를 최대한 크게 만들라고 가르쳤다. 그라우트가 하는 말은 언제나 똑같았다. "재키 보이, 몸을 최대한 돌려야 해. 더 이상 안 돌아갈 때까지 말이야. 두 팔을 곧게 뻗어서 구름을 뚫고 올라가." 땀을 흘리고 온 몸이 아파왔지만 잭은 그라우트의 칭찬을 받을 때까지 연습을 멈추지 않았다. 잭이 바든 그립 대신에 인터로킹 그립을 사용하는 것에 대해 그의 손이 작기 때문이라는 주장이 있지만 그것은 근거 없는 이야기이다. 처음 아버지 찰리를 따라서 골프채를 잡으면서 흉내 내어 잡은 것이 인터로킹 그립이었기에 그렇게 되었을 뿐이다. 그라우트가 바든 그립으로 바꾸어주려 했지만 이미 인터로킹 그립에 익숙해진 잭이 새 그립을 불편해하는 것을 보고 바로 포기했다. 그라우트는 기본기를 충실히 가르친 후 스윙에 대해서는 세 가지를 강조했다.

첫째, 머리이다. 가장 중요한 것은 스윙 축의 중심인 머리를 움직이지 않는 것이다. 머리를 움직이면 자세의 각도가 바뀌고 몸의 중심이 흔들리게 되어 임팩트의 타이밍을 맞추기 어려워진다. 그라우트는 잭의 머리카락을 강하게 잡은 후 스윙을 하도록 연습시켰는데 머리를 움직이는 습관이 있던 잭은 스윙 때마다 고통을 느꼈지만 결국은 머리에 아무 고통 없이 공을 칠 수 있게 되었다. 평생 동안 골프 선수로서 지켰던 스윙의 가장 중요한 기본이 이때 완성되었다.

둘째, 발이다. 발은 몸의 균형을 잡아주는 기초가 되어 상체를 최대한 회전시킬 수 있게 만들어 준다. 백스윙 때에 왼쪽 발목을 안쪽으로 휘게 하고 다운스윙 때에는 오른쪽 발목을 안쪽으로 돌리며, 임팩트 때에는 두 발이 강하게 땅을 눌러야 강한 힘을 발휘할 수 있다고 가르쳤다. 잭이 제대로 못 따라하자 그라우트는 두 발을 땅에서 조금도 떼지 않고 연습 공을 치도록 주문했고 잭은 한 시즌 내내 두 발을 땅에 붙인 채 연습 라운딩을 해야 했다.

셋째, 공을 최대한 세게 친다. 골프의 본질이 힘보다는 정확성의 게임이지만 장타는 골퍼가 가질 수 있는 중요한 무기이고 강하게 쳐야 롱 아이언으로 높은 공을 칠 수 있는 능력이 생긴다. 게다가 어려서 최대한 공을 세게 치며 몸을 회전시키는 골프근육을 발달시키지 못하면 성장한 후에는 거리를 늘리는 것이 불가능해진다. 몸의 거리를 만드는 기능인 'Distance-Window'가 닫혀 버리면 다시 열기 어려워지기 때문이다.

잭 그라우트의 최종 목표는 선수가 레슨으로부터 독립하여 스스로의 스윙에 자신감을 갖고 문제가 생겼을 때에도 선생의 도움 없이 혼자서 수정할 수 있는 능력을 길러주는 것이었다. 시합 도중에 갑자기 샷이 흔들리더라도 혼자 반성하여 문제점을 찾아내고 그 자리에서 고칠 수 있어야 위대한 선수로 성장할 수 있다고 믿었다.

워커컵 팀 선수

열 살 때 쇼토 컨트리클럽의 첫 공식대회에서 121타를 기록한 잭은 열세 살에 플러스 3의 공식 핸디캡을 인정받았고, 열다섯 살이 된 1955년에 66타를 쳐서 코스레코드를 세우면서 처음으로 US 아마추어 챔피언십의 예선을 통과했다. 1956년에는 오하이오 주 아마추어 챔피언십에서 우승하며 미래의 슈퍼스타가 될 재목임을 보여주었다. 하지만 1957년까지 야구, 농구, 미식축구, 테니스 등 가능한 모든 스포츠에 참여했고 골프에 올인하겠다는 결심은 딱히 하지 않았다. 고등학교를 졸업하고 오하이오 주립대학을 마친 후 아버지처럼 약국을 하든지 아니면 다른 직업을 찾아서 가정을 꾸미겠다는 평범한 생각을 하는 고등학생이었다.

1959년 5월에 스코틀랜드 뮤어필드 골프 링크스에서 개최되는 워커컵 Walker Cup 팀의 미국 대표로 선발되고 싶었던 잭은 1958년 골프 시즌에 가능한 많은 대회에 참가하여 좋은 성적을 보여주어야 했다. 워커컵 팀에 선발되는 것은 아마추어 선수로서 누릴 수 있는 최고의 명예였다. 그는 트랜스 미시시피 아마추어 선수권대회, 퀸 시티 오픈 챔피언십에서 우승을 하고 US오픈의 지역예선을 1등으로 통과했으며 US 아마추어의 본선에도 올라갔지만 워커컵 팀에 선발될만한 성적은 아니라고 생각했다. 하지만 1959년 1월 USGA가 발표한 워커컵 팀 명단 8명에 놀랍게도 잭 니클라우스가 들어있었다. 팀에 선발된 잭의 마음속에는 미국 최고의 아마추어로 인정받았다는 자부심과 골프에 대한 자신감이 커져갔다.

워커컵 팀에 선발됨으로써 누린 첫 번째 보너스는 1959년 마스터스에 초대되는 것이었다. 잭은 마스터스 대회의 전주에 열리는 PGA 대회 아젤리어 오픈Azalea Open에 월요일 예선을 통과하여 참가하게 되었다. 마스터스 준비를 위한 연습 라운드라고 생각했다. 첫 두 라운드에서는 73-74타로 중위권의 성적이었지만, 궂은 날씨와 나쁜 코스상태를 감안하여 기권하고 마스터스가 열리는 오거스타 내셔널 골프클럽Augusta National Golf Club으로 이동하여 연습을 시작했다. 그런데 그 다음 주 월요일 PGA의 경기임원이 잭을 찾아와서 그가 일방적으로 기권한 행동을 심하게 꾸짖었다. 스폰서에 대한 예의가 아니고 동료 선수들에 대한 예의에도 벗어난다는 것이었다. 이 일로 잭은 큰 교훈을 얻게 되었다. 어떤 대회든 일단 참가하여 라운드를 시작했다면 몸에 부상을 입지 않는 한 그 결과가 좋든 나쁘든 끝까지 최선을 다해야 한다는 교훈이었다. 잭은 이 교훈을 평생 동안 지켰다.

마스터스에서는 첫 두 라운드 동안 31개를 그린에 적중하고도 3퍼트를 8개나 하는 퍼팅 부진을 보이며 1타 차이로 컷을 통과하지 못했다. 선두였던 아놀드 파머가 그린을 19개밖에 못 지켰다는 소식을 들은 잭은 빠른 그린에서의 퍼팅능력이 많이 부족하다는 것을 배우게 되었다. 그리고 보비 존스로부터 중요한 충고를 듣게 된다. "위대한 선수가 되려면 자기의 스윙을 스스로 가장 잘 알고 있어야 하며, 문제가 생겼을 때 선생의 도움 없이 혼자서 고칠 수 있는 능력이 있어야 한다."

그해 6월 중순에 윈지드 풋 골프클럽에서 US오픈이 개최되었다. 잭은 77-77타를 기록하며 컷을 통과하지는 못했으나 프로들의 쇼트게임이 자기와는 비교할 수 없을 정도로 정교하다는 것을 체험할 수 있었다. 동반 라운드를 했던 진 리틀러는 그린을 놓친 13개 홀 중에서 12번을 파 세이브하였고, 덕 포드는 11번 모두를 세이브하는 스크램블링(Scrambling; 정규타수GIR: Greens in Regulation로 그린에 올리지 못했을 때 파 또는 그보다 더 좋은 점수를 내는 것을 말한다. 샌드 세이브가 포함)을 기록했다. 집으로 돌아온 잭은 이제 롱 샷보다 짧은 피치 샷, 칩 샷, 벙커 샷 그리고 퍼팅을 주로 연습하며 US 아마추어 챔피언십을 준비하였다.

1959년 US 아마추어 챔피언십 우승

1959년 US 아마추어 선수권대회는 콜로라도 주의 브로드무어 골프클럽 Broadmoor Golf Club에서 열렸다. 준결승에서 진 앤드루스를 1홀 차로 제압한 잭은 결승에서 워커컵 팀의 주장이었던 전년도 챔피언 찰스 코우를 만난다.

찰스는 잭보다 열여섯 살 위였고 마스터스에서 베스트 아마추어 상을 세 번이나 수상했으며 1949년, 1958년의 US 아마추어를 우승한 최강자였다. 특히 보비 존스 이래 최초로 US 아마추어 3회 우승에 도전하는 대회였으므로 우승에 대한 집념이 그 어느 때보다 강했고, 미디어에서도 그의 우승을 예견하고 있었다. 36홀 결승전의 오전 라운드에서 두 홀을 뒤지고 있던 잭은 오후 라운드 14번 홀에서 드디어 역전에 성공한다. 그러나 비교적 쉬운 파5, 17번 홀의 드라이버 샷을 실수하여 보기를 범하며 다시 무승부 상태가 되어 18번 홀에서 승부를 가리게 되었다. 잭은 그린 어프로치 샷을 2.5미터에 붙여서 버디를 잡으며 생애 첫 번째 US 아마추어 챔피언이 되었다. 그날은 잭이 프로골프 선수로의 꿈을 키우는 전환점이 되었다.

1960년 US오픈은 콜로라도 주의 체리 힐스 컨트리클럽에서 열렸다. 1957년부터 US오픈에 참가해왔지만 번번이 컷을 통과하지 못했던 잭은 1959년 US 아마추어 우승으로 자신감을 가지고 체리 힐스에 도착했고, 연습 라운드에서 벤 호건을 처음 만난다. 그의 스승 그라우트와 친구 사이였고 다섯 번째 US오픈 우승에 도전하는 47세의 호건은 잭과 함께 연습 라운드를 할 정도로 친절했다. 첫 두 라운드에서 71-71타로 이븐파였던 잭은 선두와 7타 차이로 컷을 통과했다. 이제 마지막 날, 두 라운드의 동반 선수가 누구일지 궁금했던 잭은 자기가 벤 호건과 함께 친다는 것을 확인하고 흥분했다. 하지만 토요일 아침 세 번째 라운드를 시작한 이후로 호건은 꼭 필요한 말만 몇 마디 했을 뿐 전혀 대화를 하지 않았고, 잭은 그것이 게임에 대한 무서운 집중력 때문이라는 것을 알아차렸다. 3라운드에서 잭과 호건은 똑같이 69타를 치면서 공동 5위가 되었다. 호건은 2라운드에서 18개의 그린을 모두 지켰고(Greens in Regulation), 3라운드에서도 전성기의 샷을 보여주며 18개 모두 그린에 적중했으며, 4라운드 16번 홀까지 한 개의 그린도 놓치지 않으면서 아놀드 파머와 공동선두에 나섰지만, 17번 홀의 세 번째 샷을 물에 넣음으로써 호건의 신화는 끝이 났다. 호건의 문제는 퍼팅이었다. 퍼팅 자세를 취한 후 퍼터를 뒤로 빼지 못했고 무한정 시간을 보내며 몸이 굳어버렸다. 결국 4~5미터 거리의 퍼트를 한 번에 홀에 넣지 못하여 3퍼트가 되었다. "퍼팅을 못하는 챔피언은 없다"는 말을 실감하는 장면이었다.

잭이 전반 9홀을 32타로 끝냈을 때까지는 2타 차 단독 선두였다. 그러나 12번 홀에서 버디를 추가한 잭은 결정적인 실수를 저지르고 말았다. 첫 라운드부터 한 번도 리더보드를 보지 않고 자기의 플레이에 집중했던 그가 리더보드를 보고 싶은 유혹을 떨쳐버리지 못하고 고개를 리더보드로 돌린 것이다. 그리고 자기가 1타 차 선두라는 사실을 알게 되었다. 스무 살의 어린 나이에 US오픈에서 우승할 수도 있다는 생각은 그의 마음을 강하게 흔들었고, 집중력은 안개처럼 사라져갔다. 그리고 그 결과는 참혹했다. 13번 홀에서 50센티미터짜리 퍼트를 실수하여 바로 보기를 하더니 14번 홀에서 다시 3퍼트 보기를 저질렀고, 18번 홀에서도 보기를 하여 71타로 라운드를 끝냈다. 마지막 라운드에서 65타를 친 아놀드 파머가 4언더파 280타로 우승했고 잭은 282타로 2위였다. 대회가 끝난 후 기자회견에서 벤 호건은 이렇게 말했다. "나는 오늘 US오픈에서 10타 차이로 우승할 수 있었던 어린 골퍼와 함께 플레이했다."

프로가 된 잭 니클라우스

1960년 7월, 스무 살의 잭은 바바라Barbara와 결혼한다. 훗날 잭은 자기 평생 가장 잘한 결정이 바바라를 부인으로 선택한 것이었다고 말했다. 결혼식 날 오전에도 골프를 쳤고 뉴욕으로 신혼여행을 가서도 파인 밸리Pine Valley 등 명문 골프클럽에 들러 골프를 쳤다. 결혼할 때까지 잭은 돈을 벌어야 한다는 생각을 하지 못했다. 왜냐하면 아버지가 잭에게 돈 걱정 없이 골프를 칠 수 있도록 모든 지원을 아끼지 않았기 때문이다. 결혼 후 이제 재정적으로 독립해야 한다는 것을 느낀 잭은 대학에 다니며 보험을 팔고 백화점의 고객과 골프를 쳐주는 아르바이트를 하며 연간 24,000달러의 소득을 올렸다. 중류층 가정을 이루기에 충분한 소득이었다. 때때로 프로골퍼가 될 수 있다는 생각을 했지만, 아버지의 희망에 따라 아마추어로 남기로 하였다. 아버지는 잭이 자기의 약국을 경영하며 보비 존스처럼 위대한 아마추어 선수로 남아 그의 기록을 따라가기를 바랐다. 찰리는 1926년 13살 때 쇼토 컨트리클럽의 US오픈에서 보비 존스가 우승을 하는 것을 본 후 그를 영웅으로 생각하게 되었고, 아들도 존스처럼 키우고 싶어 했기 때문이다.

1961년 페블비치 골프 링크스Pebble Beach Golf Links에서 열린 US 아마추어 선수권대회에서 잭은 두 번째 US 아마추어 챔피언십 우승을 차지하게 된다. 우승 후 골프에 대한 자신감은 점점 커져갔고 프로 전향을 심각하게 고려하기 시작했다. 아놀드 파머, 게리 플레이어의 에이전트이던 마크 맥코맥과 미팅을 갖고 프로로 전향할 경우 가능한 수입에 대해 문의하기도 했다. 마크는 프로 전향 첫 해에 상금을 제외한 광고수입으로 십만 달러를 벌 수 있다는 전망을 내어 놓았다. 아마추어 대회에서 더 이상 최고선수로 증명해보일 것이 없고, 아들과 부인을 위해서 돈을 충분히 벌어야 한다는 생각을 하게 된 잭은 1961년 11월 프로로 전향할 것을 발표했다.

1962년 프로로서의 첫 시즌이 시작되었다. 당시 PGA 투어를 돈 걱정 없이 참가하기 위해서는 1년에 12,000달러가 필요했는데 잭은 이를 스폰서 계약으로 쉽게 해결했다. 프로로서 첫 대회인 LA오픈에서 공동 50위로 33.33달러의 상금을 받은 잭은 다음 4개 대회에서도 15위, 23위, 47위, 32위를 하며 상금 합계가 1,227달러에 불과했고 자신감을 잃어갔다. 지난 시합들의 결과를 분석해보던 잭은 자기 게임에서 취약했던 부분이

드라이브 샷과 퍼팅이었다는 결론을 내리고 우선 드라이버를 다시 점검했다. 그는 아마추어 시절에는 강도가 스티프^{stiff}인 S샤프트를 사용했었는데 프로가 되면서 더 강한 샤프트가 필요하다는 생각을 하여 X$^{extra\ stiff}$샤프트로 교체했었다. 잭의 파워나 스윙 스피드를 고려하면 당연한 선택인 듯 보였다. 하지만 골프 클럽 스폰서인 맥그리거에 두 가지 다른 샤프트의 드라이버를 몇 개 보내달라고 요청하여 테스트한 결과 S샤프트가 더 적합하다는 결론을 내리고 즉시 S샤프트로 돌아갔다. 거리는 X샤프트보다 조금 덜 나가지만 공을 더 높이 더 똑바로 칠 수 있었기 때문이다.

퍼팅의 문제점은 팜 스프링 대회에서 만난 동료 프로 잭 버크$^{Jack\ Burke,\ Jr.}$가 주었던 단 한 번의 도움으로 해결할 수 있었다. 잭 버크는 퍼팅 스트로크를 왼손 손가락으로 끌어당기지 말고 오른손의 손바닥으로 밀어 치고, 오른손의 엄지손가락이 그립 위로 올라오며 손바닥을 그립의 아래로 잡을 것을 제안하였다. 버크의 도움으로 잭의 퍼팅은 눈에 띄게 개선되었으며 선수 생활을 하는 내내 이 방법을 고수했다.

다음 대회인 피닉스 오픈에 참가했을 때 당시 투어에서 가장 퍼팅을 잘한다는 조지 로우를 만났는데 잭의 퍼터를 보더니 너무 가볍다며 잭을 프로 숍으로 데려갔다. 그가 골라준 퍼터는 본인이 디자인했던 위저드(Wizard 600)라는 모델이었는데 묵직한 블레이드 모양의 L자 퍼터였다. 퍼터 교체 후 피닉스 오픈의 마지막 라운드에서 64타를 치며 2위를 할 수 있었고, 그의 메이저 우승 18번 중에 15번을 이 퍼터로 이루어냈다. 드라이버와 퍼터를 교체한 잭의 자신감은 빠르게 회복되었고 이제는 자신 있게 US오픈을 기다리게 되었다.

프로 첫 우승, 1962년 US오픈

1962년 US오픈은 펜실베이니아 주의 오크몬트 컨트리클럽에서 개최되었다. 아놀드 파머의 집에서 40분이면 갈 수 있는 명문 골프장이며 파머가 12살 때부터 100라운드를 넘게 쳐본 곳이지만, 잭은 이곳에서 연습 라운드를 두어 번 했을 뿐이었다. 도박사들은 파머의 우승 확률을 5대 1까지 높여 잡고 있었다. USGA는 첫 두 라운드에서 잭과 아놀드 파머를 같은 조로 편성하였다. 프로 전향 이후 한 번도 우승을 챙기지 못한 잭에게 메이저 5승을 달성한 최고의 스타플레이어 파머는 버거운 상대임에 틀림없었다. 펜실베이니아 출신이며 극성스러운 팬들을 거느리고 다니는 그를 보면서 잭은 펜실베이니아의 모든 사람이 모여든 것은 아닌가 하는 생각까지 했다.

　라운드가 시작되자 파머의 팬들은 소리지르며 응원을 시작했고 잭의 차례가 되면 "뚱보야. 보기나 해라!"라는 야유를 보내기 일쑤였다. 그러나 자기의 플레이에 집중했던 잭은 이때 아무런 소리도 들을 수 없었다. 첫 라운드가 시작되자마자 잭은 세 홀 연속 버디로 포문을 열었고 잭의

3-3-3에 비해 4-6-4를 친 파머는 5타 차이로 뒤처지기 시작했다. 그러나 홀이 계속되면서 파머는 제 페이스를 찾았고, 3라운드를 71-68-73에 마쳐서 72-70-72로 마친 잭에게 2타 차 선두를 지키고 있었다. 공동 5위였던 잭은 선두 파머에 2타 뒤지고 있었지만 자기의 플레이에 충분히 만족했다. 우선 드라이버 샷이 페어웨이를 지켜주었고 고비 때마다 퍼팅을 성공시키며 54홀 동안 3퍼트를 한 번도 하지 않았기 때문이다. 새로 준비한 드라이버와 퍼터가 대단한 위력을 발휘하면서 자신감이 높아지고 있었다.

마지막 라운드에서 아놀드 파머는 챔피언 조가 되어 맨 마지막으로 나가고 잭은 두 조 앞에 출발하게 되었다. 11번 홀이 끝날 때까지도 파머에게 3타 차이로 뒤처지던 잭을 아무도 신경 쓰지 않았지만, 파머가 9번 홀에서 보기를 저지르는 사이에 버디를 챙기면서 순식간에 1타 차이로 따라붙었다. 그리고 파머가 13번 홀에서 다시 한 번 보기를 하여 공동 선두가 되자 US오픈 사상 가장 많은 갤러리인 24,492명이 긴장과 걱정에 빠져들었다. 잭에게도 고비는 있었다. 267미터 17번 홀에서 드라이버 샷으로 그린을 노리던 잭은 보기를 할 위기에 처했지만 까다로운 브레이크가 있는 1.2미터짜리 파 퍼트를 성공시키며 간신히 고비를 넘겼다. 마지막 홀까지 총 69타를 쳐서 1언더파 283타가 되어 1953년 오크몬트의 US오픈에서 벤 호건이 우승했던 스코어와 같은 점수로 클럽하우스 리더가 된 잭은 공동선두로 플레이하고 있는 파머를 기다리고 있었다. 버디가 가능했던 18번 홀의 3미터짜리 버디 퍼트를 실패하고 결국 파로 마무리한 파머는 다음 날 잭과 18홀 연장전에서 만나게 되었다.

연장 18홀을 치게 된 일요일 아침, 잭의 마음은 그 어느 때보다 편안했다. 안정된 드라이버 샷과 요술 퍼터가 있는데 무슨 걱정이 있겠는가. 잭은 72홀 동안 3퍼트를 한 번밖에 안 하는 완벽한 퍼팅을 했다. 사실 파머가 11번의 3퍼트를 했던 것을 보면 승부는 역시 퍼팅에서 갈렸다고 볼 수 있다. 연장전이 시작되기 전에 파머가 다가오더니 승부에 관계없이 상금을 반씩 나누겠느냐고 물어왔다. 당시에는 연장전을 앞두고 흔히 있던 담합이었다. 하지만 잭은 파머가 원치 않는 것을 예의로 제안한 것은 아닌지 되물으며 그 제안을 거절했다. 다만 연장전의 입장 수입을 반씩 나누는 것에 동의하여 1,100달러씩 가지기로 했다.

1번 홀에서 잭의 드라이브 샷이 파머의 공보다 30미터 이상 멀리 나가면서 아니의 군대를 긴장시켰고, 6홀까지 버디 2개를 잡으며 4타 차이로 앞서기 시작했다. 잭은 장갑도 벗기 전에 자기의 상금을 계산하고 싶은 유혹을 뿌리치며 플레이에 집중해 나갔다. 1960년 US오픈의 마지막 라운드에서 파머가 65타를 몰아치며 우승하는 것을 보았던 잭은 긴장을 풀지 않고 파머의 반격이 있을 것이라는 마음의 준비를 하고 기다렸다. 파머는 역시 파머였다. 9번, 10번, 12번 홀에서 버디를 성공하며 1타 차로 간격을 좁혀왔고 응원단의 함성소리는 천둥같이 커져갔다. 이런 상황에서 다른 선수들은 파머의 기세에 눌려 스스로 무너지곤 했었지만 잭은 달랐다. 그의 집중력은 조금도 흔들리지 않았고 갤러리의 야유에도 동요하지 않았다. 오히려 마음이 흔들린 것은 파머였다. 파3, 13번 홀에서 보기를 범하여 다섯 홀을 남기고 다시 2타 차이가 되었고, 그 이후 파머는 격차를 좁히지 못하고 잭의 우승을 축하해주었다. 잭이 71타로 우승 상금 15,000달러를 받았고 파머는 74타로 2위 상금 8,000달러를 받았다. 잭은 프로가 된 후 17개 대회만에 첫 승을 메이저 대회로 장식하였고, 1962년 총 상금 63,000달러를 벌어들여 상금랭킹 3위의 성적을 올렸다. 그리고 이 우승으로 타임지의 표지모델이 되었고 아놀드 파머와의 라이벌 관계를 공식화함으로써 당시 발전하기 시작했던 프로골프 TV 중계에 많은 시청자들을 모으는 계기가 되었다. 시상식 후 가진 기자회견에서 파머는 이렇게 말했다. "오늘 무시무시한 선수가 우리에서 빠져나왔다. 이제 모든 선수들이 그를 조심해야 할 것이다." 그리고 파머는 그의 자서전에서 이렇게 말했다. "내 평생 잭 니클라우스만큼 강한 집중력을 가진 선수는 보지 못했다. 나는 그것이 잭을 골프 역사상 가장 위대한 선수로 만들어 낸 비밀이라고 믿는다."

US오픈 우승컵. 1895년에 제작된 원본은 1946년 화재로 소실되었고, 1947년에 새로 제작된 것이다.

골든 베어의 두 번째 메이저 우승, 1963년 마스터스

잭의 골프 셔츠를 후원하는 회사는 좋은 품질의 옷을 생산하고 있었지만 특별한 상표나 로고가 없어서 잭과 바바라는 무엇인가 상징이 될 만한 로고를 만들고 싶어 했다. 그래서 잭은 '골든 베어Golden Bear'를 생각해 내어 부인에게 물었고, 바바라도 좋은 생각이라고 찬성하여 이때부터 골든 베어가 잭 니클라우스의 로고가 되었다. 잭의 에이전트인 마크 맥코맥이 호주에 출장갔을 때 멜버른 에이지Melbourne Age 신문의 돈 로렌스Don Lawrence 기자와 했던 인터뷰에서 잭 니클라우스라는 이름을 거론하며 골든 베어라는 별명을 붙였는데 잭이 그 기사를 좋아했다가 기억해낸 것이다. 또한 골든 베어는 잭이 고등학교 시절 활약했던 농구팀의 마스코트이기도 했으므로 친근한 이미지였다.

잭의 두 번째 메이저 우승은 1963년 마스터스에서 찾아왔다. 1960년부터 1962년까지는 13등, 7등, 15등으로 만족할 만한 성적을 거두지 못했는데 그 원인을 분석한 결과 왼쪽에서 오른쪽으로 휘어지는 페이드 샷을 치는 잭에게 마스터스가 열리는 오거스타 내셔널 골프클럽은 크게 불리하다는 것을 알게 되었다. 오거스타 내셔널 골프클럽을 디자인한 앨리스터 매켄지Alister Mackenzie를 도와준 사람이 바로 보비 존스인데, 존스는 오른쪽에서 왼쪽으로 휘어지는 드로우 샷을 전문으로 구사하는 선수였고 그의 기호에 따라 왼쪽으로 휘어지는 홀들이 많이 생기게 되었다. 또한 과거의 우승자들을 보아도 대부분 드로우 구질의 샷을 치는 선수들이었다. 샘 스니드, 아놀드 파머, 벤 호건 등의 챔피언들이 모두 드로우 구질이었다. 이제 답은 명백해졌다. 시합 전까지 자신 있게 칠 수 있는 드로우 구질의 샷을 준비하는 것이었다.

잭은 드로우 샷을 연습하기 시작했고 마스터스가 열리기 전주가 되자 긴 클럽을 가지고도 자신 있는 드로우 샷을 구사할 수 있게 되었다. 잭은 자기의 영웅 보비 존스를 위해서라도 이번 대회를 꼭 우승하겠다고 결심했다. 희귀병으로 인해 몸을 움직이기 어려워 휠체어를 타야 하는 존스를 기쁘게 하고 싶었기 때문이다. 존스도 잭 니클라우스의 대학시절부터 눈여겨보며 그가 마스터스에서 우승하기를 기다려왔다.

마스터스가 열리는 조지아 주의 봄 날씨는 변덕스러운 것이 보통이어서 4일 내내 화창하다거나 연속해서 궂은 날씨가 되는 경우는 드물었다. 목요일 첫 라운드를 시작할 때도 강한 바람이 몰아쳤고 대부분 선수들의 성적이 좋지 않았으며 잭도 74타로 부진했다. 한 가지 위안거리는 그가 준비한 드로우 샷이 꽤 안정된 결과를 보여주었다는 것이다. 금요일에는 화창한 날씨가 되었고 잭은 버디 6개를 잡아내는 무결점 플레이를 펼쳐서 66타로 마무리하였다. 선두와는 1타 차이였다. 잭이 마스터스 대회에서 처음으로 기록한 60대의 점수였다. 토요일 경기는 장대 같은 비가 쏟아지는 가운데 시합이 진행되었는데 오후에는 코스가 너무 젖어서 라운드가 취소될 것이라는 전망을 하는 선수가 많았다. 그러나 잭은 그런 예상이 위험하다는 것을 알고 있었다. 누구에게나 동일한 자연적 조건이므로 대회가 중단될 때까지 최선을 다해 점수를 지켜야 혹시 끝까지 진행되더라도 후회를 남기지 않는 법이다. 잭은 장갑을 여덟 번이나 바꿔가면서 집중력을 잃지 않으려고 애썼고, 결국 끝까지 진행된 3라운드에서 74타의 성적으로 2언더파 3타 차 단독 선두에 나서게 되었다. 보통 74타를 쳤으면 선두에서 한참 멀리 추락해야 할 점수이지만 궂은 날씨 때문에 오히려 선두로 나설 수 있는 좋은 점수가 되었다. 리더보드를 보던 잭이 캐디에게 빨간색은 몇 명이냐고 물었다. 언더파의 점수는 빨간색 글씨이고 녹색 글씨는 오버파를 의미하는데 잭은 적록 색맹이기 때문에 그 색깔들을 분간할 수 없었다. 캐디는 잭 혼자 언더파라고 답해주었다.

일요일 날씨는 다시 화창해졌고 잭은 자신 있게 1번 티로 나갔다. 9번홀까지 1오버파 37타를 친 잭이 11번 홀의 퍼트를 준비할 때 12번 홀에서 큰 함성 소리가 들려왔다. 50세의 위대한 샘 스니드가 버디 퍼팅을 성공시키고 잭과 공동선두가 되는 순간이었다. 파3, 12번 홀에서 잭의 티샷이 오른쪽으로 밀리면서 물로 들어갈 듯했지만 다행히도 그린 앞 벙커에 들어갔는데 라이가 좋지 않았다. 꽤 잘 친 벙커 샷이었지만 그린을 지나서 프린지에 멈췄고, 퍼터로 샷을 한 공은 깃대를 2.5미터나 지나서 멈췄다. 잭이 보기 퍼트를 준비하는데 15번 홀에서 또다시 큰 함성소리가 들려왔다. 잭보다 5타나 뒤져서 출발한 게리 플레이어가 연속 4개의 버디를 성공시키며 잭을 1타 차로 앞서기 시작한 것이었다. 또한 마스터스에 처음 출전한 토니 레마도 잭과 동타가 되었다. 불과 30분 사이에 누구도 우승자를 예측할 수 없는 상황이 되어버렸다. 잭은 자신의 보기 퍼트를 성공시켜야 우승 경쟁에서 살아남을 수 있다는 것을 직감적으로 알아차렸고 그 퍼팅을 과감하게 쳐서 성공시켰다.

잭이 13번 티잉그라운드로 이동하는 사이 상황은 더 나빠졌다. 15번 홀에서 샘 스니드가 버디를 성공하여 잭보다 2타를 앞서게 된 것이다. 13번 홀의 드라이버 샷을 완벽한 드로우로 쳐 놓은 잭은 2번 아이언으로 물을 넘겨 버디를 잡았고 샘 스니드와의 격차를 1타 차이로 좁혔다. 파5, 15번 홀에서는 완벽한 티샷을 날렸지만 공이 디봇 자국에 들어가는 불운으로 겨우 파 세이브했다. 그사이 샘 스니드가 16번 홀에서 보기를 하여 잭과 동타가 되었고, 게리 플레이어는 17번, 18번 홀을 연속 보기로 끝내서 우승권에서 조금 멀어졌다. 파3, 16번 홀의 티샷을 4미터에 붙이고 그린으로 걸어가는 사이 샘 스니드가 18홀에서 보기를 했다는 소식이 들어왔다. 캐디가 말했다. "미스터 니클라우스, 우리가 1타 차 선두입니다. 세 홀 모두 파만 하면 됩니다." 그러나 잭은 16번 홀에서 버디 퍼트를 성공시킬 것이라는 예감이 있었다. 과연 예감대로 버디 퍼트를 성공시킨 후 2타 차 선두가 되었다고 안심하는 순간 토니 레마가 18번 홀에서 버디를 하여 잭을 1타 차로 추격하며 클럽하우스 리더가 되었다. 잭은 이제 남은 두 홀을 파로 끝내야 우승할 수 있었다. 17번 홀을 비교적 쉽게 파로 마무리한 잭은 18번 홀에서 두 번째 샷을 10미터의 퍼트 지점에 올린 후 관중들의 환호를 받으며 그린을 향해 걸었다. 장내 아나운서가 잭에게 다가와서 우승을 하게 되면 그 공을 보비 존스에게 주도록 부탁했다. 이중 브레이크가 있는 까다로운 내리막 퍼트였지만 차분하게 2퍼트로 마무리하여 23살에 마스터스 사상 최연소 우승을 확정한 잭은 보비 존스에게 달려가 우승한 공을 건네주었다. 보비 존스의 눈은 잭이 보았던 가장 행복한 눈빛이었다.

놓쳐버린 1963년 디오픈 우승 기회

1963년, 잭은 졸업을 두 학기 남기고 5년 넘게 다닌 오하이오 주립대학 Ohio State Unversity으로부터 퇴학처분을 받았다. 학교에 다니는 동안 US 아마추어 챔피언십을 두 번이나 우승하고 NCAA 챔피언이 되어 학교를 빛냈으며 무엇보다 학점도 좋은 편이었는데 말이다. 게다가 1962년에는 US 오픈 챔피언이 되었는데 더 이상 학교에 올 수 없다는 이유만으로 퇴학처분을 내리는 학교의 불공정한 결정을 납득할 수 없었다. 잭이 평생 무엇인가 중요한 것을 시작하고 유종의 미를 거두지 못한 것은 대학 졸업뿐이었다. OSU에서는 1972년 잭에게 명예박사 학위를 수여함으로써 그의 섭섭함을 달래주었고, 1984년 스코틀랜드의 세인트 앤드루스 대학에서 명예 법학박사 학위를 받음으로써 대학을 졸업하지 못한 한을 풀게 되었다.

마스터스 우승 후 잭은 매사추세츠 주 브룩클린 근처의 더 컨트리클럽에서 개최되는 US오픈을 준비하기 시작했다. 전년도 챔피언으로서 타이틀 방어전이기도 하고, 그랜드 슬램에 도전할 수 있는 기회이기도 했으므로 서둘러서 연습을 시작한 것이다. 무엇보다 우선 파워 페이드 구질의 샷을 다시 찾는 것이 중요했다. 마스터스 대회를 준비하며 드로우 구질의 샷 연습에 열중했었으므로 자기 본래의 구질인 페이드를 다시 찾아야 했다. 그러나 페이드 샷은 잭 그라우트의 도움에도 불구하고 쉽게 돌아오지 않았다. 이제 감을 잡았다고 생각하며 10개 이상의 공을 만족스럽게 치다가도 갑자기 훅이 나고는 했다. 진 사라센도 메이저 챔피언이 된 후 자기의 주 무기인 드로우 샷을 버리고 페이드 샷을 배우기 위한 스윙을 연습하다가 7년 동안의 슬럼프에 빠지게 되었던 역사가 있었다. 두 개의 스윙 사이를 헤매는 동안 US오픈은 시작되었고 첫 라운드 1번 홀부터 연속 세 개의 보기를 기록한 잭은 76-77타를 쳐서 컷조차 탈락하고 말았다. 라운드 후 기자회견에서 자기의 문제점을 솔직하게 자세히 설명한 잭은 기자들로부터 큰 박수를 받으며 골프장을 떠났다. 아버지 찰리는 어린 잭에게 품위 있게 자기의 패배를 인정하는 방법을 가르쳤다. "아무리 마음이 아프더라도 패배를 인정하면서 널 물리친 상대에게 웃으며 악수하고 진심으로 축하해 주어라. 너에게도 반드시 기회가 다시 올 것이다."

1963년 디오픈은 스코틀랜드의 로열 리덤 앤 세인트 앤스 골프클럽에서 개최되었다. 1926년 보비 존스가 그의 첫 번째 디오픈을 우승했던 장소였기에 잭도 그의 영웅처럼 이곳에서 우승하고 싶었다. US오픈 챔피언 자격으로 처음 출전했던 전년도의 디오픈에서 우승자 아놀드 파머에게 29타나 뒤진 34위의 초라한 성적을 올렸던 기억도 잭을 자극했다. 지난해 처음으로 경험했던 디오픈 코스는 미국과는 전혀 달랐다. 우선 날씨가 매서웠다. 강한 바람이 부는 바닷가였기에 한 여름이라도 스웨터를 세 개나 입어야 했다. 페어웨이는 굴곡이 지고 딱딱하여 잘 친 티샷의 공도 어디에 멈출지 예상하기가 어려웠다. 하늘 높이 날아가는 그린 어프로치 샷도 바람을 피해 낮게 날아가서 어느 정도 굴러가는 거리를 감안하는 샷으로 바꿔야 했다. 또 영국의 공인구는 1.62인치로 1.68인치의 미국 공보다 작았으므로 바람 속에서 더 멀리 날아가고 더 많이 굴러갔다. 그래서 높은 공을 치기가 어렵고 좌우로 휘어지는 샷을 만들기도 어려웠다. 쇼트게임에서도 공이 클럽의 표면을 더 일찍 떠나가게 되고 더 구르므로 칩샷과 퍼팅이 더 어려웠다. 미국 밖에서 플레이할 때만 사용하기로 계약했던 연습도 안 해본 영국의 골프클럽을 의무적으로 사용해야 했던 것도 큰 부담이었는데 잭은 1963년에는 자기의 클럽인 맥그리거를 가져올 수 있었다. 무엇보다도 더 중요한 깨달음은 미국 골프보다 더 큰 인내심이 필요하고 게임플랜 등 사전준비가 필요하다는 것이었다.

잭은 충분한 준비를 위해 오픈이 열리기 전주의 수요일에 대회 장소에 도착했다. 도착 후 10번 가까운 연습 라운드를 통해 코스의 구석구석을 알게 되었고 홀마다의 게임플랜을 준비했으며 영국의 작은 공에도 익숙해졌다. 시합이 시작되었고 71-67-70타를 친 잭은 선두 밥 찰스에 2타 차 그리고 디오픈 5회 우승에 빛나는 호주의 영웅 피터 톰슨에게 1타 차 이인 3위를 달리고 있었다. 결론적으로 이 대회는 72홀 시합 중 잭이 70홀까지 우승을 확신했다가 우승을 날려버린 대회였다. 16번 홀까지 2타 차 단독 선두였던 잭은 17번, 18번 홀에서 연속 보기를 범하며 1타 차로 연장전에 합류하지 못했고, 다음 날 36홀 연장전 끝에 뉴질랜드의 밥 찰스가 미국의 필 로저스Phil Rodgers를 물리치고 디오픈 최초의 왼손잡이 챔피언이 되었다.

세 번째 메이저 우승, 1963년 PGA 챔피언십

1963년 PGA 챔피언십은 디오픈이 끝난 바로 다음 주에 연속으로 열리게 되어 있었다. 그래서 디오픈에 참석했던 모든 선수들이 댈러스로 날아오면서 피로가 누적되었다. 우선 7시간의 시차를 극복해야 하고, 추운 바닷바람에서 텍사스의 뜨거운 태양 아래로 와야 했으며, 영국의 작은 공에서 미국의 큰 공으로 또다시 바꿔서 쳐야 하고, 링크스 코스의 딱딱한 페어웨이 대신 잘 구르지 않는 소프트한 페어웨이에서 플레이를 해야 했다. 잭을 포함한 대부분의 선수들이 좋은 성적을 기대하지 않으며 댈러스 애슬레틱 클럽Dallas Athletic Club(후에 Glen Lakes로 이름이 바뀐다)에 도착했다. 69-73을 친 잭의 성적은 디오픈의 피로에서 벗어나지 못하고 부진한 점수를 보인 아놀드 파머, 게리 플레이어, 밥 찰스 등에 비하면 양호한 성적이었다. 다만 둘째 라운드에서 퍼트를 39회나 해야 했던 퍼팅의 부진이 문제였다.

　세 번째 라운드에서 다시 69타를 친 잭은 선두 브루스 크램톤Bruce Crampton에 3타 차 3위로 우승경쟁에 뛰어들었다. 마지막 라운드에서 선두 브루스와 챔피언 조에서 플레이를 시작한 잭이 1번 홀부터 이글을 잡아내며 선두와의 격차를 2타로 줄이더니 15번 홀에서 다시 버디를 잡으며 2타 차 단독 선두에 나섰다. 18번 홀에서 티샷을 깊은 러프로 보내며 한 차례 위기가 있었지만 보기로 잘 막아내면서 68타가 되어 2위와 2타 차 우승을 확정지었다. 잭의 세 번째 메이저 우승이었다. 집으로 돌아온 잭은 지난 두 주를 돌아보며 생각했다. '꼭 우승할 것 같았던 디오픈의 우승은 잡힐 듯 사라져 버리고, 기대하지 않았던 PGA 챔피언십의 우승은 나도 모르게 손안에 들어오는구나. 골프라는 게임에서 한 가지 확실한 것은 골프는 불확실한 게임이라는 사실뿐이다.'

1965년, 1966년 마스터스 우승

잭은 1964년에 PGA 투어 4승을 올렸지만 마스터스, 디오픈, PGA 챔피언십에서는 계속 2위를 하며 메이저 무관으로 한 해를 보냈다. "겨우 프로 생활 3년 만인 나이 스물넷에 나의 골프 성적이 후퇴하는 것인가?" 잭은 자존심 상하는 성적을 바라보며 다음 시즌을 기다렸다.

1965년 마스터스의 날씨는 금요일에 바람이 좀 불었던 것을 빼고는 완벽한 조건이었다. 첫 라운드에서 67타를 친 잭은 게리 플레이어의 65타에 이은 2위로 출발이 좋았다. 둘째 라운드에서는 아놀드 파머가 데일리 베스트인 68타를 쳤고 잭은 71타를 쳐서 게리 플레이어와 함께 빅 쓰리가 138타로 공동선두가 되었다. 강한 바람의 영향으로 언더파의 스코어는 4명뿐이었다. 파머와 공동선두에 나선 것도 좋았지만 잭에게 힘과 용기를 주었던 것은 관중들의 응원이었다. 파머의 갤러리에 비하면 언제나 소규모였던 잭의 갤러리가 이번 대회에서는 파머의 갤러리를 압도하며 잭을 응원했다. 잭은 감동했고 그 많은 응원단들을 실망시키지 않겠다고 다짐했다. 그리고 파머가 자기를 따르는 극성스러운 갤러리들 앞에서 기적적인 성적을 보였던 것을 이해할 수 있었다.

토요일 세 번째 라운드에서의 스코어는 64타였다. 버디 8개, 파 10개의 무결점 플레이였고 잭의 베스트 마스터스 라운드였으며 이후에도 이보다 더 좋은 점수는 기록하지 못했다. 셋째 라운드 후 잭은 2위 게리 플레이어에게 5타 차, 3위 아놀드 파머에게 8타 차의 선두에 올라 우승을 눈앞에 두게 되었다. 마지막 라운드에서 69타를 친 잭은 67-71-64-69로 총 271타가 되어 공동 2위 아놀드 파머와 게리 플레이어에 9타 차이의 대승을 거두며 네 번째 메이저 우승을 차지했다. 271타는 1953년 벤 호건의 마스터스 사상 최저타 기록인 274타를 3타나 앞서는 대기록이었다. 잭의 플레이를 지켜본 보비 존스는 잭이 자기가 상상하지 못했던 전혀 다른 수준의 게임을 하고 있다고 칭찬했다. 그리고 잭은 함께 빅 쓰리라고 불렸던 아놀드 파머와 게리 플레이어의 그늘에서 완전히 벗어나 그들을 압도하기 시작했다.

1965년의 마스터스 우승이 비교적 수월하고 완벽한 것이었다면 1966년의 우승은 고난 속에서 일구어 낸 우승이었다. 마스터스 역사상 최초로 2년 연속 우승하게 되었고 그 후 1989~1990년 닉 팔도, 2001~2002년 타이거 우즈가 연속 우승의 주인공이 되었다. 시즌이 시작되면서 마스터스까지 겨우 4개의 대회에 출전했던 잭은 경기감각을 잃어가고 있었다. 드라이버 샷에서 훅이 나는 문제를 못 고치고 고심했는데 다행히 마스터스 연습 라운드 중 친구인 딘 비먼Deane Beman의 도움으로 바로잡을 수 있었다. "잭, 너는 드라이버의 백스윙 템포가 느릿해서 아주 좋은데 다운스윙을 시작하면서 아주 빠른 템포로 바뀌고 있어. 다운스윙의 템포를 백스윙처럼 천천히 한번 해봐." 딘의 말 한마디로 훅은 신기하게 사라졌다.

첫 라운드를 68타 선두로 시작했는데 70타를 깬 선수는 오직 잭뿐이었다. 그러나 둘째 라운드에서 76타로 무너지면서 공동 2위로 밀려나고 말았다. 첫 라운드에서 잘 되던 퍼팅감이 하루 사이에 사라지고 3퍼트 5번을 포함하여 38번의 퍼팅을 기록했다. 벤 호건은 퍼팅이 골프가 아니라고 말했지만 디오픈 4회 우승에 빛나는 남아공 최초의 골프 영웅 보비 록은 퍼팅이 골프에서 가장 중요하다고 말했을 정도로 퍼팅에 대한 위대한 선수들의 견해가 엇갈린다. 자기 스스로 퍼팅을 잘한다고 생각하는 프로 선수는 없다. 모두가 실패한 퍼트만 기억하기 때문이다. 잭이 1960년대 초 아놀드 파머의 퍼팅이 최고였다는 견해를 밝힌 적이 있는데 파머는 이렇게 대답했다고 한다. "무슨 소리야. 잭, 내가 네 퍼팅 실력의 반만 가졌더라도 아무도 날 이길 수 없었을 거야." 퍼팅에는 언제나 성공보다 실패가 많고 남의 퍼팅만 잘 들어가는 것처럼 보인다.

셋째 라운드에서는 짧은 파3, 12번 홀에서 더블보기를 하고 17번, 18번 홀에 연속 보기를 저지르며 72타를 쳤는데도 토미 제이콥스Tommy Jacobs와 공동 선두가 되었다. 3라운드 합계 216타는 마스터스 역사상 54홀 선두의 점수로는 최악이었다. 마지막 라운드의 조 편성은 잭과 벤 호건이 챔피언 조로 나가게 되었다. 53세의 벤 호건은 아직도 기계처럼 정확한 샷을 가지고 있었지만 그린 위에서는 더 이상 챔피언이 아니었다. 잭의 퍼팅도 아주 부진하여 8홀을 남기고 선두에 3타 차로 뒤지게 되자 더 이상 게임플랜을 지키는 정상적인 골프로는 우승이 불가능하다고 생각하게 되었고 공격적인 골프를 하기로 마음을 고쳐먹었다. 14번 홀에서 행운의 버디를 잡고 파5, 15번 홀에서는 나무에 가려진 그린을 향해 두 번째 그린 어프로치 샷을 2번 아이언으로 완벽한 드로우를 만들어 내며 버디를 추가했다. 16번, 17번 홀에서 좋은 버디 기회가 있었지만 계속 부진한 퍼팅으로 파에 그쳐서 결국 72타 합계 288타로 게이 브루어^{Gay Brewer}, 토미 제이콥스와 월요일에 18홀의 연장전을 벌이게 되었다. 라운드가 끝난 후 CBS 스포츠와 인터뷰를 하던 잭은 우연히 녹화 중계되고 있는 자기의 퍼팅 모습을 보게 되었는데 머리가 공보다 훨씬 홀 쪽으로 나가있어서 공의 앞부분과 퍼터의 페이스를 보며 퍼팅하게 되는 것을 발견했다. 결과적으로 눈의 착각에 의해서 퍼팅라인에 스퀘어로 서지 않고 홀의 왼쪽을 목표로 잡고 있던 것이었다. 그래서 연습 그린으로 달려가 자세를 고쳐 잡고 퍼팅을 해보았는데 신기하게 잘 들어가기 시작했다. 어두울 때까지 연습을 한 잭은 퍼팅에 자신감을 되찾은 후 연장전을 시작했고 문제없이 우승 라운드를 끝낼 수 있었다. 결과는 잭 70타, 제이콥스 72타, 브루어 78타였고 스물여섯 살 잭의 다섯 번째 메이저 우승이었다. 잭의 우승 스코어 288타는 전년도 자신의 우승 스코어 271타에 비해 무려 17타나 더 많은 타수였으며, 날씨와 코스 컨디션에 따라 골프장의 난이도가 크게 바뀐다는 사실을 증명한 대회였다.

1966년 디오픈 우승, 커리어 그랜드 슬램 달성

1966년 US오픈에서 3위에 그쳤던 잭은 디오픈을 우승하여 커리어 그랜드 슬램을 달성하겠다는 각오를 다졌다. 디오픈에서 우승하지 못하면 진정한 챔피언으로 인정받을 수 없다는 보비 존스 등 선배들의 충고도 다시 새겼다. 잭은 워커컵 팀에 선발되어 원정을 왔을 때 보았던 골프코스를 꿈꾸며 대회 일주일 전에 뮤어필드에 도착했지만, 코스는 7년 전의 모습과 아주 많이 달랐다. 정글 같은 러프가 누렇게 말라서 바람에 물결쳤고 페어웨이도 공이 떨어지는 지점을 병목처럼 좁게 바꿔 놓았다. 새로운 코스 세팅은 잭의 큰 무기인 장타를 무력하게 만들며 그를 실망시켰다. 그러나 긍정적인 부분도 있었다. 처음 코스를 본 참가 선수 중 반은 이미 코스에 항복할 것이고, 잭에게는 코스 공략을 준비할 수 있는 충분한 시간이 있다는 것이었다. 대회가 시작되기 전까지 6번의 연습 라운드를 통해서 매 홀의 게임플랜이 완성되었고 링크스 코스에 꼭 필요한 낮은 탄도의 샷도 준비되었다.

잭은 첫 라운드에서 1언더파 70을 쳤는데 언더파 스코어는 두 명뿐이었다. 두 번째 라운드에서는 무결점 플레이로 67타를 기록하여 1타 차 단독 선두에 나서며 우승의 꿈을 한껏 키웠다. 준비된 게임플랜은 훌륭했고 나머지 두 라운드에서도 어떤 유혹이 있더라도 끝까지 게임플랜을 지키겠다는 계획을 세웠다. 그러나 3라운드의 13번 홀까지 파 플레이를 지키던 잭이 갑자기 흔들리기 시작하더니 14번, 15번, 16번, 18번 홀에서 연속 보기를 범하며 4오버파 75로 라운드를 끝냈다. 잭은 70타를 치며 추격해 온 필 로저스에게 선두를 빼앗기며 2타 차 2위가 되었다.

마지막 라운드 1번 홀이 맞바람으로 플레이되는 어려운 홀이었는데 잭은 버디를 잡아서 보기를 한 필과 동타가 되었고, 9번 홀이 끝날 때까지 잭과 필은 같은 점수로 팽팽한 접전을 벌였다. 10번 홀에서 필이 트리플 보기를 범하며 무너지는 사이 파를 잡은 잭은 갑자기 3타 차 선두가 되었지만, 행복한 순간은 잠시였고 잭도 11번 홀부터 14번 홀까지 3개의 보기를 저지르며 무너져서 우승의 행방을 예측하기 어려워졌다. 15번, 16번을 파로 끝내는 사이 덕 샌더스Doug Sanders와 데이브 토마스Dave Thomas가 283타로 경기를 끝냈다는 소식이 왔다. 잭이 우승하려면 17번, 18번 중에서 버디를 한 개 잡아야 하는데 17번 홀이 파5로 버디가 가능한 홀이었다. 뒷바람을 감안하여 3번 아이언으로 티샷을 하여 페어웨이를 지킨 후 두 번째 샷은 핀까지 217미터를 남겼다. 보통은 1번 아이언을 쳐야 하는 거리였지만 잭의 계산으로는 작은 공이니까 한 클럽 빼고, 뒷바람의 영향을 고려하여 한 클럽 반, 딱딱한 페어웨이에서 구르는 거리 반 클럽, 몸이 긴장된 상태이므로 넘치는 아드레날린의 효과 한 클럽, 합계 네 클럽을 짧게 잡아야 했다. 네 클럽 차이면 5번 아이언을 쳐야 하는데 너무 짧은 클럽이라 잭도 불안했지만 자신의 계산을 믿고 힘차게 스윙했다. 공은 페어웨이 가운데에 떨어져서 깃발을 향해 구르기 시작하더니 관중들의 함성이 터져 나왔다. 홀에서 5미터 떨어진 이글 퍼트를 버디로 마무리하고 18번 홀에서 파를 잡은 잭은 70타가 되어 합계 281타로 드디어 디오픈의 챔피언이 되었다. 여섯 번째 메이저 타이틀이었다. 골프 역사상 진 사라센, 벤 호건, 게리 플레이어에 이어 네 번째로 커리어 그랜드 슬램을 달성한 잭의 나이는 이제 겨우 스물여섯 살이었다. 잭은 이번 대회를 우승하며 골프라는 게임에서 거리보다는 정확성이 더 중요하다는 확신을 가지게 되었고, 그 믿음은 이후로도 언제까지나 변하지 않았다.

1967년 US오픈 챔피언

1966년부터 PGA Class A 멤버가 된 잭은 1967년부터 라이더컵에 출전할 수 있는 자격이 있었고 미국 팀에 선발되고 싶었다. 그러나 시즌 초부터 등에 통증이 있어서 성적이 좋지 않았고 마스터스에서도 72-79타로 컷 탈락하면서 라이더컵의 출전 기회도 사라졌다. 신문에는 '잭 니클라우스는 무엇이 잘못되었는가?(What's wrong with Jack Nicklaus?)'라는 제목의 기사가 나오기 시작했지만 잭은 차분하게 뉴저지 주의 밸터스롤 골프클럽에서 열리는 US오픈을 준비하고 있었다. 시합이 열리기 전주에 밸터스롤에 도착한 잭은 자기가 보았던 US오픈 코스 중에서 가장 정리가 깨끗이 되어있는 공정한 코스라는 생각을 가졌다. 페어웨이가 조금 더 넓고 러프에서도 공을 칠만 했으므로 더 많은 선수들이 우승경쟁에 참여할 수 있는 좋은 점이 있는 반면, 승부가 너무 퍼팅에 좌우될 수 있는 문제가 있었다. 연습 라운드 후 잭은 이번 US오픈의 열쇠가 퍼팅이라는 것을 확신했다. 그 후 딘 비먼과 함께 퍼팅연습을 하다가 딘의 백에 들어있는 센터 샤프트의 '불스아이Bull's Eye' 퍼터를 발견하여 연습해보자마자 그것을 좋아하게 되었지만 딘이 다시 빼앗아갔다. 자기가 사용하는 핑 퍼터보다 훨씬 스퀘어로 조준하기가 쉬웠다. 아쉬워하고 있는 잭에게 딘의 친구 뮬러가 다가오더니 자기도 같은 퍼터가 있으니 시험해보라고 하여 쳐 봤는데 딘의 것과 같은 느낌을 주었고 마음에 쏙 들었다. 다만 햇빛의 반사를 막기 위해 헤드를 흰색 페인트로 칠한 것이 다를 뿐이었다. 잭이 좋아하는 것을 본 뮬러는 그 퍼터를 선물하였고, 잭은 선수 생활 동안 그 퍼터를 보물처럼 소중히 다루었다. 사람들은 그 퍼터의 이름을 'White Fang'이라고 불렀다. 새 퍼터를 사용한 마지막 연습 라운드에서 환상적인 퍼팅을 보여주며 8언더파 62타를 친 잭은 자신 있게 첫 라운드를 기다렸다.

그러나 막상 첫 라운드가 시작되자 잭의 퍼팅은 전혀 말을 듣지 않았다. 연습 라운드 때의 퍼팅감이 사라지고 자신감도 없어지면서 35퍼트에 71타로 라운드를 마쳤다. 둘째 라운드에서도 1번 홀부터 보기를 하여 의기소침해진 잭에게 파3, 4번 홀에서 다시 위기가 왔다. 티샷을 러프에 넣고 칩샷을 하여 4미터짜리 파 퍼트를 남겼는데 잭은 오랜 경험의 감각으로 그 퍼트가 이번 대회의 고비라는 생각을 했다. 마음을 굳게 다지고 조금 강하게 친 퍼트는 홀컵 가운데로 빨려 들어갔다. 그 퍼터는 잭의 생각대로 확실한 전환점이 되었고 자신감을 회복하는 계기가 되었다. 67타로 마친 잭은 선두 아놀드 파머에게 1타 뒤진 2위였다.

토요일의 셋째 라운드는 파머와 같은 조에서 플레이하게 되었는데 극성스러운 파머의 팬들 때문에 시끄럽고 어수선한 분위기가 되었다. 두 선수의 라이벌 관계를 의식하여 더 많은 파머의 응원단이 모여든 것이었다. 매치 플레이처럼 경쟁하며 플레이하던 파머가 8번 홀에서 서로 경쟁하지 말고 US오픈 우승컵을 위해 플레이하자고 휴전을 제의해왔지만 정신적 자세를 새로 바꾸기에는 이미 늦은 뒤였다. 결국 잭 72타, 파머 73타로 마친 두 선수는 69타를 쳐서 깜짝 선두로 나선 아마추어선수 머티 플렉먼 Marty Fleckman에 이어 공동 2위가 되었다.

마지막 라운드에서 또다시 파머와 함께 플레이하게 된 잭은 아니의 군대가 질러대는 함성과 야유 소리를 무시하고 집중력을 발휘하며 3번, 4번, 5번 홀에서 연속 버디를 잡아 파머에 2타 차이로 앞서기 시작했다. 중요한 고비마다 어려운 퍼트를 성공시키며 파머의 추격의지를 꺾은 잭은 결국 65타를 치면서 합계 275타로 우승하여 메이저 7승을 달성한다. 잭은 1948년 US오픈에서 벤 호건이 세웠던 최저타 기록 276타를 1타 차이로 갱신했는데, 본인은 기록 갱신에 전혀 관심이 없었고 우연히 생긴 결과라고 말했다. 1966년 US오픈에서 9홀을 남기고 7타 차로 선두였던 파머가 호건의 최저타 기록 갱신을 목표로 플레이하다가 집중력을 잃고 역전패했던 사실과 크게 대조가 되는 일이다. 파머는 69타로 4타 차 2위가 되어서 지난 여섯 번의 US오픈에서 2위만 4번 하는 불운을 이어갔다.

돌아온 잭, 1970년 디오픈 챔피언

잭 니클라우스는 1967년 US오픈에서 우승한 후 1968년, 1969년을 메이저 우승 없이 보내며 꽤 긴 슬럼프를 겪고 있었다. 메이저 대회에서 쉽게 우승했을 때에는 그 우승이 얼마나 어려운 것인지를 몰랐었는데 이제는 메이저 우승의 어려움과 가치를 느낄 수 있었다. 프로 전향 6년 만에 메이저 7승을 한 후 체력과 정신력이 떨어진 것을 미디어나 팬들은 이해하지 못했다. 부유한 환경에서만 운동을 하여 쓴맛을 모른다든지 짧은 시간에 돈을 너무 많이 벌어서 더 이상 동기부여가 없다든지 기술적으로는 플라잉 엘보우 때문이라거나 심지어는 너무 뚱뚱하다는 비판들마저 보도되었다. 하지만 그런 비난들은 변명할 필요도 없이 사실이 아니었다. 메이저 7승을 달성한 후 정신적인 피로감과 자기만족에 의한 해이가 바로 문제였다. 또 다른 문제는 골프스타가 되면서 코스디자인 등 골프 이외의 일들로 너무 바빠져서 집중적인 연습을 할 수 없었던 것이다. 잭은 골프 게임에서 자기의 가장 큰 강점은 힘이나 장타가 아니라 주어진 목표에 집중할 수 있는 능력이라고 믿었다. 그러나 시합에서 그의 집중력과 인내심이 떨어지면서 어리석은 실수들이 계속되었다.

1970년 2월, 아버지 찰리가 암으로 세상을 떠났다. 가장 가까운 후원자이자 친구였던 아버지를 잃은 잭은 큰 충격을 받았고, 다시 메이저 우승자의 대열에 복귀할 것을 결심하게 된다. 미네소타 주의 해즐타인 내셔날 골프클럽Hazeltine National Golf Club에서 열렸던 US오픈에서 잭은 첫 라운드에 81타를 치며 컷을 겨우 통과하고 최종 49위의 부진한 성적으로 마쳤다. 그리고 영국의 토니 재클린이 50년 만에 영국으로 US오픈 우승컵을 가져갔다. 집으로 돌아가며 잭은 분노했고 곧바로 디오픈을 위한 연습을 시작했다. 그리고 낮은 드로우 샷을 집중 준비해서 대회장소인 세인트 앤드루스 올드코스에 일찍 도착하여 코스를 점검하며 준비를 마쳤다.

처음 두 라운드에서 68-69타를 기록한 잭은 선두 리 트레비노에게 1타 뒤진 공동 2위였다. 셋째 라운드에서는 73타로 토니 재클린, 덕 샌더스와 함께 리 트레비노에게 2타 차 공동 2위가 되었다. 마지막 라운드가 열리는 토요일 아침, 바람이 심하게 불며 날씨가 나빠지는 것을 본 잭은 두 가지 중요한 생각을 머리에 새기고 있었다. '이런 날씨라면 파 72타만 치면 우승 또는 연장전에 가게 될 것이다. 오늘 가장 중요한 것은 참고 기다리는 인내심이다.' 전반 9홀을 35타로 끝낸 잭은 자기의 점수에 만족해하며 10번 홀로 왔지만 몇 번의 버디 기회를 놓치고 11번, 16번 홀에서 보기를 범해 73타로 라운드를 끝내며 클럽하우스 리더가 되었다.

문제는 뒷 조의 덕 샌더스였는데 17번 홀까지 1타 차 선두를 지키며 비교적 쉬운 18번 홀에서 파만 하면 우승이 확정되는 상황이었다. 스코어카드를 제출한 잭은 TV로 덕의 플레이를 지켜보고 있었다. 65미터가 남은 쉬운 두 번째 샷을 앞두고 어떤 샷을 할지 망설이며 시간을 끌던 덕의 피치 샷은 홀을 12미터나 지나서 멈췄다. 버디 퍼팅을 앞둔 덕은 퍼팅 자세를 잡았다가 다시 푸는 등 시간을 끌더니 70센티미터 정도 짧게 마지막 챔피언 퍼팅을 남기면서 우승이 확정되는 듯 보였다. 그때 잭 옆에 서 있던 R&A의 경기 임원이 자기가 그 홀의 위치를 선정했다며 오른쪽으로 휘어지는 브레이크가 감춰져 있는 것을 읽을 수 없을 거라는 말을 했다. 덕은 마지막 퍼팅을 하지 못하고 시간을 끌면서 퍼팅자세를 잡았다 다시 푸는 등 극도의 신경과민 증상을 보였는데, 덕의 공은 정말 오른쪽으로 흘러나갔고 보기가 되어 다음날 18홀의 연장전을 남기게 되었다.

　연장전은 팽팽한 접전이었다. 18번 홀을 남기고 잭이 1타 차로 앞서고 있었는데 마지막 그린에서 덕의 두 번째 샷이 핀 가까이 붙어 버디가 확실시되는 가운데 잭도 2.5미터의 버디 퍼트를 남겼다. 공교롭게도 잭의 공은 전날 덕이 실패한 마지막 퍼팅의 라인 위에 서 있어서 오른쪽으로 꺾이는 것을 쉽게 읽을 수 있었고 버디 퍼팅을 성공시키며 여덟 번째 메이저 우승을 하여 그의 이름을 우승컵 클라렛 저그에 두 번째로 새기게 되었다. 시상식에서 잭은 우승컵을 돌아가신 아버지께 바친다며 눈물을 흘렸다.

1971년 PGA 챔피언십 우승, 커리어 그랜드 슬램 2회

보통은 시즌의 마지막 메이저 대회인 PGA 챔피언십이 늦은 여름에 열리는데 1971년에는 PGA 내부의 사정으로 인해 2월에 플로리다의 PGA 내셔널에서 열리게 되었다. 1970년 12월에 잭이 이사한 새집에서 5분 거리에 있는 골프장이었으므로 투어를 떠나지 않고도 편하게 시합에 참가할 수 있는 좋은 기회였다. 다만 PGA 내셔널의 그린이 버뮤다 잔디의 아주 느린 그린이었으므로 잭은 연습 라운드에서 퍼팅에 고전을 했다. 저녁 때 친구 딘 비먼 부부가 놀러 와서 카드놀이를 하면서 잭이 퍼팅의 어려움을 화제로 꺼냈다. 그리고 딘은 잭에게 또 한 번 결정적인 퍼팅의 열쇠를 가르쳐 주었다. "잭! 너는 퍼터로 백스윙을 할 때 퍼터를 끝까지 빼지 않고 중간에 때려버리더라. 그러면 느린 그린에서 공이 잘 구르지 않고 브레이크에 쉽게 방향이 바뀌게 돼. 백스윙을 끝까지 하면서 서두르지 말고 공을 때려봐." 잭은 카드놀이 도중에 수영장 옆으로 가서 딘의 말대로 퍼터의 백스윙을 끝까지 했다가 조금 쉬는 듯한 느낌을 가지면서 공을 쳐 보았다. 느낌상으로는 확실히 더 안정된 스트로크가 되는 것 같았지만 그린 위에서 잘 될지는 의문이었다. 다음날 아침 골프장으로 달려가 다시 연습을 해 본 잭은 이제 퍼팅의 문제가 해결되었다는 자신감이 생겼다.

목요일 대회 첫 라운드에서 69타를 치면서 선두에 나선 잭은 8개의 홀을 원 퍼트로 끝내는 등 18홀 합계 23퍼트라는 환상적인 퍼팅으로 라운드를 마쳤다. 샷이 아주 나빠서 퍼팅이 호조를 보이지 않았으면 컷 통과를 걱정할 처지가 되었을 것이다. 금요일 69타, 토요일 70타로 마친 후에는 4타 차 단독 선두가 되었고, 일요일에는 73타로 다소 부진했지만 그 해의 마스터스 챔피언이던 빌리 캐스퍼를 2타 차이로 누르고 우승함으로써 메이저 9승을 달성하였고, 골프 역사상 최초로 커리어 그랜드 슬램을 2회 달성한 선수가 되었다.

1972년 메이저 2승의 영광과 캘린더 그랜드 슬램 좌절

잭은 골프 역사상 가장 위대한 기록이 1930년 보비 존스가 세웠던 그랜드 슬램이라고 생각했고, 자기도 그 기록에 도전하는 것을 최고의 목표로 생각했다. 1972년이 되면서 미디어에서는 잭의 캘린더 그랜드 슬램의 가능성에 초점을 맞추고 있었다. 잭의 마음속에도 가능성은 낮지만 불가능한 것은 아니라는 생각이 생겨나기 시작했다. 라이벌 아놀드 파머는 1964년 마스터스 우승 이후 더 이상 메이저 우승을 못하며 전성기가 끝났고, 게리 플레이어가 아직 경쟁상대지만 그도 최고의 전성기는 지나고 있는 분위기였다. 신인 중에는 죠니 밀러^{Johnny Miller} 정도가 부상하고 있었지만 아직은 큰 위협이 되지 못했다. 다만 1971년에 메이저 2승을 올렸던 리 트레비노가 껄끄러운 적수로 남아있을 뿐이었다.

1971년 12월, 보비 존스가 세상을 떠난 후 처음으로 열린 마스터스에 참가하는 잭의 마음은 착잡했다. 존스는 잭의 영웅이고 멘토이자 가장 믿을 만한 친구였다. 1972년 오거스타 내셔널 골프클럽의 그린은 관리상의 잘못으로 너무 빠르면서도 튀면서 깨끗하게 구르지 않는 불량그린이 되어 있었다. 설상가상으로 날씨마저 나빴다. 이런 조건이라면 인내심이 승부를 좌우한다는 것을 알고 있던 잭은 첫 라운드에서 68타를 치며 선두에 나섰다. 언더파를 친 선수는 4명뿐이었는데 60세 생일을 앞둔 샘 스니드의 69타가 매우 인상적이었다. 다음 세 라운드에서 71-73-74타를 친 잭은 여유 있게 3타 차이의 우승을 챙기며 메이저 10승을 달성했다. 미국 최고의 칼럼니스트였던 허버트 워렌 윈드는 자기가 기억하는 마스터스 대회 중 가장 맥빠지고 재미없는 대회였다는 글을 올렸다.

마스터스 우승 후 잭은 캘린더 그랜드 슬램도 가능하다는 희망을 가졌다. 1972년 메이저 대회의 장소 중 US오픈이 열리는 페블비치 골프 링크스는 잭이 가장 좋아하는 코스였으며, 디오픈이 열리는 뮤어필드는 그가 첫 디오픈 우승컵을 들어 올렸던 장소이고, 'The Monster'라는 별명이 붙어 있는 PGA 챔피언십이 열리는 오클랜드 힐스 컨트리클럽도 장타자에게 특히 유리하며 1961년 US오픈에서 4위의 좋은 성적을 올린 곳이었으므로 약간의 자신감마저 생기기 시작했다.

잭은 US오픈이 열리기 전주에 이미 페블비치에 도착하여 코스를 점검하며 연습 라운드를 시작했다. 월요일부터 공식적인 연습 라운드가 시작되면 한 개의 공만을 칠 수 있지만, 그 전주에는 몇 개의 공을 쳐보는 것이 가능하므로 훨씬 효율적인 준비가 가능했다. 목요일 첫 라운드에서 71타를 친 잭은 공동선두였고, 금요일에 73타를 친 후에도 공동선두를 유지했다. 토요일에는 샷의 컨디션이 아주 좋았음에도 불구하고 부진한 퍼팅으로 인해 겨우 72타로 마무리했는데 놀랍게도 1타 차 단독 선두가 되었고 그 뒤에 트레비노, 크램톤 등이 따라오고 있었다. 마지막 라운드의 조 편성은 챔피언 조에 잭과 트레비노였다. 잭이 가장 난적이라고 생각했던 트레비노는 라운드가 시작되자마자 연속해서 보기를 하면서 우승 경쟁에서 멀어졌다. 9홀을 마치고 3타 차 선두였던 잭이 10번 홀에서 티샷을 태평양으로 날려 보내고 더블 보기를 범하며 우승의 향방을 예측하기 어려워졌지만, 15번 홀에서 버디를 잡은 잭은 다시 3타 차 선두가 되었고 파3, 17번 홀에서 1번 아이언으로 깃대를 맞추며 버디를 추가하여 우승을 확실하게 만든 후 18번 홀에서의 보기에도 불구하고 3타 차 우승으로 마무리하였다. 메이저 11승째였다. 1968년, 1971년 US오픈에서 리 트레비노에게 우승을 내어주고 계속 2위를 하며 마음속에 쌓였던 원한도 깨끗이 갚아주었다.

캘린더 그랜드 슬램의 절반을 성공한 잭은 곧바로 디오픈을 위한 연습에 들어갔다. 영국의 작은 공은 아직 선택적으로 사용이 가능했으므로

(1974년에야 미국의 1.68인치짜리 큰 공으로 통일되었다) 작은 공으로 연습을 시작했고 클럽도 미국 밖에서 사용하기로 계약된 슐레징거 클럽을 미리 꺼내 사용했다. 뮤어필드에 도착한 잭은 코스가 1966년보다 조금 쉽게 세팅되어 있는 것을 발견했지만 우승했던 1966년의 게임플랜을 다시 사용하기로 결심했다. 페어웨이가 넓어지기는 했지만 아직도 장타보다는 정확한 샷이 필요한 코스였다. 3라운드까지 70-72-71타를 친 잭은 선두 트레비노에게 6타 차 그리고 2위 토니 잭클린에게 5타 차이로 5위였지만 마지막 라운드에서 65타를 친다면 우승이 가능하다고 믿었다. 그랜드 슬램의 불씨를 살리기 위한 잭의 집중력은 놀라웠다.

이제 게임 플랜을 포기하고 적극적인 공격으로 승부를 걸어야 했다. 전반 9홀을 4언더파 32타로 마친 잭은 10번, 11번 홀에서 연속 버디를 잡으며 6언더파가 되어 드디어 선두가 되었다. 11번 홀의 페어웨이에서 잭을 응원하던 스코틀랜드의 갤러리들은 쉬지 않고 함성을 지르며 잭을 따랐고 감동을 받은 잭은 눈물을 흘리며 그린을 향해 걸었다. 잭은 그날의 감동을 평생 동안 잊지 못한다고 회고했다. 16번 홀에 도착한 잭은 1966년의 우승처럼 파-버디-파(3-4-4)만 치면 우승이라고 생각했는데 결과는 보기-파-파(4-5-4)를 쳐서 5언더파 66타로 끝내게 되었다. 목표보다 1타가 부족했던 잭의 마음은 불길한 예감이 들었는데 결국 그의 예상이 맞았다. 17번 홀에서 보기 또는 더블보기가 확실해 보이던 트레비노가 다섯 번째 샷을 그린 언저리 러프에서 칩인함으로써 파를 세이브하는 기적을 만들어 냈다. 결국 가장 껄끄러운 적수로 생각했던 트레비노가 6언더파 278타로 우승하며 타이틀 방어에 성공했고 그랜드 슬램을 향해 행진하던 잭 니클라우스를 좌절시켰다. 잭은 279타 2위로 고작 1타가 모자랐다.

1973년 PGA 챔피언십 우승

1972년 영국에서 돌아온 잭은 머리를 손질하러 갔다가 우연히 손톱 손질까지 하게 되었는데 며칠 후 오른손 둘째손가락의 손톱 밑이 아파오기 시작했다. 반창고를 붙이고 참으며 지내다가 통증이 더 심해져서 병원에 갔더니 감염으로 인해 두 시간 가까운 수술을 받아야 했다. 그렇게 해서 손가락에 반창고를 붙인 채 PGA 챔피언십에 출전했는데 통증으로 인해 오른손 그립을 잡을 때 둘째손가락은 힘을 주지 못하고 느슨하게 풀어야 했다. 그 이후 잭의 오른손 그립은 둘째손가락을 느슨하게 대기만 하는 방법으로 변형되었고, 이후로 선수 생활 내내 이 그립을 사용하였다. 1972년의 메이저 2승 후 잭의 총 메이저 우승 수는 13회(아마추어 2회, 프로 11회)로 보비 존스의 기록과 같아졌고, 미디어에서는 잭이 기록을 경신하는 것은 시간문제라는 의견을 내어 놓았다. 잭도 그 기록을 의식하며 1973년 시즌을 시작했다.

1973년 마스터스에서 첫 라운드를 69타로 무난하게 출발한 잭은 둘째 라운드에서 3퍼트를 6번이나 하는 퍼팅 난조를 보이며 77타를 쳤고, 3라 운드에서도 비교적 쉬운 15번 홀에서 트리플 보기를 범하며 73타를 쳐 서 우승의 희망이 사라졌다. 마음을 비우고 친 마지막 라운드에서 다행히 퍼팅감을 회복했고 데일리 베스트인 66타를 쳐서 우승자 토미 애런^{Tommy} Aaron에게 2타 차 공동 3위로 마쳤다. 돌아보면 잭은 우승에 대한 집념이 너무 강해서 퍼팅에서 실수를 연발하곤 했다. 골프는 역시 99퍼센트 멘탈 이 좌우하는 게임이라는 것을 알 수 있는 대목이다.

1973년 시즌은 톰 와이스코프^{Tom Weiskopf}가 디오픈 우승 등 총 7승을 거 두며 최강자로 인정받았던 해였다. PGA 챔피언십이 오하이오 주의 캔터 베리 골프클럽^{Canterbury Golf Club}에서 개최되었고, 1순위 우승후보는 당연히 와이스코프였다. 코스가 젖었고 그린마저 나빠서 선수들의 인내심을 테 스트하는 대회로 변했는데, 인내심 하면 잭을 따라올 선수가 있을 리 없 다. 72-68-70-69타를 친 잭은 2위에 4타 차로 여유 있는 우승을 거두었 고 메이저 14승(프로 12승, 아마추어 2승)으로 보비 존스의 기록을 추월하며 역사상 가장 위대한 선수라는 평가를 받기 시작했다.

영광의 1975년, 마스터스와 PGA 챔피언십 우승

1974년에 잭은 메이저 무관으로 시즌을 보냈다. 그러나 1968년 2월, 고향

콜럼버스 근처 더블린에 골프장을 건설하여 자기의 토너먼트를 개최하겠다고 발표한 지 6년 만에 공식 오픈하면서 꿈을 이루었다. 새로 건설된 골프장의 이름은 잭이 처음으로 디오픈을 우승했던 뮤어필드 골프클럽에서 따와 뮤어필드 빌리지Muirfield Village라고 지어졌다. 잭의 대회인 메모리얼 토너먼트는 1976년 5월, 제1회 대회가 개최되었다.

1975년 마스터스는 마지막 9홀에서 역전을 주고받은 드라마틱한 대회였다. 처음 두 라운드에서 68-67타를 친 잭은 4타 차 선두에 나섰다. 그런데 금요일의 조 편성을 보니 파머와 함께 플레이하게 되었다. 두 선수가 만나면 극성스러운 갤러리와 매치 플레이 같은 라이벌 분위기 때문에 항상 성적이 나빴는데 이번 라운드도 예외가 아니었다. 파머 75타, 잭 73타로 끝나면서 선두는 톰 와이스코프로 바뀌었고 잭은 1타 차 2위가 되었다. 조니 밀러도 6홀 연속 버디를 하며 65타로 따라와 잭과 2타 차이의 3위가 되었다. 마지막 라운드의 조 편성은 톰 와이스코프와 조니 밀러가 마지막 챔피언 조이고, 그 앞에 잭과 톰 왓슨이 함께 플레이하게 되었다.

1번 홀에서 티샷을 왼쪽 소나무 숲으로 보내며 보기를 기록한 잭은 '잭, 백스윙을 끝까지 해!'라고 자신을 타이르며 2번 홀에서 버디를 잡고 첫 홀의 실수를 만회했다. 9홀이 끝나고 잭과 와이스코프가 공동선두가 되었고 밀러가 1타 차로 따라왔다. 유명한 골프 칼럼니스트 허버트 워렌 윈드가 아멘 코너라는 이름을 붙여준 11번, 12번, 13번 홀을 파로 마친 잭은

14번 홀에서 보기를 하였고 파5, 15번 홀에서 225미터가 남은 두 번째 샷을 1번 아이언으로 5미터에 붙여서 버디를 하였다. 그러나 다음 조의 와이스코프와 밀러도 15번 홀에서 버디를 하여 와이스코프가 잭보다 1타 앞섰고, 밀러는 잭을 1타 뒤에서 쫓고 있었다.

승부는 파3, 16번 홀에서 갈렸다. 그린 뒤에 위치한 깃발을 공략한 잭의 5번 아이언 샷이 홀 왼쪽으로 당겨져 13미터 지점에 멈췄는데 동반자 톰 왓슨의 공도 잭보다 조금 더 멀리 떨어진 곳에 멈추어 같은 퍼팅 라인 위에 있어서 잭에게 브레이크의 방향을 가르쳐주게 되었다. 왓슨이 공을 두 개나 물에 넣는 동안 시간이 걸려서 16번 홀에 도착한 와이스코프와 밀러가 그린을 바라보고 있었다. 왓슨의 퍼팅라인을 관찰한 잭은 이번 퍼트가 승부의 분수령이라는 것을 예감하고 과감한 퍼팅 스트로크를 했다. 공이 홀을 향해 구르는 것을 지켜보다가 4미터쯤 남았을 때 잭이 퍼터를 하늘로 들어 올리며 버디가 확실하다는 제스처를 보여주었고 이어서 관중들의 환성이 터져 나왔다. 잭의 버디를 지켜보던 와이스코프와 밀러에게는 쇼킹한 장면이었고 심리적으로 위축이 되는 것은 당연했다. 뒤이어 티샷을 한 와이스코프는 3퍼트를 범하며 보기를 했고 밀러는 파를 하여 이제 와이스코프는 1타, 밀러는 2타를 잭에게 뒤지게 되었다.

잭이 17번 홀에서 파를 하고 18번 홀에서 투온에 성공하여 4미터짜리 버디 퍼트를 남겼는데 17번 그린 쪽에서 큰 함성소리가 들려왔다. 누군가 버디를 한 것이 틀림없었으므로 잭은 리더보드가 바뀔 때까지 기다려서 누가 버디를 한 것인지 확인하고 자기의 퍼팅을 하기로 결정했다. 리더보드는 밀러가 버디를 하여 두 선수 모두 잭에게 1타 차이로 따라오고 있다는 사실을 알려주었다. 잭은 안전하게 투 퍼트로 마무리한 후 상대 선수들의 플레이 결과에 따라 우승 또는 연장전에 가는 시나리오를 선택하였다. 18번 그린에서 밀러는 7미터짜리 버디 퍼트를 그리고 와이스코프는 2.5미터짜리 버디 퍼트를 남겼는데 누구 한 사람은 버디를 만들어 낼 확률이 높았다. 그러나 두 사람 모두 버디에 실패하며 잭이 우승을 하게 되었다. 잭의 메이저 13승이 기록되었고 다섯 번째 마스터스 우승이 이루어졌다.

시카고 근교의 메다이나 컨트리클럽Medinah Country Club에서 열린 US오픈에서는 마지막 세 홀을 연속 보기로 끝내며 2타 차로 연장전에 합류하지 못했고, 카누스티 골프 링크스에서 개최된 디오픈에서는 1타 차이로 톰 왓슨에게 우승을 넘겨주어야 했다.

1975년 마지막 메이저인 PGA 챔피언십은 오하이오 주의 파이어스톤 컨트리클럽Firestones Country Club의 사우스 코스에서 개최되었는데, 잭이 70-68-67-71타로 2위 브루스 크램톤에게 2타 차 우승을 차지하여 메이저 14승을 올렸고 1975년에 메이저 2승을 챙기게 되었다. 1975년은 잭의 선수 경력 중에서도 가장 성적이 좋았던 해이다. 20개의 대회에 참가하여 메이저 2승을 포함하여 6승을 올렸고, 톱10에 16회, 평균타수 69.87타, 상금왕, PGA 올해의 선수가 되는 영광을 누렸다. 1971년부터 1975년까지 참가했던 20번의 메이저 대회에서 잭은 우승 6회, 톱5 18회 그리고 20번 모두 톱10을 달성하는 발군의 성적을 보여주었다.

1978년 디오픈 우승

잭은 1976년에 마스터스 3위, US오픈 11위, 디오픈 2위, PGA 챔피언십 4위로 우승을 못했지만 꾸준히 상위권을 유지했고, 1977년에도 마스터스 2위, US오픈 10위, 디오픈 2위, PGA 챔피언십 3위의 성적으로 언제나 우승권을 위협하는 존재였다. 특히 1977년 턴베리 리조트^{Turnberry Resort}에서 열린 디오픈에서 우승자 톰 왓슨과의 대결은 '태양 속의 결투'라고 불릴 정도로 메이저 대회 역사상 가장 치열했던 매치 플레이 스타일의 우승 경쟁으로 평가받는다. 처음 두 라운드에서 똑같이 68-70타를 쳐서 공동 2위였던 두 선수는 3라운드에서 동반 플레이하며 다시 똑같은 65타를 쳐서 공동 선두가 되었고, 챔피언 조로 동반 플레이한 마지막 라운드에서 접전을 벌인 끝에 톰 왓슨 65타로 12언더파, 잭 니클라우스 66타로 11언더파가 되어 왓슨이 우승하였다. 3위 리 트레비노가 잭보다 11타나 뒤진 것만 봐도 두 선수의 경쟁이 얼마나 치열했는지 상상할 수 있다. 잭은 4월 마스터스에서 왓슨에게 2타 차로 패배하여 2위가 되었는데 또 다시 왓슨에게

1타 차이로 패배하며 디오픈 우승컵을 넘겨주었다.

지난 1977년의 4개 메이저 대회에서 두 번은 1타 차이로 패배하고 한 번은 2타 차이로 패배했지만 잭은 의기소침해하지 않았다. 골프는 단지 하나의 게임일 뿐이라는 생각이 잭을 편하게 해주었다. 언제나 잭의 승부욕을 자극하고 연습장으로 인도한 것은 승리가 아니라 패배였다. 골프 선수가 극복해야 할 가장 큰 적은 상대선수가 아니라 자기 자신과 골프코스임을 잭은 확신했다.

1978년 디오픈은 세인트 앤드루스 올드코스에서 열렸다. 처음 두 라운드에서 71-72타를 친 잭은 5언더파로 선두인 세베 발레스테로스, 벤 크렌쇼Ben Crenshaw, 이사오 아오끼Isao Aoki에게 4타 뒤지고 있었지만 세 번째 라운드에서 69타로 선두 톰 왓슨에게 1타 차이로 따라붙었다. 마지막 라운드의 18번 홀 티잉 그라운드에 도착했을 때 잭은 2타 차 선두를 지키고 있었고, 파만 하면 우승이 확정되는 상황이었다. 3번 우드 티샷으로 페어웨이 가운데를 지킨 잭이 그린을 향해 걸었고 3만 명이 넘는 관중들이 기립 박수를 보내기 시작하자 감동한 잭은 눈물을 흘렸다. 디오픈에서 언제나 잭의 캐디를 맡았던 지미 디킨슨Jimmy Dickinson이 아직 끝나지 않았으니 마음을 진정하라고 말했고, 평정심을 찾은 잭이 쉽게 파로 마무리하여 그의 세 번째 디오픈 우승컵을 품에 안았다. 메이저 15승이 완성되었고, 골프 역사상 최초로 커리어 그랜드 슬램을 3번 달성한 선수가 되었다.

돌아온 챔피언, 1980년 US오픈과 PGA 챔피언십

1979년은 잭이 프로가 된 이후 처음으로 우승 없이 마감한 시즌이다. 이
제 그의 선수 생활도 막바지인 것 같았다. 미디어에서도 그의 은퇴 가능
성을 거론하기 시작했다. 잭은 선수 생활을 계속할 것인지 아니면 은퇴를
해야 할 것인지 심각하게 고민하기 시작했다. 이제 40세가 되었고 돈도
충분히 벌었으며, 코스 디자인 등 다른 비즈니스도 많고, 가족들을 위해
서 할 일도 늘어나는 것을 생각하면 사실 이제 은퇴를 하는 타이밍이 맞
아 보였다. 다른 한편으로는 부인이 잭의 선수 생활을 계속 원하고, 아이
들도 성장하면서 골프에 관심이 점점 많아졌으며, 무엇보다도 체력적인
면에서 아직 젊은 선수들과 경쟁할 자신이 있는 데다 가장 중요한 것은
자신의 메이저 우승 기록을 후세의 선수들이 깨기 어렵도록 더 높이 쌓고
싶은 욕심이 있었다. 결국 잭은 선수 생활을 계속하기 위한 훈련에 들어
가기로 결심한다. 우선 골프 이외의 비즈니스 활동을 최소화하고 아침에
사무실에 갔다가 골프장으로 가던 습관을 아침에 골프장으로 먼저 가는
방식으로 바꿨다. 그리고 선생 잭 그라우트를 설득하여 자기 집 근처에
머무르도록 하였다.

　사실 1970년대 중반부터 잭은 자신의 샷이 조금씩 짧아지고 정확성도
떨어지기 시작하는 것을 알아챘고, 그로 인해 쇼트게임과 퍼팅에 대한 압
박감도 점점 커져갔다. 잭의 스윙은 변함없이 업라이트^{upright}했지만, 깊이

deep를 잃으면서 파워와 방향성이 모두 나빠졌었다. 깊이란 백스윙의 톱에서 손의 위치가 충분히 뒤쪽으로 멀어지는 것을 말한다. 벤 호건처럼 플랫flat한 스윙이면 자연히 깊은 스윙이 되는데 잭은 유연성이 떨어지면서 깊이를 잃었다. 따라서 자기의 스윙이 더 플랫해지고 더 깊어지도록 고치기 위한 훈련을 시작했다. 쇼트게임은 1930년대에 최고의 쇼트게임 플레이어로 명성을 날리던 폴 런얀Paul Runyan의 책 『The Short Way to Lower Scoring』을 구해서 읽으며 그의 방식을 연구했다. 슬럼프에 빠지면서 변형되었던 퍼팅도 1960년 초의 어드레스처럼 머리를 공보다 뒤에 두었고 오른손 바닥이 밀어치는 방법으로 돌아갔다. 강도 높은 훈련을 계속했지만 결과는 쉽게 좋아지지 않았다. 마스터스에서 33등, 바이런 넬슨 클래식에서 43등으로 성적이 나빴지만 잭은 인내심을 가지고 훈련을 계속하며 US오픈을 기다렸다.

1980년 US오픈은 뉴저지 주의 밸터스롤 골프클럽에서 개최되었다. 잭의 첫 라운드 스코어 63타는 US오픈 최저타 기록이었고 모두를 놀라게 하기에 충분했다. 그러나 아직 잭의 우승을 예상하는 사람들은 많지 않았다. 둘째 라운드에서 71타로 36홀 최저타 기록을 세우고, 셋째 라운드 70타로 54홀 최저타 기록을 갈아 치우며 공동 선두에 나서자 미디어와 팬들은 열광하기 시작했다. 아무도 예상하지 못했던 다른 공동선두는 일본의 이사오 아오끼였는데 그는 68-68-68타를 치며 잭과 공동선두가 되었고 마지막까지 치열한 우승경쟁을 펼쳤다. 네 번째 라운드에서 68타를 친 잭은 합계 8언더파 272타로 우승했고 네 라운드 모두 잭과 동반 플레이했던 일본의 이사오 아오끼가 2타 차이로 준우승을 했다. 잭의 네 번째 US오픈 우승이며 16번째 메이저 우승이었다. 신문에는 '잭 니클라우스는 역시 잭 니클라우스'라는 기사가 실렸다.

1980년 PGA 챔피언십은 뉴욕의 오크 힐 컨트리클럽^{Oak Hill Country Club}에서 열렸다. 코스가 특별히 어렵게 세팅되어서 이븐파인 280타면 우승이 무난할 것으로 전망되었다. 시합이 시작되기 전에 극도의 퍼팅 부진으로 고민하던 잭은 1967년 US오픈 우승 때 사용했다가 오래 전부터 박물관용으로 보관하던 불스 아이^{Bull's Eye White Fang} 퍼터를 꺼내어 백에 넣었다. 다행히 'White Fang' 퍼터는 잭을 실망시키지 않았다. 잭은 70-69-66-69타로 6언더파 274타가 되어 2위를 7타 차이로 누르고 우승하며 메이저 17승을 기록했다. 7타 차 우승은 PGA 챔피언십의 신기록이었고 그 기록은 2012년 로리 맥길로이가 8타 차 우승을 하면서 깨졌다. 대회 중 선수들의 평균 타수가 74.7타였으므로 잭의 68.6타가 얼마나 대단한 점수였는지 상상할 수 있다.

유종의 미, 1986년 마스터스 챔피언

1980년 2개의 메이저 대회에서 우승한 잭은 1981년 마스터스, 1982년 US오픈, 1983년 PGA 챔피언십에서 준우승을 했을 뿐 대체적으로 성적이 부진했다. 1984년에는 25년 만에 처음으로 4개 메이저 대회에서 톱10을 한 번도 달성하지 못했다. 1985년에는 마스터스 4위, US오픈에서 22년 만에 컷을 통과하지 못했고, 디오픈에서도 1962년 이래 처음으로 컷 탈락했으며 PGA 챔피언십에서 32위를 하며 이제 더 이상 마흔다섯 살의 잭에게 기대할 것이 없다는 미디어의 의견들이 대세를 이루었다. 잭의 비즈니스에 문제가 생긴 것도 슬럼프의 요인이었다. 그가 디자인한 골프코스의 프로젝트들이 계획대로 추진되지 않아서 재정적으로 큰 압박을 받고 있었으며 잭의 비즈니스 왕국이 몰락한다는 소문이 나돌기 시작했다.

그러나 잭은 마음속으로 아무것도 포기하지 않았다. 스윙을 점검하기 위해서 스승 그라우트를 찾아가서 문제점을 찾으려고 노력하였고, 몸의 유연성이 떨어지면서 손과 손목을 과도하게 사용하는 문제가 생긴 것을 알게 되었다. 그라우트는 처음 잭에게 골프를 가르칠 때에 강조했던 기본들을 다시 점검해주었고 특히 백스윙 시 손목을 너무 일찍 꺾지 말고 두 팔을 뻗어서 하늘을 찌르라고 가르쳤다. 스윙은 점차 예전의 느낌을 찾아갔고 칩샷의 테크닉도 치치 로드리게스Chi Chi Rodriguez가 가르쳐준 테크닉을 새로 연습하며 마스터스를 준비했다.

1986년 마스터스의 처음 세 라운드에서 74-71-69를 친 잭은 선두 그렉 노먼에게 4타 차이로 공동 9위였다. 잭의 위에는 그렉 노먼 이외에도 발레스테로스, 베른하트 랑거, 닉 프라이스, 톰 카이트, 톰 왓슨 등 기라성 같은 젊은 선수들이 선두를 위협하고 있었으므로 아무도 잭의 우승 가능성을 예상하지 않았다. 8번 홀까지 파 플레이를 하던 잭은 캐디로 나갔던 아들 재키Jackie에게 이제 더 이상 참고 기다릴 만한 여유가 없어졌다고 말하며 버디 퍼트가 기다리고 있는 9번 홀 그린으로 올라갔다. 재키와 퍼팅 그린을 읽는 동안 8번 그린에서 거대한 함성소리가 들려왔다. 잭은 뒤 조의 발레스테로스와 톰 카이트 중에서 누군가 이글을 했다는 사실을 짐작할 수 있었다. 막 퍼팅 자세를 잡는데 또 한 번 천둥 같은 함성이 들려오는 것을 듣고는 두 선수 모두 이글이라는 생각을 했는데 역시 두 선수가 모두 샷 이글을 기록했다. 잭은 4미터짜리 내리막 버디 퍼트를 성공시키며 추격을 시작했고 10번 홀에서 다시 8미터 버디 퍼트 그리고 11번 홀에서도 8미터 버디 퍼트를 성공시키며 3개 홀 연속 버디를 잡아냈다.

유명한 연못을 넘겨 치는 파3, 12번 홀에서 많은 챔피언들이 사라져 갔던 것을 아는 잭은 조심스럽게 7번 아이언 티샷을 했는데 그린 왼쪽으로 당겨져서 보기를 하고 말았다. 한창 달구어진 추격 무드에 찬물을 끼얹는 가슴 아픈 보기였지만 잭은 더 공격적으로 쳐야겠다는 생각을 하며 아들의 어깨를 잡고 13번 홀로 이동했다. 13번 홀에서 3번 우드로 완벽한 티샷을 한 후 3번 아이언으로 그린에 올려 4번째 버디에 성공했고, 14번 홀에서도 3번 우드 티샷 후 파를 잡아냈다. 파5, 15번 홀로 이동하면서 우승을 노리려면 이번 홀에서 꼭 이글을 해야 한다고 생각했다. 완벽한 티샷 후 4번 아이언 어프로치 샷이 홀보다 4미터 짧은 지점에 멈췄고, 잭은 과감한 퍼팅 스트로크로 이글을 성공시켰다. 16번 홀로 가면서 처음으로 리더보드를 보았는데 세베 발레스테로스만이 잭을 2타 앞섰을 뿐이었다. 파3, 16번 홀은 깃대까지 161미터였고, 6번 아이언 샷으로 80센티미터 거리에 붙여 다시 버디를 하면서 16번 홀까지 6언더파 토너먼트 합계 8언더파로 우승이 가능해 보였다.

17번 홀의 티샷을 준비하는 동안 15번 홀에서 함성소리가 들려오는데 약간의 신음소리가 섞여있었다. 세베가 두 번째 샷을 연못에 빠뜨린 것이었다. 잭의 두 번째 샷은 홀 왼쪽 3.5미터에 멈췄는데 잭은 그 퍼팅라인이 보이는 것보다 훨씬 더 15번 홀 연못 쪽으로 휜다는 것을 알고 있었고, 정확히 홀 가운데로 버디를 성공시켰다. 기적적인 역전 드라마가 펼쳐지는 마스터스의 리더보드는 잭이 1타 차 단독 선두가 되었다는 사실을 알려주고 있었다. 18번 홀의 티샷은 가장 자신 있는 3번 우드를 사용하여 페어웨이 가운데로 쳤고, 5번 아이언 어프로치 샷을 홀 13미터쯤 지나간 지점에 세워 버디 퍼트를 남긴 후 그린을 향해 걸어가는 잭에게 갤러리들의 환호가 그치지 않았다. 잭은 감동하여 눈물을 참을 수 없었다. 1972년 뮤어필드, 1978년 세인트 앤드루스, 1980년 밸터스롤의 US오픈에서 흘렸던 눈물이 생각났다. 감정을 가라앉히고 2퍼트로 파를 잡은 잭의 점수는 후반 9홀 30타, 18홀 65타로 9언더파 279타가 되어 클럽하우스 리더가 되었다. 이제 뒤에 따라오는 선수들의 점수를 기다려봐야 하는 상황이었는데, 마지막 조의 그렉 노먼이 14번 홀부터 17번 홀까지 네 홀 연속 버디를 잡고 잭과 동타가 되었다. 이제 18번 홀에서 파를 하면 연장전이고, 버디면 노먼의 승리, 만일 보기라면 잭의 우승이었는데 노먼이 그린을 놓치면서 그만 보기를 하고 말았다. 잭은 마흔여섯 살에 마스터스 6승째를 기록했고 그의 마지막 메이저 우승인 18번째 우승 기록을 달성하였다. 여섯 번의 우승 이외에도 톱5에 15회, 톱10에 22회나 들었고 이글을 24회, 버디 506회로 최다 횟수를 기록했던 잭만큼 마스터스에 강한 선수는 없었다.

잭이 1986년 마스터스 우승 때 사용했던 퍼터는 맥그리거에서 생산한 'Response ZT'라는 모델이었는데 헤드가 유난히 크고 가벼웠다. 처음 그 퍼터를 받아본 잭은 우스꽝스러운 퍼터라는 생각을 했었지만 몇 번 연습을 하면서 시합에 사용할 수 있겠다는 생각을 하게 되었다. 맥그리거는 그 퍼터를 2만 개밖에 팔지 못했었는데 잭의 우승 후 35만 개를 팔 수 있었다. 18회의 메이저 대회를 우승하는 동안 잭은 3개의 다른 퍼터들을 사용했다. Wizard 600(15회), Bulls Eye(2회) 그리고 마지막으로 사용한 맥그리거의 Response ZT였다.

잭은 1958년부터 1986년까지 두 번의 US 아마추어와 18번의 메이저 우승을 하는 동안 언제나 같은 3번 우드를 사용했다. 맥그리거가 생산한

'토미 아무어' 모델인데 헤드는 물론 감나무이다. 헤드는 여러 번 수리를 하여 사용했지만 가죽으로 된 그립은 1983년까지 한 번도 교체하지 않아서 미끄러워졌다. 결국 그립을 교체하게 되었는데 교체 후에는 전과 같은 느낌을 가질 수 없었다. 그럼에도 불구하고 그 3번 우드는 언제나 잭의 골프백 속에 남아있었고, 1986년 마스터스의 마지막 라운드 후반 9홀의 많은 홀에서 티샷을 했으며, 18번 홀에서 꼭 페어웨이를 지켜야 하는 순간 잭이 믿고 스윙했던 클럽이었다.

잭 니클라우스의 메이저 대회 기록들

잭은 1998년 마스터스에서 58세의 나이에 6위에 오른 것이 마지막 톱10이었다. 163번째 마지막 메이저 대회 출전은 2005년 세인트 앤드루스에서 열렸던 디오픈이었다. 골프의 발상지인 세인트 앤드루스에서 마지막 메이저 대회를 마감하는 것은 대부분의 위대한 챔피언들이 스스로 선택하기 때문이다. 그것은 챔피언들이 선택할 수 있는 가장 성스러운 은퇴식이다. 18번 홀의 페어웨이에 있는 스윌캔 브리지Swilcan Bridge를 건너던 잭은 다리 위에서 기자들에게 손을 흔들며 마지막 인사를 했다. 다리를 건너서 페어웨이의 공을 향해서 걷던 잭은 눈물을 닦았고 동반 플레이어였던 톰 왓슨도 그의 영웅을 보내며 울고 있었다.

골프 선수로서 잭은 최고의 볼 스트라이커가 아니었고 퍼팅의 귀재도 아니었다. 그러나 그는 최고의 코스 전략가였다. 어느 메이저 대회의 연습 라운드에서 잭의 드라이버가 계속 러프에 떨어졌다. 동반 선수가 샷에 문제가 생겼느냐고 묻자 잭은 이렇게 대답했다. "아니요, 샷에는 전혀 문제가 없습니다. 다만 러프에서 어떤 샷들이 가능한지 점검을 하고 있을 뿐입니다." 실수했을 경우에 대비한 대책을 미리 연구했던 잭은 경쟁자들보다 유리할 수밖에 없었다. 163회의 메이저 대회에 출전한 잭의 성적표를 보자.

- **154회 연속 출전**
- 우승　18회
- 준우승　19회
- 한 해 메이저 2승 5회 : 1963, 1966, 1972, 1975, 1980
- 3라운드 후 단독 선두였던 8회 모두 우승

- 톱3　46회
- 톱5　56회
- 톱10　73회

골프 역사가들로부터 잭 니클라우스가 골프 역사상 가장 위대한 골퍼로 인정받는 것은 당연할지도 모른다.

4

리 트레비노
Lee Trevino (1939~)

메이저 대회 6승 US오픈: 1968, 1971 │ 디오픈: 1971, 1972 │ PGA 챔피언십: 1974, 1984
PGA 투어 29승
시니어 투어 29승
라이더컵 미국대표선수 6회 1969,1971,1973,1975,1979,1981 │ 성적 17승 6무 7패
라이더컵 미국팀 캡틴 1회 1985
바든 트로피 5회 1970,1971,1972,1974,1980
명예의 전당 입회 1981

Super Mex

아버지가 누구인지 모르는 가난한 멕시코 이민자의 아들.

5살부터 목화밭에서 일해 돈을 벌어야 했던 아이.

8살에 일당 1.25달러의 캐디를 시작한 아이.

골프장의 모든 잡일을 하며 혼자서 골프를 배웠던 아이.

169센티미터의 작은 키와 검은 빛 피부의 무명 골퍼.

1968년 전성기의 잭 니클라우스를 누르고 프로 데뷔 첫 우승으로 US오픈 챔피언을

차지한 신데렐라.

서민과 노동자 계층 팬들의 응원을 받으며 메이저 6승을 달성한 천재 골퍼.

이것은 히스패닉 인종의 가장 위대한 골퍼가 된 인간 승리의 이야기이다.

아빠 없이 태어난 아이

리 트레비노는 1939년 12월 1일 텍사스 주 댈러스에서 태어났다. 어머니가 결혼을 안 하고 낳은 아들이기 때문에 어머니의 성 트레비노를 따라서 썼다. 멕시코 이민자인 외할아버지 조 트레비노Joe Trevino, 어머니와 함께 살았는데 외할아버지는 그의 아버지와 다름없었다. 농업 노동자로 막일을 해서 생활하는 그의 가정은 정말 가난해서 리도 5살 때부터 목화밭에서 일을 해야 했다. 그러다가 7살 때 가족 모두 목화농장을 떠나 대도시 댈러스로 이사를 했다. 할아버지가 근처 공동묘지의 관리인으로 일하게 되었기 때문이다. 새로 이사한 집은 외딴 판잣집이었는데 전기도 없고, 창문, 배관도 없었으며 내부에는 아무런 도배나 칠도 안 된 상태였다. 그래도 해바라기 꽃과 키 큰 목초에 둘러싸인 집은 작은 호수를 끼고 있어서 빨래나 목욕을 할 수 있었으며 호수에는 저녁식사용으로 필요한 물고기도 많이 살고 있었다. 가난했던 그의 가족은 젖소와 돼지를 키웠고 필요한 야채는 직접 심었으므로 밀가루, 설탕, 소금 이외에는 모든 것을 자급자족했다.

집에서 100미터쯤 떨어진 곳에는 댈러스 애슬레틱 클럽Dallas Atheletic Club의 7번 페어웨이가 있었다. 골프장의 넓은 잔디밭도 소를 키우는 목초라고 생각했던 리는 처음에 골프 치는 사람들을 보고 그것이 무엇을 하는 것인지 전혀 알 수 없었다. 사람들이 공을 치는 것을 알게 된 리는 골프장 안으로 들어가서 공을 찾기 시작했다. 어느 날 한 골퍼가 그 아이를 부르더니 주운 공들 중에서 5개를 집고 1달러를 주고 갔다. 리는 자기도 돈을 벌 수 있겠다고 생각하며 기뻐했다.

8살에 캐디가 되어

8살이 되면서 젓가락처럼 마른 리는 캐디가 되어 백을 메기 시작했다. 그는 나이 먹은 흑인 캐디들과 어울리면서 그날 번 돈을 모두 걸고 내기를 하고는 했다. 절대로 져서는 안 된다는 집념이 본능적인 승부사 기질을 배우게 했고 할아버지와 깜깜한 밤에 공동묘지에서 일하면서 담력을 키울 수 있었다. 공동묘지의 일이 처음에는 무서웠지만 할아버지는 리에게 이렇게 가르쳤다. "무서워하지 마라. 무슨 소리가 들리는 것은 네 발자국 소리가 메아리로 돌아오는 것이다." 얼마 후 어린 리는 한밤중에도 공동묘지의 구석구석을 혼자서 다닐 수 있는 담력을 가진 소년이 되었다.

할아버지는 키 160센티미터에 불과한 작은 체구였지만 지치지 않고 가난과 싸웠다. 어머니도 작고 뚱뚱했는데 할아버지와 마찬가지로 글을 읽을 줄도 쓸 줄도 몰랐다. 어쩌다가 동네 사람이 자기 집 청소를 시키기 위해 태우고 갔다가 다시 돌아오는 것이 어머니가 할 수 있는 일의 전부였다. 어머니를 돕기 위해서 리는 열심히 캐디를 했다. 9홀을 돌면 65센트를 받고, 18홀이면 1달러 25센트를 받았는데 운 좋은 날에는 팁도 받을 수 있었다. 어느 날 잘 치는 클럽 멤버의 캐디를 했는데 그의 점수가 아주 잘 나왔다. 그는 리에게 10달러짜리 지폐 한 장을 쥐어주었다. 그날 리는 이 세상에서 최고로 부자가 된 어린이였다. 그날의 기억을 평생 잊지 못한다는 리는 유명한 프로가 된 후 세계 어디에서 시합을 하든지 가장 후한 캐디비를 지불하는 프로골퍼가 되었다.

토요일이면 골프장에 130명이나 되는 캐디들이 모여서 기다렸는데 리는 언제나 단골 멤버가 찾아 주어서 쉽게 일을 받을 수 있었다. 어느 나이 먹은 멤버는 일요일 늦게 와서는 언제나 리를 캐디로 데리고 나갔다. 클럽하우스에서 보이지 않는 홀에 가면 리의 캐디비를 걸고 내기를 했는데 이기면 캐디비의 두 배를 받고, 지면 캐디비를 받지 못하는 'Double or Nothing'의 시합이었다. 어린 리는 언제나 두 배의 캐디비를 받을 수 있었다. 아마도 그 멤버는 리의 재능을 알아보고 그에게 골프 칠 기회를 주고 싶어 했을 것이다. 다른 캐디들과의 내기에서 이기기 위해 리는 열심히 연습했다. 캐디 하우스 뒤에 짧은 파3 홀 세 개가 있었는데 캐디들은 그곳에서 연습을 하고 내기를 하며 골프를 배워 나갔다. 리는 평생 동안 레슨을 받지 않고 혼자서 공치는 법을 깨우쳤으므로 그의 스윙은 아무도 흉내 낼 수 없는 이상한 모습이 되어갔다. 리가 캐디를 하는 골프장의 그린키퍼 쇼버Shawver에게는 리보다 네 살 더 먹은 아들 잭이 있었다. 잭은 아버지를 따라서 아주 어릴 적부터 골프를 쳤었는데 여덟 살의 리에게 항상

지는 것을 불가사의하게 생각하고 있었다. 어느 날 잭이 리를 3킬로쯤 떨어진 하디의 드라이빙 레인지^{Hardy's Driving Range}로 데리고 갔다. 맨발에 누더기 같은 옷을 걸친 여덟 살의 리가 공을 치기 시작했는데, 훗날 리가 일하게 되는 이 연습장의 주인 하디 그린우드^{Hardy Greenwood}는 리의 첫 모습을 보고 재능을 알아보았으며 계속 잊지 못하다가 다른 캐디들이 오면 리의 안부를 챙겨 묻고는 했다.

14살에 학교를 중퇴하고

14살이 되면서 리는 학교를 중퇴한다. 어머니가 이제 일해서 돈을 벌어오기를 바랐기 때문이다. 그는 글렌 레이크 골프클럽^{Glen Lakes Golf Club}의 그린키퍼 쇼버를 돕는 일을 시작했다. 몇 달 후 하디 그린우드가 사람을 보내서 리를 만나자고 했다. 하디는 리에게 자기의 레인지에서 공 줍는 일을 하는 것이 어떠냐고 제안했다. 리가 머뭇거리자 하디가 물었다. "평생 동안 골프장 잔디만 깎고 살래? 아니면 골프 선수가 될래? 나는 여덟 살 때 너처럼 공을 잘 치는 아이를 처음 봤다. 너는 반드시 훌륭한 골프 선수가 될 수 있어." 리는 결국 하디의 제안을 받아들여 연습장의 공 줍는 일을 시작했고, 시간이 날 때마다 자유롭게 연습을 할 수 있었다.

리의 주니어 골프 시합 경험은 딱 한 번뿐이었다. 하디가 달라스 타임즈 헤럴드Dallas Times Herald의 15세 이하 주니어 토너먼트에 신청을 했고, 골프 클럽 세트와 공도 준비해주었다. 리는 예선 첫날 77을 쳐서 본선 매치 플레이 자격을 받았다. 정규 코스의 18홀을 쳐본 것은 이때가 처음이었는데 77타라는 놀라운 점수를 기록한 것이다. 그리고 매치 플레이 첫 라운드에서 이겼지만 둘째 라운드에서 지고 탈락하고 말았다. 그렇게 16세까지 일만 하던 리는 어느 일요일에 일을 팽개치고 친구들과 야구를 하며 놀다가 화요일이 되어서야 출근을 했다. 하디는 리를 보고 화를 내며 소리 질렀다. "너 골프 선수 때려치우고 야구나 할래?" 힘든 일에 지쳐있던 리는 차라리 야구 선수가 된다고 대답하며 하디의 연습장을 떠나고 말았다. 그러나 리는 하디와 일하는 동안 이미 프로선수가 될만한 기초 실력을 쌓은 상태였다.

리는 17살이 되면서 해병대에 지원했다. 학교 교육이 부족해서 탈락될 것을 걱정했지만 다행히 입대가 허용되었다. 4개월 동안의 신병훈련소 생활은 리에게 가장 행복했던 기억이 되었다. 일해야 하는 걱정 없이 같은 나이 또래의 젊은이들과 어울려 보기는 처음이었기 때문이다. 훈련을 마친 후 오키나와로 배치되었는데 그의 담당업무는 배식당번이었다. 상병이 된 그는 상관을 찾아가서 보직을 변경해 줄 것을 요청했고, 그 상관은 리에게 잘 하는 스포츠가 있느냐고 물었다. 골프를 잘 친다고 대답한 리는 나머지 군 복무기간 18개월 동안 해병대 골프팀에 소속되어 일본과 필리핀 등으로 원정을 다니며 골프시합에 참가하는 행운을 가졌다. 그리고 1960년 11월 10일, 스물한 살의 리는 해병대에서 제대하여 댈러스로 돌아왔다.

제대 후 골프장 노동자로

제대 후 리가 할 수 있는 일은 골프장 노동자로 돌아가는 것뿐이었다. 그래서 글렌 레이크의 쇼버를 찾아가서 월급 250달러에 취직을 하고 새로운 골프코스를 건설하는 일을 돕게 되었다. 15살 때 하디와 일하면서 골프장을 만드는 방법을 배웠으므로 어렵지 않게 적응하여 일을 했다. 그러던 어느 날 하디로부터 만나자는 연락이 왔다. 오랜만에 만난 하디는 진지하게 물었다. "너 이제 스무 살이 넘었는데 평생 동안 노동만 하며 살 거야? 너는 위대한 골프 선수가 될 재능을 가졌어. 다시 한 번 내 연습장에서 밤에 일하고 낮에는 골프 연습을 하는 게 어때?" 하디의 제안을 곰곰이 생각하던 리는 결국 하디에게 돌아갔다. 리는 이 결심을 그가 평생 동안 가장 잘한 결정이라고 회고한다. 이때부터 리는 프로선수가 되어 그 지역 프로암Pro-Am 대회에서 플레이하기 시작했다. 하디는 자동차를 살 돈을 빌려주는 등 리가 본격적인 투어 선수가 될 준비를 시켰다.

하디의 연습장에서 차로 10분 정도 떨어진 곳에는 테니슨 파크Tenison Park라는 36홀의 골프장이 있었다. 큰 내기를 하는 부자들과 가난한 사람들

더 골퍼 • The Golfers

이 섞여서 플레이를 하면서도 한 가족처럼 화목하게 어울릴 수 있는 독특한 곳이었다. 테니슨 파크는 쉽고도 어려운 코스였다. 벙커는 한 개밖에 없지만 수천 그루의 피칸나무가 빽빽했고, 총 길이도 상당히 길어서 리가 연습을 하기에 적합했다. 이 코스는 리의 인생과 플레이 스타일에 큰 영향을 미친다. 그 곳에서 평생의 친구가 된 아놀드 샐리나스Arnold Salinas를 만났고, 그의 가족들을 자기 가족처럼 생각하게 되었다. 리가 테니슨에서 수천 달러의 내기를 하며 골프를 배웠다는 이야기도 있지만 그에게는 그렇게 큰 내기를 할 돈이 없었다. 고작해야 5달러짜리 내기를 했었는데 주머니에 1달러도 없이 내기를 하던 리에게 진다는 것은 상상할 수 없는 일이었다. 반드시 이겨야 한다는 압박감에 익숙하게 된 것도 프로골퍼가 되어 큰 승부에 강하게 된 계기가 되었다.

PGA Class A 프로가 되기 위해서

당시에는 PGA 투어에서 경기를 하려면 우선 PGA의 Class A 카드를 받아서 정식 멤버가 되는 것이 필수였다. Class A가 되려면 골프클럽의 프로로 최소한 5년을 근무해야 하는 긴 과정이 필요했다. 하디는 리를 2주 과정의 PGA Business School에 보내서 5년을 4년으로 단축시켜 주는 등 투어 선수가 되는 길을 관리해 주었다. 1965년 여름, 드디어 리가 Class A

카드를 받을 수 있는 자격 요건들을 모두 갖추게 되었다. 결혼 후 첫 딸이 태어나고 돈이 모자라서 쩔쩔매던 그에게 투어 선수가 되어 상금을 벌어오는 것만이 구원의 길이었다. 리는 PGA Class A 카드 신청서를 작성하여 하디에게 사인을 받으러 갔다. 고용주의 사인은 필수 사항으로 4년 동안 필요한 일을 했다는 증명이었다. 그러나 하디는 서류 서명을 거절했다. 그는 아직 리가 혼자서 골프 시합을 다니는 책임 있는 투어 선수가 되기에는 부족한 것들이 많다고 생각했다. 하디는 루이지애나에서 열리는 골프 시합에 다녀오라며 600달러를 주고는 사용 경비를 상세히 적어서 결과를 보고하도록 지시했다. 화가 난 리는 매일 밤늦게까지 술을 마시며 가져간 돈을 다 쓰고 형편없는 시합 결과를 가지고 돌아왔다. 이를 본 하디는 리가 아직은 혼자서 투어에 갈 정도로 성숙하지 않았다고 판단하여 계속 서명을 보류했고 화가 난 리는 하디의 연습장을 떠나고 말았다. 이로 인해 리가 Class A 카드를 받는 시간이 지연될 수밖에 없었다. 그때 이미 리의 골프 기량은 투어 선수와 겨룰 만큼 높은 수준에 올라와 있었는데 그렇게 발전할 수 있는 계기를 만들어 준 하디는 결국 리가 성공하는 모습을 보지 못한 채 헤어지게 되었다.

　어느 날 리는 하디를 따라서 쉐디 오크스 컨트리클럽Shady Oaks Country Club에 가게 되었다. 벤 호건이 은퇴 후에 혼자서 공을 치며 생활했던 골프장이 었는데 그날도 벤 호건은 혼자 연습 중이었다. 벤 호건이 공을 치면 캐디는 야구 글로브로 공을 잡아서 다시 가져오는데 놀랍게도 캐디는 움직이지도 않고 공들을 잡아내었다. 리는 벤 호건이 왼쪽에서 오른쪽으로 휘어지는 페이드 구질의 공을 치는 것을 발견했다. 그때까지만 해도 리는 모든 공을 오른쪽에서 왼쪽으로 휘게 하고 많이 구르는 드로우 구질의 공만 쳤었는데 자기도 벤 호건처럼 페이드 구질의 공을 쳐야 한다고 믿게 되었다. 연습장으로 돌아온 리는 페이드를 칠 수 있는 자기만의 스윙을 연구하여 믿고 칠 수 있는 페이드 샷을 완성하게 되었는데 그의 스윙은 스웨이가 많이 되는 부자연스러운 모습으로 굳어졌다. 벤 호건은 페이드 구질의 공을 치기 위해서 그립을 바꾸었는데 그립의 비밀을 알 수 없었던 리는 스윙을 바꿔서 같은 결과를 얻어냈으니 두 사람 모두 천재인 것은 분명하다.

내기 골프의 달인

직업도 없고 돈도 없는 리는 날마다 테니슨 파크 골프클럽에 가서 연습공을 치며 시간을 보냈는데 어떤 날은 2,000개의 공을 치기도 했다. 어느 날 리와 나이가 비슷한 빌 그레이Bill Gray가 제안을 했다. 빌은 테니슨 파크에서 몇 년 동안 알고 지내던 젊은이로 타고난 내기꾼이었다. "내가 비용을 전부 댈 테니 휴스턴에서 열리는 텍사스 오픈에 참가하자. 상금을 타면 네가 60%를 가지고 내가 40%를 가지마." 리에게는 마다할 이유가 없는 제안이었으므로 빌과 함께 휴스턴으로 갔다. 리의 플레이는 역시 강자다운 결과를 만들어냈고 연장전에서 워튼을 물리치며 우승하여 상금 1,000달러를 벌었다. 그리고 11월에 열리는 멕시코 오픈에 초대되었다. 빌에게서 600달러를 받은 리는 행복했다.

멕시코 오픈을 기다리는 동안 엘 파소에 있는 마틴 레터닉^{Martin Lettunich}이라는 사람이 리를 찾아 전화를 해왔다. 그는 엘 파소에서 잘 알려진 부자이며 내기꾼이었고 훗날 리의 후원자가 된다. 마틴은 누군가 잘 알려지지 않은 실력 있는 골퍼를 찾고 있었는데 유명한 골퍼들과 내기 골프를 두 라운드 쳐주면 항공비, 체재비 부담은 물론이고 300달러를 주겠다고 했다. 돈이 필요한 리로서는 거절할 수 없는 제안이었다. 엘 파소에 도착한 리는 호라이즌 힐스 컨트리클럽^{Horizon Hills Country Club}으로 안내되어 마틴과 만났다. 리는 자기의 골프백에 쓰여진 이름 'Lee Tervino'를 가장 자랑스러워했는데 이 골프백을 본 마틴은 골프장 창고에 가서 가장 낡은 백을 찾아와서는 그것과 교체하도록 했다. 허름한 옷차림에 낡은 신발과 헌 골프백을 본 마틴은 만족스러워했다. 리의 상대 선수들은 PGA 투어 선수로 활약한 경험이 있었는데 리의 골프백과 옷차림을 보고는 자기들의 적수라는 생각을 안 하는 눈치였다.

내기 골프 두 라운드에서 65-67을 친 리는 마틴이 걸었던 큰 내기들을 모두 이길 수 있게 해주었다. 현금 300달러를 받아서 댈러스로 돌아온 리는 집에도 못 들리고 바로 멕시코 오픈으로 향했다. 시합 결과는 대성공이었다. 2등을 하여 상금 2,100달러를 받은 것이다. 자기의 몫 60%를 챙긴 리는 이제 모든 일이 잘 풀린다는 느낌을 가지게 되었다. 자신감을 얻은 리와 빌은 파나마, 카라카스, 보고타를 방문하는 시합계획을 짜고 남미를 방문했지만, 빌의 낭비벽으로 받았던 상금을 모두 탕진하고 무일푼으로 집에 돌아와야 했다.

그리고 마틴이 다시 전화를 해왔다. 또 내기 골프를 쳐줘야겠는데 직업도 없이 댈러스에 살지 말고 엘 파소로 이사 오면 직업도 구해주고 걱정 없이 살게 해준다는 것이었다. 1966년 2월, 리는 가족을 데리고 엘 파소로 향했다. 주머니에는 전 재산 50달러가 남아있었다. 마틴은 트레일러 집을 구해주었고 호라이즌 힐스 골프클럽에서 일할 수 있도록 주선해주었다. Class A가 필요한 리에게 골프장에서 일하는 것은 그가 택할 수 있는 유일한 희망이었다. 리의 일은 새벽에 나와서 골프숍을 열고 9시 30분까지 일한 후 해가 지면 다시 골프숍을 닫는 것이었다. 주당 30달러의 적은 봉급이지만 충분한 연습시간이 주어진 그는 만족스러웠다. 그러던 중 다른 클럽의 어떤 프로가 리의 사정을 PGA에 문의하여 하디의 사인이 없이도 경력을 인정받을 수 있는 방법을 찾아주었고, 1967년 5월이 되면 PGA Class A카드를 받을 수 있다는 확인을 받게 되었다. 엘 파소에는 훗날 'Lee Trevino Drive'라는 길이 만들어져 리 트레비노의 업적을 기념하게 된다.

그 해 가을, 테니슨 파크의 가장 큰 내기꾼인 패트 미키Fat Mickey가 찾아와서 레이몬드 플로이드Raymond Floyd라는 선수와 내기 골프를 쳐 보라고 제안했다. 리보다 3살이 어린 레이몬드는 1963년 21세에 이미 PGA 투어에서 첫 우승을 하였고 훗날 메이저 대회 4회 우승을 달성하게 되는 위대한 골퍼이다. 20대 초반의 레이몬드는 내기를 좋아하는 골퍼였고 주위의 많은 사람들을 내기에 끌어들일 수 있었으므로 리도 동의하게 되었다. 단 장소가 자기의 홈 코스인 호라이즌 힐스 골프클럽에서 플레이해야 한다는 조건을 붙였고 레이몬드가 그 조건을 받아들였다. 해안 골프장에서는 그린의 모든 브레이크가 바다를 향하고, 산악 코스에서는 가장 높은 산의 반대로 브레이크하는 쉬운 논리이지만 호라이즌 힐스와 같은 사막 코스의 그린은 일정한 방향이 없어서 가장 읽기 어렵다. 이런 코스에서는 그린의 구석구석을 알고 있는 홈 코스 선수가 절대적으로 유리하다.

이틀 후 레이몬드가 번쩍이는 흰색 캐딜락을 타고 클럽하우스에 도착했다. 리는 그의 골프백을 받아서 라커룸으로 가져간 뒤 그의 구두를 꺼내어 깨끗이 닦아 놓았다. 라커룸에 들어 온 레이몬드와 리가 대화했다. "오늘 내가 플레이하게 될 상대는 누구인가요?" "바로 접니다." "여기서 뭐하는 사람입니까? 프로입니까?" "네. 카트도 정비하고 멤버들의 클럽도 정리하고 구두도 닦아주고 프로 일도 합니다." 레이몬드는 뭔가 이상하다는 표정을 지으며 식당으로 갔다. 티오프 타임이 가까워오면서 점점 더 많은 사람들이 모였고 수많은 100달러짜리 지폐들이 내기에 걸리면서 리도 긴장하지 않을 수 없었다. 첫날 레이몬드 67, 리 65의 점수로 리가 승리하자 레이몬드는 9홀을 더 칠 것을 제안했다. 리가 골프 카트를 정리하고 멤버들의 골프클럽을 닦아야 하므로 더 이상 칠 수 없다고 대답하자 레이몬드는 자기가 골프장 잡역부에게 진 것을 믿을 수 없어 했다. 다음 날 2차전에서 레이몬드 66, 리 65타로 또 다시 패배한 레이몬드는 3차전에서 18번 홀의 이글로 1타 차 역전승을 챙긴 후에야 클럽을 떠나면서 말했다. "리에게 이기는 것은 PGA 투어에서 우승하는 것보다 더 어렵다." 레이몬드와 리는 훗날 PGA 투어에서 만나 승부를 겨루게 되었고, 이날의 내기 골프를 떠올리며 농담을 나누는 친구가 되었다.

인생의 전환점 US오픈 참가

리가 처음으로 참가한 1966년 US오픈은 샌프란시스코의 올림픽 클럽에서 열렸다. 마지막 라운드에서 4홀을 남기고 5타 차 리드를 지키던 아놀드 파머가 빌리 캐스퍼에게 연장전을 허용하여 역전패를 당한 것으로 유명한 경기였다. 리는 1차, 2차 예선을 모두 통과하여 첫 출전의 기회를 잡았다. 그렇게 잘 다듬어진 명문 코스에서는 처음 쳐보게 되었는데 특히 페어웨이 양쪽에 길러진 긴 러프는 생전 처음으로 경험하는 긴 풀밭이었다. 이제까지 리가 연습을 해 온 동네 골프장들에는 그런 러프가 없어서 처음에는 러프에 공이 들어갔을 때 어떻게 쳐야 할지 전혀 감을 잡을 수 없었다. 그래서 다른 선수들이 어떻게 치는지를 유심히 보았는데 키가 큰 선수들이 수직에 가까운 스윙으로 공을 쳐내는 모습이 경이로웠다. 키가 작은 리로서는 키 큰 선수들의 수직스윙을 따라가기 어려웠다. US오픈 시합 코스의 세팅이 언제나 그런 긴 러프로 조성된다면 자기에게는 영원히 우승의 기회가 없을 것이라고 생각했다. 그럼에도 불구하고 그는 컷을 통과하고 54위로 600달러의 상금을 받았다.

1967년에는 뉴저지의 밸터스롤 골프클럽에서 US오픈이 열리게 되었는데 1966년 대회에서 US오픈 코스의 어려움을 경험한 리는 자기가 우승할 수 있는 대회가 아니라고 생각했다. USGA가 리에게 US오픈 참가신청서를 보내왔지만 그는 팽개쳐놓았다. 하지만 리도 모르는 사이에 부인이 참가비 20달러를 동봉하여 참가신청서를 보냈다. 1차 예선 36홀에서 134타로 전 미국에서 최저타를 쳤고, 2차 예선에서 2위로 통과하여 본선 진출이 확정되었다. 주위 사람들은 흥분하여 400달러의 후원금을 모금하여 전달하면서 선전을 기원해 주었다. 뉴저지로 떠나는 리의 골프백 속에는 골프 클럽이 12개뿐이었다. 다른 선수들처럼 1번, 2번 아이언을 자신 있게 칠 수 없었으므로 백에 넣지 않았기 때문이다.

뉴저지의 뉴어크 공항에 도착한 리는 택시 운전수에게 사정을 설명하여 골프장 근처의 가장 저렴한 모텔을 구했다. 양복이 없었던 리는 저녁

식사를 매일 같은 중국식당에서 먹었다. 양복 없이 식사를 할 수 있는 유일한 식당이었기 때문이다. 1895년에 오픈한 미국 최고의 명문클럽 밸터스롤에 도착한 첫날 골프클럽의 식당에 들어갈 때에도 양복을 빌려 입어야 했으니 텍사스 촌뜨기의 마음이 얼마나 위축되었을지 가히 짐작이 된다. 연습 라운드를 위해 1번 티잉 그라운드에 갔을 때 "Play one ball only"라는 사인보드가 세워져 있었다. 공식 연습 라운드에서는 연습 중에 한 개의 볼만 칠 수 있다는 사인이었다. 리는 그 뜻을 오해하여 만일 연습 중에 공을 잃어버리면 어떻게 하느냐고 물었고, 경기위원은 웃으며 다른 공을 치면 된다고 알려주었다.

리의 캐디로 지정된 사람은 잭 더피Jack Duffy였는데 그는 40대 중반의 아일랜드 출신이었고 골프를 잘 아는 경험 많은 베테랑 캐디였다. 1976년까지 USGA는 선수들의 캐디를 추첨으로 정해주는 방식으로 운영했다. 잭은 리의 이름을 부르며 찾아 다녔다. 리를 처음 본 잭은 작은 체구와 14개도 못 채운 골프 클럽, 허름한 옷차림에 실망하는 표정이었지만 연습 라운드가 계속되면서 신바람을 내기 시작했다. 첫 연습 라운드에서 68타를 치자 언제나 스무 발자국쯤 뒤에서 느릿하게 따라오던 잭이 두 번째 연습 라운드에서는 열 발자국쯤 뒤로 따라왔고, 다시 70타를 치자 세 번째 라운드부터는 리보다 앞서서 걷기 시작하였다. 마지막 연습 라운드가 끝났을 때 리의 점수는 4라운드 합계 280타였고 우승까지 가능한 성적이었다. 잭은 리가 아놀드 파머와 잭 니클라우스를 모두 이길 수 있다고 힘주어

말하며 자신감을 주었다.

시합이 시작되었고 처음 세 라운드에서 리는 72-70-71의 점수로 공동 선두인 니클라우스, 파머, 빌 캐스퍼에 3타 뒤지고 있었다. 마지막 라운드에서 11번, 12번 홀의 연속 버디 후 리의 이름이 리더보드에 나타났고 따라오는 갤러리의 숫자도 늘어났다. 그러나 그는 14번, 15번 홀에서 연속 3퍼트 보기를 범하면서 우승 경쟁에서 밀려났고 총 283타로 5위를 하여 생애 최고의 상금인 6,000달러를 받았다. 이 대회에서는 잭 니클라우스가 275타로 US오픈 최저타의 기록을 세우며 우승했다. 무명 선수에게 5위는 좋은 성적이었고 미디어와 다른 투어 선수들도 리에게 관심을 가지게 되었다. 정식으로 PGA Class A 카드를 받아서 투어 선수가 된 후 첫 시합이었던 이번 US오픈에서 그의 성적은 만족스러웠다. 그날 저녁 텍사스 집을 지키며 기다리던 부인과 전화하며 두 사람은 모두 울고 있었다. 그날이 리의 인생을 새로운 방향으로 돌려놓는 전환점이었다.

PGA 루키

시합이 끝난 후 PGA 경기임원이 찾아와서 다음 주 열리는 클리블랜드 시합의 참가를 원하는지 그리고 PGA Class A 카드가 있는지 물어왔다. PGA Class A 카드만 있으면 대회 주최 측에서 리의 참가를 원하고 있다는 것이었다. 사기가 올라있던 리는 바로 참가를 약속하고 비행기 표를 바꾸어 클리블랜드로 날아갔다. 문제는 주머니 속에 돈이 한 푼도 남지 않아서 호텔도 겨우 들어갔고, 부인이 대회 참가비 50달러를 가지고 올 때까지 호텔에서 기다려야 했다. 시합이 시작되어 금요일의 두 번째 라운드를 돌고 있던 리가 16번 홀에서 예상 커트 점수를 확인했다. 4오버쯤이라는 대답이었고 리는 2언더파의 좋은 성적이었다. 리는 갑자기 오른 쪽 OB지역으로 3개의 볼을 날려 보내어 커트에 탈락하는 점수를 만들어서 시합을 포기하였고 부인과 공항으로 달려가서 엘 파소의 집으로 돌아가고 말았다. 주말에 친구들이 기다리는 집으로 돌아가 축하파티를 하고 싶은 마음을 참을 수가 없었던 것이다.

1967년에 본격적인 PGA 투어의 선수 생활을 시작한 리는 그 해에 13개 시합에 출전하여 26,472달러의 상금을 획득하고 상금랭킹 45위가 되어 상금 60위까지 해당되었던 다음 해 US오픈 자동출전권을 받았다. 또한 신인왕 'Rookie of the year'로 선정되는 명예를 얻었다. 그러나 골프 미디어나 동료 선수들은 아무도 이상한 스윙을 하는 리를 주목하지 않았다.

1968년 US오픈 챔피언

1968년 시즌이 시작되었고 리는 뉴욕의 웨스트체스터에서 열리는 PGA

투어 대회에 참가하게 되었다. 처음 두 라운드를 66세의 골프영웅 진 사라센과 함께 플레이하는 영광을 누렸는데 사라센은 리에게 관심이 많았고 무척 친절했다. 67-67타를 친 후 기자들과 만난 자리에서 사라센이 말했다. "나는 지난 두 라운드 동안 미래의 슈퍼스타가 될 젊은이와 플레이했습니다. 여러분들은 앞으로 리 트레비노라는 이름을 수없이 듣고 또 쓰게 될 것입니다. 그는 메이저 대회들을 포함하여 많은 우승컵들을 들어올릴 것입니다." 사라센의 예언은 정확했다.

1968년 US오픈은 뉴욕 로체스터의 오크 힐 컨트리클럽에서 열렸다. 시합 전에 리는 폴 커쳐Paul Kircher라는 사람으로부터 편지를 받았는데 US오픈 기간 중 자기의 집에 머무르며 시합을 하면 어떻겠느냐는 제안이었다. 커쳐와 그의 아이들은 리가 투어의 신인이기 때문에 비용을 절약하는 데 도움을 주기 위해서 그를 초대한 것이었다. 커쳐의 집에 도착한 리는 온 가족이 환영하면서 친절하게 배려해주자 자기 집처럼 마음이 편안해졌다.

시합이 열리기 전, 휴스턴과 애틀란타에서 연속 2위를 했던 리의 컨디션은 상승세에 있었다. 친구 데니스가 지금 쓰고 있는 토미 아무어Tommy Armour 퍼터를 만들어 주면서 그 퍼터로 꼭 US오픈의 챔피언이 될 것이라고 했던 말도 생생히 기억났다. 리에게 배정된 캐디는 케빈 퀸Kevin Quinn이라는 18세의 대학생이었는데 예의가 바르고 오크 힐에서 4년 동안 캐디로 일한 경험이 있었다. 연습 라운드를 하며 두 사람은 곧 형제 같은 팀워크를 보여주었고 리의 마음은 안정되었다.

첫 라운드와 두 번째 라운드에서 69-68타 3언더파로 출발한 리는 선두 버트 얀시[Bert Yancey]에게 1타 뒤진 2위였다. 리의 드라이버 샷은 언제나 페어웨이를 지켰고 그의 칩샷과 퍼팅도 최고의 컨디션이었다. 세 번째 라운드는 얀시와 한 조로 플레이하였는데 리 69타, 얀시 68타를 쳐서 선두를 지킨 얀시와의 차이는 2타가 되었다. 마지막 라운드에 리는 검정색 바지에 빨간 셔츠, 빨간 양말을 신고 출전했는데 이 조합은 오랫동안 그의 마지막 라운드 의상이 되었다. 미디어 기자들이 아직도 어울리지 않는 옷차림의 무명선수 리의 우승을 기대하지 않았던 것은 그가 어떤 어려움들을 이겨내면서 그 자리까지 오게 됐는지를 모르기 때문이었다. 마지막 라운드의 조 편성은 리와 얀시가 챔피언 조로 플레이하게 되었고 그 앞 조에 잭 니클라우스, 뒤 조에 중위권인 아놀드 파머가 따라오게 되었다. 보통은 챔피언 조가 마지막 조가 되지만 아놀드 파머의 인기가 하늘을 찌르던 시기여서 USGA가 특별한 조 편성을 했던 것이다.

마지막 라운드의 첫 홀을 보기로 출발한 리는 3타 차로 뒤지게 되었지만 나머지 17홀을 2언더로 끝내게 될 줄은 아무도 예측하지 못했다. 언더파를 치기에 오크힐은 너무나 어려운 골프장이었다. 얀시가 실수를 계속하는 동안 리는 버디를 잡아 나갔고 14번 홀에서 이미 5타를 앞서게 되었다. 짧은 파3인 15번 홀에서 리가 캐디에게 티샷의 클럽 선택을 물었다. 캐디는 5번 아이언을 제안했으나 리가 보기에는 8번이나 9번의 거리였다. 전날에는 5번 아이언을 쳤지만 티 마크가 앞으로 당겨져 있고 뒷바람이 있는 것을 캐디가 깜빡 잊고 있었다. 캐디가 선수보다 더 긴장하고 있다는 증거였다. 8번 아이언을 선택한 리의 샷은 길어 보였지만 깃대를 맞추고 5미터 거리에 멈추어서 파를 세이브할 수 있었다. 리는 처음으로 스코어 보드를 확인하고 5타 차 선두인 것을 발견하면서 자기가 우승을 할 수도 있겠다는 생각을 하게 되었다. 16번 홀에서 2미터의 파 퍼트, 17번 홀에서 6미터의 파 퍼트를 토미 아무어 퍼터로 연속 성공시킨 후 18번 홀에 도착했다. 떨리는 티샷을 긴 러프 속으로 쳐서 샌드웨지로 페어웨이에 빠져 나오려고 했을 때 캐디가 말했다. "마지막 홀에서 그린 공략을 포기한 챔피언으로 기억되고 싶습니까?" 이 말을 들은 리는 6번 아이언으로 그린을 향해서 힘껏 휘둘렀지만 공은 얼마 못나가고 다시 러프에 서고 말았다. 화가 난 리는 샌드웨지를 잡고 있는 힘을 다해서 휘둘렀다. 공은 러프를 빠져나가서 그린을 향하여 날아가더니 깃대 바로 옆에 멈추었다. 69-68-69-69, 합계 275타 5언더파의 성적으로 US오픈 챔피언이 되는 순간이었다. US오픈 역사상 4라운드를 모두 언더파 그리고 60대의 점수로 끝낸 최초의 선수가 되었으며 1967년 니클라우스가 세웠던 최저 타수 기록과 같은 점수였다. 생애 최초의 PGA 투어 우승이며 메이저 우승이었다. 당시 최강이던 니클라우스가 66타를 치며 따라왔지만 4타 차이로 2위를 했다. 파머도 일부러 찾아와서 포옹하며 축하해주었다.

리는 시상식이 준비되는 20분 동안 흥분을 가라앉히려고 노력했다. 우승 트로피와 상금 30,000달러, 평생 동안 US오픈에 출전할 수 있는 자격을 받았다(현재는 우승 다음 해부터 5년간만 자동출전권이 주어진다). 오크힐의 우승이 우연이 아님을 증명할 수 있는 기회를 받은 것이다. 메이저 대회에서 1회만 우승하는 것은 우연일 수 있으므로 최소한 2회 이상 우승을 해야 진정한 메이저 챔피언으로 인정받을 수 있다는 말이 있다. 이번 우승은 리가 메이저 6회 우승을 한 진정한 챔피언임을 증명하는 첫걸음이었다. 우승으로 인해 리가 얻은 가장 중요한 것은 상금이나 우승컵이 아닌 자신감이었다. US오픈 우승 이후 다른 토너먼트는 쉬워 보였다. 그는 다음 해부터 PGA 투어에서 28승을 추가로 달성했다.

US오픈 우승 후 미디어에서는 그의 이름을 리보다는 트레비노라고 불렀고 리의 인생은 너무나 급격히 변하였다. 갑자기 큰돈과 사치스러운 생활의 문이 열리게 된 것이다. 많은 사람들이 리의 매니저가 되기를 원했는데 그는 버키 워이Bucky Woy와 매니지먼트 계약을 맺었다. 버키가 모든 광고 계약을 대행하여 성사시키고 투어 상금을 제외한 광고 계약금액의 15퍼센트를 가져가는 계약이었다. 버키는 멕시코 이민 2세인 리의 판촉용 별명을 'Super Mex'라고 만들어 주었고 그 이후 팬들은 그를 Super Mex라고 부르게 되었다. 리에게는 상징적 로고도 필요했다. 아놀드 파머의 우산이나 니클라우스의 골든 베어와 비교할 수 있는 로고로서 멕시코의 상징인 '솜브레로(멕시코에서 쓰는 챙 넓은 둥근 펠트모자)'를 선택했다. 버키는 Faultless Golf, 닥터페퍼 드링크, 닷지 자동차, 바이엘 아스피린 등의 회사들과 스폰서 계약을 맺고 큰돈을 벌어들였다.

마스터스와의 악연

리는 메이저 대회에서 총 6승을 거두었지만 유독 마스터스에서는 우승을 하지 못함으로써 그랜드 슬램의 기회를 놓쳤다. 마스터스 대회와는 미디어를 통한 충돌이 자주 있었는데 심리적 거부감을 가졌던 리는 훗날 이런 일들을 크게 후회했다. 1969년 마스터스에서 19위의 성적을 거뒀던 리는 다음 주에 열린 다른 대회의 라커룸에서 흑인 투어 선수 찰리 시포드^{Charlie Sifford}와 마스터스의 선수 초대 정책에 대해서 대화하고 있었다. 찰리는 자기가 초청받지 못하는 것을 불평했고, 리도 마스터스 대회를 좋아하지 않으며 다시는 출전하지 않겠다고 맞장구를 쳤다. 이 대화를 우연히 엿들은 어떤 골프기자가 대화 내용을 신문에 게재했고, 마스터스 대회의 회장인 클리포드 로버츠가 유감의 뜻을 밝혔다. 그럼에도 불구하고 마스터스에서는 1970년 대회에 리를 초청했지만 그는 최고의 전성기였던 1970년, 1971년의 시합을 거부했다. 리는 훗날 이 사건을 그의 골프 경력 중 최대의 실수였다고 회고했다.

1971년, 잭 니클라우스는 리에게 이렇게 말했다. "리, 너는 네가 얼마나 위대한 선수인지 잘 모르는 것 같아. 너는 어느 대회든지 우승할 능력이 있어." 평소 라이벌이면서도 우상으로 생각해 온 니클라우스의 말을 되새기면서 리는 마스터스에 출전할 것을 결심한다. 하지만 다음 해에 마스터스 시합에 출전한 리는 캐디의 입장권 문제로 대회 운영위원들과 마찰이 생겼고 마스터스 최고의 권력자였던 클리포드 로버츠와도 좋은 관계를 맺지 못했다. 당시 골프 선수든 미디어의 기자든 누구나 마스터스에 대해서 비판을 하거나 클리포드와 마찰을 일으키는 것을 피하려고 했다. 마스터스 출전을 위한 초대장이나 기자를 위한 입장권을 받기 위해서였다. 누구도 리처럼 공개적으로 마스터스에 대한 불만을 말하는 사람은 없었다. 오거스타 내셔널 골프클럽의 전통적인 인종 차별 정책도 그의 심기를 불편하게 만들었다. 리는 클럽하우스에 들어가는 것을 불편하게 생각하여 차에서 골프화를 갈아신고 코스로 가고는 했다.

리는 마스터스가 열리는 오거스타 내셔널 골프클럽의 코스 디자인에 대해서 불만이 있었다. 첫째 러프가 없어서 샷의 정확성을 보상받지 못하고, 둘째 오르막을 향해서 티샷을 하는 홀들이 많아서 장타자에게 유리하고, 셋째 왼쪽으로 휘어있는 홀들이 많아서 왼쪽으로 휘어지는 드로우 구질의 공을 치는 선수에게 유리하고, 넷째 그린들의 구조가 왼쪽이 높은 홀들이 많아서 다시 한 번 드로우나 훅을 치는 선수에게 유리하다는 것이었다. 결국 리는 마스터스에 17번 참가하여 10위에 두 번 올랐을 뿐 초라한 성적을 가지고 은퇴하게 된다. 그러나 마스터스에서의 실패는 그의 심리적 위축과 자신감의 부족이 원인이었을 뿐이고, 리는 마스터스를 우승할만한 충분한 기량을 가지고 있었다고 평가받고 있다.

1971년 US오픈 챔피언

1969년은 상금순위 7위로 시즌을 마감했으며, 1970년에는 157,037달러의 상금을 벌어서 상금랭킹 1위에 올랐고 시즌 최저 평균타수를 친 선수에게 주는 바든 트로피Vardon Trophy를 받았다. 리는 총 5회의 바든 트로피를 수상한 경력이 있다.

1971년 US오픈은 펜실베이니아의 메리온 골프클럽Merion Golf Club에서 열렸다. "US오픈에서 한 번의 우승은 누구에게나 가능하다. 그러나 두 번 우승하는 선수는 정말 위대한 선수다"라고 말한 월터 하겐을 생각하며 대회 장소에 도착했다. 1970년 말부터 슬럼프에 빠져있던 리는 몇 주 전부터 샷의 감이 살아나기 시작했고 연습 라운드를 한 후 자신감을 가질 수 있었다. 메리온 골프클럽은 6,000미터가 채 안 되는 짧은 코스이며 러프가 길고 그린이 작아서 정확한 샷을 하는 선수에게 유리했다. 비가 많이 와서 소프트해진 그린은 낮은 공을 치는 리도 공을 세울 수 있는 상태여서 크게 도움이 되었다. 키가 작아서 낮은 스윙Flat swing을 하는 리는 다른 선수들처럼 높은 공을 치지 못했다.

리는 2라운드까지 70-72타를 쳐서 선두에 4타 뒤졌고 10위권 밖이었지만 우승 경쟁이 가능한 차이였다. 3라운드에서 69타를 쳐서 깜짝 선두였던 아마추어 짐 시몬스에 4타 차 그리고 2위의 잭 니클라우스에게 2타 차이로 따라가게 되었다. 마지막 라운드에서 선두였던 아마추어 시몬스가 무너지는 사이에 리는 니클라우스와 우승 경쟁을 하였고, 17번 홀에서 1타 차 리드를 잡게 되었다. 메리온의 18번 홀은 418미터, 파4로 가장 어려운 홀이었다. 티샷을 왼쪽 세미러프에 빠뜨리고 클럽 선택을 고민하는 사이 17번 홀에서 큰 함성소리가 들려왔다. 잭 니클라우스가 어려운 파 퍼팅을 성공시킨 것이었다. 리는 점점 더 긴장했고 3번 우드를 쳤으나 그린을 넘겼고, 칩샷 후에 2미터 파 퍼트를 실패하여 69타로 끝이 났다.

　이제 우승의 향방은 잭 니클라우스의 손에 달려있었다. 버디면 니클라우스의 우승, 파면 연장전, 보기면 리의 우승이었다. 경기를 끝낸 리는 라커룸으로 들어가서 마지막 홀의 보기를 자책하며 고개를 숙이고 있었다. 굳이 잭 니클라우스의 경기를 보지 않아도 관중들의 신음이나 함성으로 경기 상황을 알 수 있었다. 티샷을 페어웨이 한가운데로 친 니클라우스는 두 번째 샷을 4미터에 붙이고 버디 퍼트를 했으나 실패하였고, 결국 다음날 18홀의 연장전으로 승부를 가리게 되었다.

　4라운드 후 기자회견에서 리가 말했다. "니클라우스는 현재 최고의 선수이므로 모두가 그의 우승을 예상할 것이다. 그래서 내가 지더라도 잃을 것이 없다. 그러나 만일 내가 승리한다면 나는 영웅이 될 것이다." 다음날 18홀의 연장전에 대한 미디어의 예상은 니클라우스가 절대적으로 우세하다는 의견이 많았다. 당시 투어 선수들의 평균 드라이브 거리는 230미터 정도였는데 리는 평균보다 짧았고, 니클라우스는 250미터를 넘나드는 최고의 장타자였다. 그러나 메리온 코스에서는 장타보다 페어웨이를 지키는 정확한 샷이 더 중요했으므로 리가 자신감을 가질 수 있었다. 티오프 시간을 기다리면서 백을 열어보니 플라스틱으로 만든 장난감 뱀이 있었다. 리는 장난삼아 뱀을 꺼내어 흔들었고 많은 사람들이 웃었다. 니클라우스가 보여달라고 해서 리가 던져주었는데 다음 날 신문에 리가 고의로 니클라우스를 놀라게 했다고 보도되었다. 이것이 그 유명한 뱀 사건의 진실이다.

1번 홀에서 보기를 하며 니클라우스에게 1타 뒤지며 출발했지만 3홀에서 역전한 후 18홀이 끝날 때까지 리드를 지킨 리는 68타를 쳐서 71타를 친 니클라우스를 제압하고 우승했다. 1968년에 이어 두 번째 US오픈 우승이며 두 번 모두 잭 니클라우스가 2등을 했다. 우승 후 리는 신은 공평하다고 생각했다. 잭 니클라우스는 당대 최고의 골퍼지만 샌드웨지 샷은 최고가 아니었다. 그린 주변이나 벙커에서 그의 샌드웨지는 날카롭지 못했다. 니클라우스가 웨지 샷마저 잘했더라면 리에게는 찬스가 없었을 것이다. 그러나 신은 리에게 마스터스에 필요한 드로우 샷을 주지 않았다.

1971년 캐나다 오픈 우승

리는 시상식이 끝난 후 그날 저녁에 바로 캐나다로 향했다. 캐나다의 몬트리올 근교에서 열리는 캐나다 오픈에 참가하기 위해서였다. 당시에는

더 골퍼 • The Golfers

US오픈-캐나다 오픈-디오픈 순서로 중요한 시합이 연속되었지만 현재는 6월에 US오픈, 7월에 디오픈 그리고 그 다음 주에 바로 캐나다 오픈이 열린다. 미국의 유명한 선수들은 디오픈을 위해서 바로 전 PGA 대회와 캐나다 오픈을 포기하는 경우가 많은데 그들의 이탈을 막기 위해서 디오픈 바로 전 시합의 스폰서와 캐나다 오픈의 스폰서가 공동으로 경비를 부담하여 전세 비행기로 시합 장소까지 선수들을 태워다 준다. 미국 PGA 시합 후 근처 공항으로 가서 영국으로 출발하고, 디오픈이 끝난 후 근처 공항으로 가서 캐나다행이다. 이 비행기에 초대받고 싶으면 스타플레이어가 되는 수밖에 없다.

리의 마음은 캐나다 오픈에는 전혀 관심이 없고 그 다음 주에 열리는 디오픈으로 달려가고 있었다. 첫날 경기가 시작되자 그는 기권을 먼저 생각했지만, 1968년 US오픈 우승 후에도 캐나다 오픈을 기권했던 전례가 있어서 또 다시 기권할 수는 없었다. 첫 라운드에서 73타를 친 리는 빨리 2라운드를 끝내고 예선에 탈락한 다음 영국으로 갈 계획을 세웠다. 마음을 비우고 쉽게 치려했던 2라운드에서 63타를 친 리는 선두 그룹으로 나서며 우승 경쟁을 할 수 있게 되어 이제는 기권을 생각할 수 없게 되었다. 1등 상금 30,000달러도 욕심이 났다.

일요일 마지막 라운드에서 선두에 2타 뒤지는 상황에서 출발했지만 결국 선두였던 아트 월과 서든데스 연장전을 벌이게 되었고, 연장 첫 번째 홀에서 6미터 버디 퍼트를 성공시키며 우승했다. 그는 런던행 밤 비행기를 타기 위해서 서둘러 토론토 공항으로 향했다. 비행기 속에서 디오픈이 열리는 로얄 버크데일 코스에 대해서 분석해 보았는데 드라이버 샷을 똑바로 쳐야 하는 코스이며 샷이 짧은 리도 5개의 파5 홀들을 모두 투온 시킬 수 있는 코스였다. 지난 두 시합에서와 같은 샷 감이라면 또 우승할 수 있다는 자신감이 점점 커져갔다.

1971년 디오픈 우승으로 해트트릭

리는 디오픈을 아주 좋아했다. 1969년에 처음 참가하여 바닷가 링크스 코스를 처음 쳤던 날, 안개와 바람과 바다가 너무 마음에 들었다. 장타를 치지 못해도 똑바로 치면 유리하고 또 높은 공을 못 쳐도 불리하지 않았다. 오히려 리처럼 낮은 공을 쳐야 바람의 영향을 피할 수 있다. 딱딱한 그린 주위에서는 범프 앤 런^{Bump and run} 샷이 필요한데 리는 그 샷을 누구보다도 잘했다. 또 영국 갤러리들의 수준은 미국과는 비교할 수 없을 만큼 높다. 샷의 결과가 아닌 창의성을 알아보고 갈채를 보내고, 명예와 전통과 역사를 소중하게 생각한다. 수만 명이 모인 마지막 홀 그린에서도 정적이 흐를 정도로 조용하다. 사인을 요청하는 아이들도 미국처럼 휴지나 껌 종이를 내미는 일이 없다. 할아버지부터 물려온 사인 노트를 가지고 조용히 기다린다. 레인 코트와 긴 부츠를 챙겨서 신고 온 갤러리들은 모두 형

제처럼 질서 있게 움직여 주었다. 디오픈은 리가 가장 오랫동안 참가하고 싶은 대회가 되었다. 1970년 세인트 앤드루스 올드코스에서 3라운드까지 선두였다가 4라운드에 77타를 치면서 우승을 놓친 경험이 있지만 결국은 우승컵 클라렛 저그에 자기 이름을 새길 것이라는 자신감이 있었다.

로열 버크데일 골프클럽에서 개최된 100회째 디오픈을 준비하기 위해 도착한 리는 첫 연습 라운드의 9홀을 끝내고 고집이 센 캐디를 교체했다. 새 캐디는 윌리라는 이름의 캐디였는데 그 역시 다른 스코틀랜드의 캐디들처럼 고집이 셌다. 10번 홀의 페어웨이에서 리가 물었다. "거리가 몇 미터 남았나요?" "5번 아이언이면 됩니다." "클럽이 아니고 거리가 얼마냐고요?" "거리는 문제가 아닙니다. 5번 아이언이면 됩니다." 화가 난 리는 백에서 공을 다섯 개 꺼내더니 웨지, 7번 아이언, 3번 아이언, 3번 우드 마지막으로 퍼터를 사용하여 모두 온그린시켰다. 그리고 캐디를 노려보며 말했다. "라운드 중에 절대로 클럽 선택에 대해서 말하지 마시오. 단지 거리만 알려달란 말이오."

리는 첫 두 라운드에서 69-70을 쳐서 영국의 토니 잭클린과 공동 선두에 나섰다. 토니 잭클린은 1969년 디오픈 챔피언, 1970년 US오픈 챔피언이었고 1983년부터 4회 연속 라이더컵 유럽 팀의 캡틴이었으며 유럽 팀이 3회 연속 라이더컵을 차지하게 한 영웅이다. 셋째 라운드에서 69타로 단독 선두에 나섰고 1타 뒤에 토니 잭클린과 대만의 루량환Lu Liang-Huan이 따라오고 있었다. 리는 루를 1959년 해병대에 근무할 당시 시합에서 처음 만났는데 매치 플레이에서 10대 8로 참패했던 경험이 있어서 설욕할 수 있는 좋은 기회라고 생각했다. 결국 마지막 라운드에서 70타를 친 리는 278타로 우승했다. 루는 1타 차이로 준우승에 머물렀고 잭 니클라우스는 5위를 기록했다.

대만은 1971년에 이미 메이저 대회에서 준우승 선수를 배출한 골프 강국이다. 리는 3주 연속 미국, 캐나다, 영국에서 우승하는 해트트릭을 기록했다. 같은 해에 3개국의 시합을 모두 우승한 것은 리가 처음이었으며, 2000년에 타이거 우즈가 다시 한 번 해트트릭의 기록을 남긴다.

1972년 디오픈 우승과 잭 니클라우스의 좌절

1972년 4대 메이저 대회의 장소는 오거스타 내셔널 골프클럽, 페블비치 골프 링크스, 뮤어필드 골프 링크스, 오크랜드 힐스 컨트리클럽이었는데 네 곳 모두 잭 니클라우스가 좋아하는 코스였다. 그래서 니클라우스는 그랜드 슬램이 가능하다는 희망을 가졌고, 미디어에서도 그의 그랜드 슬램 가능성을 집중적으로 보도하고 있었다. 실제로 니클라우스는 마스터스와 US오픈에서 연속 우승하여 그랜드 슬램에 대한 기대를 한껏 높이며 디오픈의 개최지인 뮤어필드로 왔다. 뮤어필드는 1966년 니클라우스가 디오픈을 우승하며 커리어 그랜드 슬램을 완성했던 장소이고, 훗날 그가 건설한 골프장의 이름을 뮤어필드라고 붙였을 정도로 애착을 가진 골프장이었다. 그러나 그랜드 슬램을 향한 잭 니클라우스의 꿈은 리에 의해서 좌절되고 만다.

1, 2라운드를 71-70으로 마친 리는 전년과 마찬가지로 토니 잭클린과 함께 공동 선두에 나섰다. 3라운드 전반에는 잭클린이 앞섰지만 리가 마지막 5홀을 연속 버디로 마무리하면서 66타로 잭클린에 1타 앞선 선두가 되었다. 마지막 라운드에서 우승경쟁은 리와 잭클린으로 좁혀졌다고 생각했지만, 6타나 뒤진 채 출발했던 잭 니클라우스의 그랜드 슬램을 향한 투혼은 무서웠다. 리가 9홀을 끝냈을 때 선두는 니클라우스로 바뀌었다. 니클라우스는 66타를 쳐서 총 279타로 클럽하우스 리더였으며 리의 경기를 지켜보고 있었다. 라운드 전에 65타를 치면 자기도 우승할 수 있다는 말을 남겼던 니클라우스는 목표에 1타가 부족하여 불안한 마음이었다.

16번 홀까지 니클라우스에 1타 차 공동선두였던 두 선수 중 승리의 여신은 리를 선택했다. 파5, 17번 홀에서 티샷을 러프에 넣고 네 번째 샷도 그린을 넘기면서 아직도 공이 러프에 있는 리는 3타에 온그린을 한 잭클린을 보며 절망했다. 화가 난 리는 시합을 포기하는 듯한 제스처를 보이며 시간을 끌지 않고 스탠스도 제대로 잡지 않은 자세로 칩샷을 했는데 그 공이 그대로 홀컵으로 들어가서 파 세이브를 했다. 클럽하우스에서 리의 플레이를 지켜보던 니클라우스는 믿을 수 없다는 표정으로 고개를 옆으로 흔들고 있었다. 반면에 유리했던 상황이 순식간에 사라져 버린 잭클린은 3퍼트를 하는 실수를 범하고 말았다. 마지막 홀에서 내기 골프의 경험이 많은 리는 몸이 굳기 전에 서둘러서 티샷을 페어웨이 한가운데로 쳐놓았다. 결국 리는 쉽게 파를 잡았고 잭클린은 다시 보기를 기록하면서 리 278타 우승, 잭 니클라우스 279타 2위, 토니 잭클린 280타 3위로 경기가 끝났다. 리는 2년 연속 디오픈 우승컵을 안았고 메이저 4승을 기록하게 되었다.

미국의 언론들은 리의 우승보다 니클라우스의 그랜드 슬램 좌절을 더 크게 보도했다. 훗날 니클라우스는 17번 홀에서 리가 성공시킨 칩샷이 자기 골프 경력에서 가장 큰 고통을 주었던 상대선수의 샷이었다고 말했다. 1972년은 영국이 직경 1.62인치의 작은 공을 허용한 마지막 대회였고, 그 이후 R&A는 USGA의 공인구인 1.68인치의 큰 공을 세계 표준 공인구로 승인하여 현재까지 사용하고 있다. 작은 공은 바람의 영향을 덜 받으며 딤플 수가 적어서 스핀이 덜 먹는 공이었는데 리의 플레이 스타일에 아주 적합한 볼이었다.

다시 니클라우스를 제압한 1974년 PGA 챔피언십

1974년 PGA 챔피언십은 노스캐롤라이나에 있는 탱글우드 골프클럽 Tanglewood Golf Club에서 열렸다. 리는 골프장 근처에 있는 메이버리 여사의 집을 빌려서 친구들과 함께 머무르며 시합을 준비했다. 하지만 리의 마음속에는 큰 부담이 있었는데 그것은 바로 퍼팅의 난조였다. 최근 들어 1미터도 안 되는 퍼팅조차 성공시키지 못할 정도로 자신감을 잃고 있었다. 그래서 해결책으로 리는 새로운 퍼터를 찾고 있었다. 1959~1960년 사이에 생산되었던 팔머윌슨Palmer-Wilson 퍼터를 오리지널 그립이 보존된 것으로 구하고 싶은데 쉽게 찾을 수 없었다. 그러던 어느 날 리가 우연히 머무르던 집 창고를 들여다보았는데 골프백이 있었다. 그리고 그 골프백에는 그가 찾던 바로 그 팔머윌슨 퍼터가 꼽혀있었다. 흥분하여 퍼터를 빼서 살펴보니 오리지널 그립도 잘 보존되어 있었다. 리는 메이버리 여사에게 그 퍼터를 빌려서 시합을 하기로 결심했다. 그 퍼터는 메이버리의 작고한 남편의 유품이었고, 빌려주기는 하지만 팔기는 싫다고 말했다.

연습 라운드에서 리는 새 퍼터로 짧은 퍼팅을 모두 성공시키며 자신감을 찾았고 처음 두 라운드에서 73-66을 쳐서 게리 플레이어에게 2타, 잭 니클라우스에게 1타를 뒤졌으나 여전히 선두권이었다. 빌린 퍼터를 너무 좋아하게 된 리가 메이버리 여사에게 이제 퍼터를 팔겠느냐고 물었더니 그녀는 우승을 하면 선물로 주겠노라고 대답했다. 셋째 라운드에서 68을 친 리는 니클라우스를 1타 차로 제치고 선두에 나섰다. 마지막 라운드에서 니클라우스와 같은 조로 플레이한 리는 16번 홀까지 니클라우스에 2타 차 리드를 지켰지만 17번 홀에서 3퍼트 보기를 범하여 1타 차로 좁혀졌고 리는 긴장하여 떨리기 시작했다. 상대가 당시를 호령하던 최고의 골퍼 잭 니클라우스가 아니던가.

18번 홀에서 먼저 티샷을 해야 하는 니클라우스는 3번 우드를 사용하여 페어웨이 가운데로 쳐 놓았다. 리에게 압박감을 주기 위한 전략이었다. 리는 드라이버를 선택하여 힘껏 스윙을 했고, 결과는 265미터 지점 페어웨이 가운데였다. 사실 리는 대회 4라운드 동안 한 번도 페어웨이를 놓치지 않았다. 두 번째 샷을 6번 아이언으로 한 리의 공은 깃대를 8미터쯤 지나서 멈췄다. 버디 퍼트를 하는 리의 손은 떨렸다. 첫 번째 퍼트는 홀을 50센티미터 정도 지나서 멈췄다. 보통은 챔피언의 마지막 퍼트를 동반 선수의 퍼팅이 끝난 후 마지막으로 하는 것이 예의이지만 리는 홀아웃을 하고 싶다고 니클라우스에게 양해를 구하고 마무리 퍼트를 성공시켰다. 니클라우스가 퍼팅을 하는 몇 분 동안 기다리기가 너무 초조할 것 같았기 때문이었다. 리의 다섯 번째 메이저 대회 우승이었다. 니클라우스는 1타차, 2등으로 마쳤다. 시상식에서 니클라우스가 웃으며 말했다. "리, 이제 멕시코로 돌아갈 때도 되지 않았나?"

메이저에서 다섯 번 우승하는 동안 그 중 네 번은 니클라우스가 2등을 했으니 리의 팬들이 얼마나 열광했을지 짐작할 수 있다. 리와 니클라우스는 너무나 달랐다. 니클라우스는 아마추어 시절부터 US 아마추어를 두 차례 우승하고 NCAA 대학골프에서 활약한 강자이고, 리는 교육도 못 받은 무명이었다. 금발머리의 잘 생긴 백인과 검은 피부, 검은 머리의 키 작은 멕시코인이 주는 다른 인상만큼 플레이 스타일도 너무나 달랐다. 니클

PGA 챔피언십 우승컵 'Wanamaker Trophy.' 미국의 월터 하겐이 1924~1927
년까지 4년 연속 우승했다.

라우스는 공을 높고 길게 쳤지만 리의 공은 언제나 낮고 짧았다. 니클라우스는 조용히 자기의 경기에 집중하려고 했지만 리의 입은 쉬지 않고 수다를 떨면서 경기의 흐름을 자기에게 유리하게 이끌었다. 겉으로는 웃고 있지만 그의 마음속은 승리에 대한 집념으로 가득 차 있었다. 리는 시합과 내기의 천재였다. 그리고 제일 많은 팬들을 몰고 다니는 선수로서 스폰서나 PGA 투어에게 가장 필요한 선수였다. 니클라우스의 전성기에 나타났던 많은 라이벌 선수들 중에서도 리가 가장 어려운 상대였다고 회고한 것을 보아도 리의 본능적인 우승 능력이 얼마나 위대한 것이었는지 짐작할 수 있다.

번개에 맞는 불운

1975년 6월 27일, 리는 제리 허드Jerry Heard와 함께 웨스턴 오픈의 연습 라운드를 하다가 호수 옆의 13번 그린에서 잠시 쉬어가기로 했다. 캐디에게 음료를 사오도록 부탁한 리는 자기의 골프백에 비스듬히 기대어 앉았고 제리는 우산을 짚고 서 있었다. 그때 갑자기 천둥소리가 들리더니 고압 전기가 지나가는 듯한 느낌을 들며 리의 몸이 30센티미터쯤 솟아올랐다가 떨어지면서 기절하고 말았다. 번개에 맞은 것이다. 잠시 후 깨어났을 때 사람들이 모여 있었고 리는 숨을 쉬기가 어려웠다. 왼쪽의 감각이 없었으므로 어깨뼈가 부러졌다고 생각했는데 왼쪽 어깨 뒤편에 네 군데의 화상을 입었다. 골프백에 기대고 있었으므로 골프 클럽과 닿은 부분에 화상을 입은 것이었다. 병원에 도착한 리는 중환자실로 옮겨져서 치료를 받았으며 검사 후 심장에 문제가 없음을 확인하고 퇴원하였다. 그러나 신체적인 후유증은 생각보다 심각했다. 등 쪽의 디스크에 문제가 생겨서 수술이 불가피했다. 담당의사는 수술 후 골프 선수 생활에 문제가 없다고 장담하였지만 리는 불안했다.

1977년 7월, 수술을 한 후 8개월이 지나고 나서 캐나다 오픈에 출전했다. 번개 사고 후 2년의 세월이 지났음에도 불구하고 아직 스윙파워가 회복되지 않아서 거리를 잃었지만 날카로운 칩샷과 퍼팅으로 선두권을 유지했다. 결국 67-68-71-74를 친 트레비노는 2위 피터 우스터헤이스에게 4타 차로 우승하면서 다시 PGA 투어의 우승자 대열에 복귀하였다.

골프채는 당신의 나이를 모른다

1984년 44세의 리는 25세의 세 번째 부인 클라우디아Claudia와 결혼했다. 골프 프로의 딸인 그녀는 골프에 대해 많은 경험을 했고 해박한 지식을 갖고 있었다. 결혼 후 리는 부인에게 이제 나이가 많아서 우승은 힘들 거라는 말을 했다. 그러나 클라우디아는 현명했다. "골프채는 당신의 나이를 모른다"라는 대답으로 리의 사기를 올려주었다. 리는 골프 선수에게 가장 어려운 일은 좋은 아내를 고르는 것과 마음에 드는 드라이버를 고르는 것이라고 말한 바 있다. 리가 1968년 처음 US오픈에서 우승했을 때 그는 윌슨Wilson 드라이버를 사용하고 있었다. 그 드라이버로는 볼을 자유자재로 휘어지게 칠 수 있었으므로 페어웨이를 지키는 것이 용이했다. 어느 날 두 번째 부인이 그 드라이버로 장난삼아 공을 향해 힘껏 스윙했는데 공이 샤프트 바로 아래에 맞으면서 드라이버의 헤드가 조각나서 못쓰게 되었다.

그 후로 리가 새로 마음에 드는 드라이버를 찾기까지 2년이라는 시간이 걸렸다. 1970년에 찾은 새로운 드라이버는 맥그리거의 1960년 모델이었다. 감나무 헤드이며 공을 치는 페이스에 니켈을 박아 넣은 모델이다. 이 드라이버로 4번의 메이저 시합을 우승하는 등 수많은 PGA 투어 우승을 할 수 있었다. 그러던 어느 날 페이스에 박아 넣었던 니켈 조각이 떨어져 나갔고, 리는 드라이버의 헤드를 정성껏 수리하여 원 상태로 복원하였다. 그러나 수리 후 그 드라이버로는 전처럼 공을 칠 수 없었다. 같은 샤프트, 같은 무게, 같은 헤드였지만 그 드라이버는 이미 오리지널 드라이버가 아니었던 것이다. 리는 무의식적으로 자신감을 잃게 되었다. 그 이후 메탈헤드의 드라이버를 쓰기 시작하였는데 어떤 메탈헤드도 감나무 헤드의 느낌을 주지는 못했다.

요술 방망이 퍼터

1984년 세인트 앤드루스에서 열린 디오픈에 참가한 리는 퍼팅 난조로 자신감을 잃고 있었지만 처음 두 라운드는 70-67로 선두권이었다. 어프로치 샷이 깃대에 가까이 붙으면서 좋은 성적을 낼 수 있었던 것이다. 그러나 3라운드에서 35퍼트 75타, 4라운드에서 36퍼트 73타로 우승자 세베 발레스테로스에 9타나 뒤진 공동 14위로 끝나고 말았다.

리는 1977년부터 윌슨8802^{Wilson8802} 퍼터를 사용했는데 이제 새로운 퍼터를 찾고 싶어 했다. 영국에서 네덜란드로 간 리는 더치오픈^{Dutch Open} 1라운드에서 36퍼트 74타를 쳤고, 그동안 우승을 이끌어준 윌슨 퍼터를 이제는 파묻어 버리고 싶었다. 그 당시 좋은 성적을 내던 많은 선수들이 핑^{Ping} 퍼터를 사용하고 있었으므로 리도 핑 퍼터를 하나 사기 위해서 프로 숍으로 갔다. 프로 숍에는 핑 퍼터가 한 개뿐이었다. 키 작은 리에게는 라이가 너무 수직이었고 헤드의 로프트가 많은 것도 마음에 들지 않았지만 결국 50달러를 주고 구입을 했다. 연습그린에 와서 퍼팅을 해보았지만 역시 마음에 들지 않았다.

호텔 방으로 돌아온 리는 퍼터를 꺼내어 궁리를 하다가 자기가 고쳐보기로 했다. 우선 라이를 Flat하게 만들기 위해 헤드의 뒤쪽 끝을 방바닥에 사정없이 내리쳤다. 그러자 라이가 개선된 것처럼 보였다. 이번에는 로프트를 없애기 위해서 퍼터를 방바닥에 놓고 헤드의 페이스를 발뒤꿈치로 몇 번 밟았다. 연습 스윙을 해보면서 라이와 로프트가 개선되었다는 느낌을 가졌다. 그리고 나머지 3라운드에서 14언더를 쳤다. 같은 공, 같은 퍼팅 스트로크였지만 결과는 놀랍게 바뀌었다. 이제 드디어 자신 있게 퍼팅할 수 있는 새 퍼터를 손에 넣은 것이다.

여섯 번째 메이저, 1984년 PGA 챔피언십

1984년 PGA 챔피언십은 앨러바마 주의 숄 크릭 골프클럽Shoal Creek Golf Club에서 열렸다. 네덜란드에서 핑 퍼터를 산 후에 14라운드 동안 64언더를 쳤던 리는 이제 누구보다 퍼팅에 자신이 있었다. 퍼팅을 지배하는 자가 챔피언이 된다고 하지 않았던가? 첫 두 라운드에서 69-68을 친 리는 래니 왓킨스Lanny Watkins와 공동선두로 나섰다. 3, 4라운드에서도 리의 신들린 퍼팅은 계속되었다. 퍼팅라인을 보기만 하면 자신 있게 스트로크하였고 공은 홀컵 가운데로 명중하곤 했다. 3라운드에서는 18번 홀에서 더블 보기를 했음에도 불구하고 67타를 쳐서 선두를 지켰고, 4라운드에서 69를 치면서 2등 게리 플레이어와 래니 왓킨스를 4타 차로 누르고 우승하여 상금 125,000달러를 받았다. 그의 우승 스코어 15언더파는 PGA 챔피언십 신기록이었다. 겨우 50달러의 투자가 그렇게 큰 상금과 명예를 가져다주었다. 그의 여섯 번째이며 마지막 메이저 우승이었고, 29번째이자 마지막

PGA 투어 우승이었다. 1990년에 시니어 투어인 챔피언스투어Champions Tour 에서 활동하기 시작한 리는 2000년까지 29회의 시니어 투어 우승을 차지한 후 은퇴하였다.

두 명의 리 트레비노

리의 골프 스윙을 보면 모범답안이라고 생각되는 스윙과는 거리가 멀다. 선생 없이 혼자서 배움으로써 본능과 모방과 오랜 연습이 만들어낸 결과물이기 때문이다. 자기에게 적합한 기술을 혼자 만들어서 역경에 굴복하지 않고 고집스럽게 지켜낸 결과이기도 하다. 더 좋아 보이는 스윙을 보았을 때 따라 하고 싶은 유혹을 물리친 그의 의지력은 존경받아 마땅하다. 그래서 더 강한 자신감을 가질 수 있었다. 티칭프로라면 누구든 골프를 배우려는 사람에게 그의 스윙을 흉내 내라고 가르치지는 않을 것이다. 하지만 문제는 샷의 결과이다. 리는 자기가 원하는 결과를 만들어내는 자기만의 기술을 개발했다. 위대한 골퍼가 되기 위해서 우아하고 아름다운 스윙을 가질 필요는 없다는 것도 증명했다. 벤 호건 이래로 가장 공을 견실하고 견고하게 때려내는 기술을 가진 것으로 평가받기도 한다. 리가 좋은 가정에서 태어나 처음부터 선생에게서 스윙을 배웠다면 그의 업적은 훨씬 초라해졌을 가능성이 높다. 그의 가난과 역경 속에는 골프 신의 축

복도 함께 섞여있었고 리는 그 행운을 찾아낸 것이다.

골프장이나 기자들 앞에서 쉴 새 없이 농담하며 지껄이는 유쾌한 리도 개인적으로 혼자 남겨지게 되면 조용하고 사려 깊고 분별력이 뛰어나며 지성을 가진 사람으로 변했다. 그는 완전히 다른 두 사람의 리 트레비노이다. 리는 유머가 있는 유명한 말들을 남기기도 했다.

"무명 시절에는 나의 농담에 동료 선수들 아무도 웃지 않았지만, US오픈 우승 후에는 같은 농담을 했는데도 모두들 배를 잡고 웃더라."

"번개가 치는 날에 1번 아이언을 높이 들고 있어도 위험하지 않다. 왜냐하면 하나님도 1번 아이언은 정확하게 못 맞춘다."

"이 세상에 번개보다 더 무서운 것은 내 마누라뿐이다."
"난 돈을 많이 벌면 멕시코 사람 대신에 스페인 사람이 되겠다."

5

톰 왓슨
Tom Watson (1949~)

메이저 대회 8승 마스터스: 1977, 1981 | US오픈: 1982 | 디오픈: 1975, 1977, 1980, 1982, 1983

상금왕 5회 1977, 1978, 1979, 1980, 1984

PGA Player of the Year 6회

바든 트로피 3회 1977, 1978, 1979

PGA 투어 통산 39승

챔피언스 투어 통산 14승

1977~1984년 사이에 상금왕을 다섯 번 차지한 최고의 골퍼.

메이저 대회 8승.

디오픈에서만 5승을 올린 링크스 코스 플레이의 달인.

PGA 챔피언십 우승이 없어서 커리어 그랜드 슬램 달성에 실패.

잭 니클라우스 전성기에 등장한 최고의 라이벌.

골프 선수로서 약점이 없다는 평가를 받은 올라운드 플레이어.

스탠퍼드 대학 출신의 엘리트 골퍼

톰 왓슨은 1949년 9월 4일 미주리 주 캔자스시티에서 태어났다. 아버지 레이 왓슨^{Ray Watson}이 핸디캡 0의 골퍼여서 톰은 6살 때부터 자연스럽게 골프를 시작하게 되었다. 7살에 콜로라도로 가족여행을 가서 골프를 치려고 했는데 그 클럽의 프로가 톰의 체격이 너무 작아서 라운드를 허락할 수 없다고 했다. 그러자 레이 왓슨은 프로에게 제안을 하나 했다. 1번 홀의 페어웨이 64미터 지점에 개울이 지나가는데 톰이 그 개울을 넘기면 라운드를 허락해 달라는 제안이었고 클럽의 프로는 그 제의를 받아들였다. 톰은 가족의 명예를 건 티샷을 해야 했는데 3번 우드로 가볍게 친 공은 개울을 훨씬 지나서 떨어졌고 가족들은 라운드를 시작할 수 있었다. 내기를 좋아했던 아버지는 톰이 100타, 90타, 80타, 70타를 깰 때마다 상금을 걸고 아들의 기량이 향상되도록 독려했다.

캔자스시티 컨트리클럽Kansas City Country Club의 멤버였던 레이 왓슨은 클럽의 프로였던 스탠 써스크Stan Thirsk에게 11살이 된 톰의 스윙을 가르치도록 부탁했다. 스탠은 벤 호건, 바이런 넬슨 등의 플레이를 흉내 내며 혼자서 골프를 배운 프로였는데, 특히 골프스윙의 '리듬-템포-밸런스'의 중요성을 강조했으므로 그에게 배운 톰의 스윙도 우아한 리듬이 되었다. 스탠은 많은 스윙 이론을 알려주지 않았지만 스윙을 높게upright하여 탄도가 높은 공을 치도록 가르쳤다. 톰은 위대한 선수가 된 후에도 스탠을 존경하고 감사하며 스승으로 모셨다. 열다섯 살이 되던 해에 아놀드 파머와 자선경기를 하게 되었는데, 1번 홀에서 톰의 티샷을 본 아놀드 파머는 크게 놀라면서 저 아이가 누구냐고 물었을 정도였다.

톰은 연습을 좋아해서 클럽의 연습 벌레로 통했었는데 아버지는 언제나 공의 궤적을 휘어지게 만들어 치도록 주문했다. 오른쪽에서 왼쪽, 왼쪽에서 오른쪽, 약간만 휘게, 낮은 공 또는 최대한 높은 공, 펀치 샷 등 그의 주문은 끝이 없었다. 덕분에 톰은 프로가 된 후에도 다양한 구질의 샷을 가장 잘 구사하는 선수가 되었다.

키 175센티미터에 72킬로그램인 톰의 체격은 로리 맥길로이와 비슷했으며 고등학교 시절부터 아마추어 골프대회들을 석권하기 시작했다. 미주리 주의 아마추어 챔피언십에서 1967, 1968, 1970, 1971년에 걸쳐 네 번이나 우승을 했고, 스탠퍼드 대학의 심리학과를 졸업한 후 1971년 프로 골퍼가 되었다. 대학 골프팀에서는 두각을 나타내는 플레이어가 아니었지만 서두르지 않고 차분히 프로 데뷔를 준비했다.

1974년 PGA 투어에서 아직 우승이 없었던 톰은 그해 윈지드 풋 골프 클럽에서 열린 US오픈에서 3라운드까지 73-71-69타를 쳐서 선두에 나섰지만 마지막 라운드에 79타로 무너지면서 12오버파 292타로 공동 5위가 되었고 우승은 7오버파를 친 헤일 어윈이 차지했다. 우승 스코어가 7오버파나 되었던 이유는 1973년 US오픈 마지막 라운드에서 63타를 치며 역전 우승했던 조니 밀러의 기록에 자존심이 상한 USGA가 코스를 특별히 어렵게 세팅했기 때문이었다. 라운드가 끝나고 락커룸에서 실망하고 있던 톰에게 손님이 찾아왔다. 방금 끝난 TV중계방송에서 해설을 맡았던 바이런 넬슨이었다. 넬슨은 톰의 공격적인 플레이 스타일을 좋아했고 대 선수로 성장할 수 있는 큰 잠재력이 있다는 것을 알아차렸다. 그는 코스 매니지먼트와 스윙에 대한 조언을 해주겠다는 제안을 했고 몇 달 후 넬슨이 주최하는 대회인 바이런 넬슨 클래식Byron Nelson Classic에 참가했던 톰이 그의 집을 방문하여 친분을 쌓으며 사제관계가 시작되었다. 역전패 이후 겁쟁이Choker라는 별명이 생기기도 했지만 2주 후 참가한 웨스턴 오픈의 마지막 라운드에 데일리 베스트인 69타를 치면서 역전 우승하여 생애 최초의 PGA 투어 우승을 차지했다.

처음 참가한 1975년 디오픈 우승

1975년 디오픈이 카누스티 링크스에서 개최되었다. 25세의 톰은 처음으로 참가할 기회를 잡았다. 디오픈 참가도 처음이지만 링크스 코스에서의 플레이 경험이 전혀 없었고 높은 샷이 장기인 톰은 낮게 쳐서 구르는 샷을 자유롭게 구사할 수 없었다. 현지 도착도 너무 늦었지만 운 좋게 호흡이 잘 맞는 캐디 앨피Alfie Fyles를 만났다. 앨피는 게리 플레이어의 캐디를 10년 이상 맡았고, 1968년 플레이어가 카누스티에서 디오픈을 우승할 때에도 백을 멨던 베테랑이었으므로 준비 없이 도착한 톰을 우승으로 이끌 수 있는 충분한 경험을 갖추고 있었다.

다행히 소프트한 그린과 바람이 없는 쾌청한 날씨 속에서 시작된 대회에서 톰은 2라운드 후에 선두와 2타 차이로 공동 2위였고 3라운드 후에는 선두와 3타 차 4위로 따라가고 있었다. 마지막 라운드 18번 홀에서 6

미터 버디를 성공시킨 후 279타 9언더파로 클럽하우스 리더가 되었고 이제 필드에 남아있는 선수들의 결과를 기다려야 했다. 마지막 조에서 플레이하던 호주의 잭 뉴턴^{Jack Newton}이 톰과 같은 9언더파로 마무리하여 다음날 18홀 연장전을 벌이게 되었다. 25세 동갑인 두 선수의 연장전은 밀고 밀리는 팽팽한 접전이었고 17번 홀까지 1언더파로 동타였다. 18번 홀에서 잭의 어프로치 샷이 벙커로 들어가 버리면서 보기가 되었고, 톰은 파를 잡아내며 우승컵 클라렛 저그를 차지했다.

첫 출전에서 우승을 차지한 톰은 이후 9년 동안 디오픈에서 다섯 번의 우승을 차지하는 발군의 실력을 발휘하며 스코틀랜드의 영웅이 되었다. 20세기 이후 디오픈에 첫 출전해서 우승을 차지했던 경우는 모두 네 번 있었는데, 1953년 벤 호건, 1964년 토니 레마, 1974년 톰 왓슨, 2003년 벤 커티스^{Ben Curtis}였다.

1977년 마스터스 우승

1977년은 27세의 톰이 두 개의 메이저 대회에서 우승하며 스타플레이어로 자리매김을 했던 해였다. 특히 두 번 모두 전성기의 잭 니클라우스를 2위로 제압하며 거둔 우승이었으므로 최고의 실력자로 인정받을 수 있었다.

1977년 마스터스에서 3라운드 후 209타 7언더파로 공동선두였던 톰은

디오픈 우승컵 '클라렛 저그.' 1872년 대회의 우승자부터 이름을 새긴 이 우
승컵의 공식 명칭은 'The Golf Champion Trophy'이다.

마지막 라운드 16번 홀까지 잭 니클라우스와 동타를 이루며 접전을 벌였다. 톰에게 3타 뒤진 공동 4위로 출발한 니클라우스는 15번 홀까지 7개의 버디를 잡아내며 추격했지만, 17번 홀에서 톰이 6미터짜리 버디 퍼트를 성공시키며 승기를 잡았고, 18번을 파로 마무리하여 보기를 한 니클라우스를 2타 차로 누르고 첫 번째 마스터스 그린재킷을 입게 되었다. 톰의 두 번째 메이저 대회 우승이었다.

태양 속의 결투(Duel in the Sun), 1977년 디오픈 우승

1977년 디오픈은 처음으로 턴베리 리조트의 에일사 코스Ailsa Course에서 개최되었다. 이번에도 37세의 잭 니클라우스와 27세의 톰 왓슨이 우승 경쟁을 펼쳤고 그 스토리는 디오픈 사상 최고의 명승부로 꼽히고 있다. 니클라우스는 캐디 앤젤로Angelo Argea를 미국에서 데려왔고, 톰은 1975년 디오픈 우승 때 호흡을 맞췄던 캐디 앨피를 다시 만났다. 1975년 우승 후 캐디 비용을 받으러 갔던 앨피는 기대에 훨씬 못 미치는 금액을 받아서 수표를 땅에 내던지며 불만을 표시했었고 그 광경을 본 톰의 부인과 크게 다툰 일이 있었다. 1976년 디오픈 참가 때 미국에서 함께 온 다른 캐디와 플레이했던 톰은 컷을 통과하지 못하게 되고, 결국 1977년 디오픈에 참가하면서 앨피의 우수함을 인정하고 다시 그에게 백을 메줄 수 있겠냐고 요청했다. 그렇게 앨피는 게리 플레리어와 한 번, 톰과 다섯 번 우승하여 디오픈에서 여섯 번이나 우승을 차지하는 캐디가 되었다.

1, 2라운드에서 똑같이 68-70타를 친 두 선수는 선두에게 1타 뒤진 공동 2위였고 3라운드부터 같은 조로 플레이하게 되었는데 3라운드에서 또다시 같은 스코어인 65타를 치면서 7언더파 203타로 공동 선두가 되었다. 마지막 라운드가 시작되면서 니클라우스가 4번 홀까지 3타를 앞서고 있었지만 5번, 7번, 8번 홀에서 버디를 잡은 톰은 9언더파로 동타를 만들었고 9번 홀에서 보기를 하여 다시 한 타 뒤지게 되었다. 12번 홀에서 니클라우스가 버디를 기록하며 두 타 차로 벌어졌고 톰이 13번, 15번 홀 버디를 성공하며 두 선수 모두 10언더파로 팽팽한 접전이 계속되었다. 파3, 15번 홀에서는 그린 경계에서 퍼트한 공이 20미터나 되는 거리를 굴러와 그대로 홀로 빨려 들어가면서 버디가 되는 행운도 따랐다.

17번 홀은 짧은 파5의 버디 홀이었는데 톰의 3번 아이언 어프로치 샷이 온그린되었고 니클라우스의 4번 아이언 어프로치 샷은 그린 오른쪽 러프에 떨어지면서 아주 어려운 칩샷을 남기게 되었다. 톰이 캐디를 돌아보며 이제 우리가 이겼다고 말하는 순간 니클라우스의 절묘한 칩샷이 홀에서 1.2미터 지점에 멈췄다. 톰은 2퍼트로 버디를 했지만 니클라우스가 그 짧은 버디 퍼트를 놓치면서 톰이 처음으로 1타 리드를 잡았다. 18번 홀에서 1번 아이언으로 티샷한 톰의 공이 약간 당겨지면서 왼쪽 벙커 방향으로 날아갔다. 불안한 표정으로 캐디를 바라보는 톰에게 앨피가 문제없다는 사인을 보내왔다. 1타가 뒤진 니클라우스는 이 홀에서 4라운드 중 처음으로 드라이버를 빼어 들고 티샷했지만 공은 오른쪽 러프로 들어갔다. 공을 향해 걸어가는 톰의 마음은 불안했다. 벙커가 가까워지고 있지만 공은 아직도 보이지 않았다. 캐디 앨피가 "Mr, We are safe"라고 반복해서 말하며 따라오고 있었지만 공이 보일 때까지 안심할 수 없었다. 드디어 자기의 공을 발견한 톰은 니클라우스의 공이 어떤 라이에 있는지 확인하기 위해서 그의 공까지 가서는 그린을 노리기가 거의 불가능하다는 것을 알았다. 페어웨이에서 홀까지 164미터가 남은 어프로치 샷을 준비하면서 캐디에게 클럽 선택을 물었다. 앨피는 7번 아이언을 권했다. "나는 6번 아이언으로 145~150미터를 캐리하는데 왜 7번으로 치라는 말인가요?", "미스터, 당신의 몸은 지금 아드레날린이 넘쳐흐르고 있습니다." 캐디를 믿고 친 7번 아이언 어프로치 샷이 홀에서 70센티미터 지점에 멈추자 우레와 같은 함성이 터져 나왔다.

니클라우스는 깊은 러프 속에서 그린을 향해 8번 아이언을 힘차게 스윙했는데 큰 디봇이 나면서 공이 러프를 빠져나가더니 홀 오른쪽 10미터 지점의 그린 위에 멈췄다. 그 샷을 본 톰은 놀라움을 감추지 못하면서 캐디에게 니클라우스가 버디 퍼팅을 성공시킬 것이라고 예언했다. 톰의 예상대로 니클라우스는 버디를 성공했고 70센티미터가 남은 위닝 퍼트는 7미터처럼 길게 보였다. 그러나 톰은 침착하게 버디 퍼트를 성공시키면서 생애 두 번째 디오픈 챔피언이 되었다. 우승 톰 왓슨 68-70-65-65, 2위 잭 니클라우스 68-70-65-66이었으며, 3위 허버트 그린은 니클라우스보다 10타나 뒤진 점수였다. 두 선수의 명승부 이야기는 『Duel in the Sun』이라는 제목의 책으로 출판되어 있다.

메이저 우승이 없었던 전성기 시절, 1978~1979년

1978년 마스터스 대회에서 타이틀 방어에 나선 톰은 3라운드가 끝났을 때 선두 허버트 그린Hubert Green에게 3타 뒤진 공동 2위였고 컨디션도 좋아서 우승에 대한 자신감을 가졌다. 4라운드 13번 홀에서 이글 퍼트를 성공한 톰은 드디어 10언더파 공동 선두에 합류했고 14번 홀에서 보기를 하였지만 15번, 16번 홀에서 연속 버디를 잡아내며 11언더파가 되어 게리 플레이어, 허버트 그린에게 1타 앞선 단독 선두가 되었다. 그러나 마흔두 살의 노장 게리 플레이어의 추격은 무서웠다. 선두에게 7타 뒤진 공동 10위로 출발했던 게리 플레이어는 후반 10홀에서만 버디 7개를 잡았고 코스레코드인 64타를 치며 톰과 공동 선두인 11언더파로 라운드를 끝냈다. 18번 홀에서 파만 하면 연장전에 갈 수 있었던 톰은 2.4미터짜리 파 퍼트를 실패하면서 플레이어에게 우승을 내주었다.

1979년 마스터스에서도 퍼지 젤러Fuzzy Zoeller, 에드 스니드Ed Sneed와 서든 데스 연장전을 벌였지만 두 번째 연장 홀인 11번 홀에서 버디를 잡은 퍼지 젤러가 우승했다. 스물일곱 살의 젤러는 1935년 진 사라센의 우승 이후 최초로 첫 출전에 우승을 한 선수가 되었고 1984년 US오픈에서 우승하여 메이저 2승을 달성했다.

　1978년 PGA 챔피언십은 톰의 골프 경력에서 가장 큰 아쉬움을 남긴 대회였다. 펜실베이니아 주의 오크몬트 컨트리클럽에서 열렸던 PGA 챔피언십에서 톰은 1라운드부터 67타로 선두에 나서더니 2, 3라운드에서 69-67타로 선두를 유지했고 2위와의 격차를 5타로 벌리면서 우승을 눈 앞에 두고 있었다. 그러나 마지막 라운드에서 2오버파 73타로 무너졌고 66타를 치면서 7타 차이를 따라온 존 머허피^{John Mahaffey}와 68타를 친 제리 페이트^{Jerry Pate}가 8언더파 276타로 공동선두가 되어 세 선수가 서든데스 연장전에 들어갔다. 승부는 연장 두 번째 홀에서 3.7미터짜리 버디 퍼트를 성공시킨 존 머허피의 우승으로 끝났다. 이 대회는 PGA 챔피언십을 우승할 수 있었던 가장 좋은 기회였는데, 결국 톰 왓슨은 PGA 챔피언십을 우승하지 못해서 커리어 그랜드 슬램을 이루지 못하는 한을 남기게 되었다.

　메이저 우승을 세 번이나 아슬아슬하게 놓치며 준우승에 머물렀지만 톰의 골프 기량은 이미 전성기였다. 1978년, 1979년에 각각 PGA 5승을 올리면서 4년 연속(1977~1980) 상금왕에 올랐고, 최저 평균타수 상인 바든 트로피도 3년 연속(1977, 1978, 1979) 수상하였다.

1980년 디오픈 챔피언

톰은 1980년 디오픈에서 3년 만에 메이저 챔피언으로 복귀하며 그의 네 번째 메이저 우승을 달성했다. 뮤어필드에서 열린 제109회 디오픈은 1966년에 4일에 걸쳐 시합하는 것으로 바뀐 이후 마지막 라운드의 스케줄을 토요일 대신 일요일로 옮긴 최초의 대회였다. 디오픈은 1965년까지 수, 목, 금(2라운드)으로 3일 간 진행하다가, 1966~1979년 사이에 수, 목, 금, 토 4일 간 플레이하였고, 1980년부터 목, 금, 토, 일 4일 간으로 변경되었다. 1977년 디오픈 우승 이후 3년 만에 메이저 챔피언을 노리는 톰의 경쟁자들은 당시 메이저 16승을 거둔 잭 니클라우스와 1972년 디오픈을 뮤어필드에서 우승했던 리 트레비노였다.

1, 2라운드가 끝났을 때 리 트레비노가 68-67타, 7언더파로 선두에 나섰고 톰은 68-70타로 트레비노에게 3타 뒤진 2위였다. 그러나 3라운드에서 톰이 자기의 메이저 대회 최저타 기록인 64타를 쳤고, 트레비노가 71타로 부진하면서 역전에 성공하여 4타 차 선두가 되었다. 4라운드에서 69타를 친 톰은 271타 13언더파로 우승했고 4타 차 2위에 트레비노, 4위 잭 니클라우스 순서로 끝이 났다. 톰의 세 번째 디오픈 우승이며 네 번째 메이저 우승이었다. 톰은 우승 인터뷰에서 이제 US오픈과 PGA 챔피언십에서 우승하여 커리어 그랜드 슬램에 도전하겠다는 포부를 밝혔다.

1981년 마스터스 챔피언

마스터스가 열리는 오거스타 내셔널 골프클럽은 1981년부터 그린의 잔디를 버뮤다 그래스 대신 벤트 그래스로 교체함으로써 공이 훨씬 더 빠르고 정확하게 구르도록 만들었다. 2라운드까지 끝났을 때 선두에 나선 선수는 1980년 PGA 챔피언십의 우승으로 메이저 17승을 달성한 잭 니클라우스였는데, 그는 70-65타로 9언더파가 되어 71-68타를 친 톰을 4타나 앞서고 있었다. 그러나 3라운드에서 니클라우스가 2라운드보다 무려 10타나 더 치면서 75타로 부진한 사이에 70타를 친 톰이 역전에 성공하며 1타 차이로 선두가 되었다. 4라운드에서 톰은 마지막 여섯 홀 중에서 네 홀의 파 세이브를 성공하는 눈부신 쇼트게임을 보여주며 71타로 마무리하여 니클라우스에게 2타 차 우승을 거두었다. 31세 톰의 다섯 번째 메이저 우승이었다. 톰은 고비마다 반드시 넣어야 하는 퍼트들을 성공함으로써 우승할 수 있었다.

1982년 US오픈 챔피언

1982년 제82회 US오픈은 페블비치 골프 링크스에서 개최되었다. 페블비치에서는 세 번째로 열리는 메이저 대회였는데 1972년 US오픈에서 잭 니클라우스가 우승한 후 1977년 PGA 챔피언십에서는 래니 왓킨스가 우승했었다. US오픈에 출전했던 최근 8개 대회에서 6번이나 톱10에 들면서도 우승과 거리가 멀었던 톰은 커리어 그랜드 슬램에 한 발 더 다가가기 위해서 US오픈 우승이 절실하게 필요했다.

1라운드에서 72타로 평범한 출발을 한 톰은 2라운드에서 갑자기 샷이 나빠지면서 드라이브 샷을 페어웨이에 5개밖에 올리지 못하며 다시 72타를 쳤다. 그린 주변에서의 쇼트게임 덕분에 72타를 칠 수 있었지만 샷의 내용을 보면 82타를 쳤어야 맞는 정도였다. 당시 PGA 선수들 사이에서 '왓슨 파Watson Par'라는 용어가 쓰이고 있었는데 나쁜 샷을 치면서도 기가 막히게 파를 세이브하는 톰의 플레이를 보고 지어낸 용어였다. 라운드가 끝나고 샷의 방향이 나빠진 원인을 찾기 위해 연습장에 간 톰은 문제점을 찾아냈다. 팔의 회전이 몸의 회전과 따로 놀면서 방향성이 나빠진 것이었다. 곧바로 팔과 몸을 동시에 돌려주는 연습을 시작하자 방향성이 차츰 회복되었다. 이렇게 간단한 스윙의 변화를 주고 나간 3라운드에서 톰은 68타를 치며 빌 로저스Bill Rogers와 공동 선두가 되었고, 3타 차 공동 7위에 니클라우스가 추격하고 있었다. 톰은 페블비치에서 우승을 하려면 반드시 니클라우스를 넘어야 한다는 것을 알고 있었다.

4라운드에서 안정적인 플레이를 시작한 톰의 앞 조 어딘가에서 계속해서 함성소리가 터져 나왔다. 3조 앞서 플레이를 하고 있던 니클라우스가 3번부터 7번까지 다섯 홀 연속 버디를 하며 5언더파가 되어 선두를 빼앗아 갔기 때문이었다. 그 이후 톰과 니클라우스 사이에서 우승 경쟁이 벌어졌는데 톰이 신기와 같은 퍼팅을 앞세워 14번 홀에서 재역전에 성공했다. 10번 홀에서 어프로치 샷을 깊은 러프에 보냈지만 기적적인 파세이브를 해냈고, 파5인 14번 홀에서는 12미터나 되는 버디 퍼트를 남겼는데 내리막 경사가 심해서 홀컵 가까이 공을 세우기가 불가능했고 세우기 위해서는 홀에 넣는 방법밖에 없었다. 톰이 그 퍼트를 성공시키며 버디를 잡아냈지만, 16번 홀에서 보기를 범하며 4언더파로 니클라우스와 공동 선두가 되었다. 페블비치 17번 홀은 180미터 파3인데 바람 속에서 작은 그린을 목표로 롱 아이언을 쳐서 그린 위에 공을 세우기가 아주 어려운 홀이었다. 톰은 2번 아이언과 3번 아이언 사이에서 망설이고 있었는데 캐디인 브루스Bruce Edwards가 3번 아이언을 주문했지만 톰은 2번 아이언을 선택했다. 그린 왼쪽의 벙커를 넘기는 것이 최우선 목표라고 생각했기 때문이다.

　브루스는 톰보다 5살 아래인데 1973년부터 톰의 캐디가 되어 2004년 루게릭 병으로 세상을 떠날 때까지 30년 넘게 그의 백을 메었다. 톰이 메이저 대회에서 다섯 번이나 우승을 했지만 부루스는 한 번도 우승 대회의 캐디를 하지 못했다. 두 번의 마스터스 우승 때에는 규정상 하우스 캐디를 써야 했고 세 번의 디오픈 우승 때는 언제나 앨피Alfis Fyles가 캐디를 맡았기 때문이다. 브루스는 톰의 메이저 8승 중에서 이번 US오픈에서 단 한 번의 우승자 캐디가 된다. 2003년 마스터스 대회의 주차장에서 백을 멘

브루스가 톰을 붙잡고 울음을 터뜨렸다. 루게릭 병으로 투병하고 있던 브루스에게 이번이 마지막 마스터스가 될 것임을 두 사람 모두 알고 있었다. 브루스는 2004년 마스터스 첫날, 49세의 나이로 세상을 떠났다.

니클라우스는 4언더파 공동 선두로 라운드를 끝내고 클럽하우스에서 톰의 티샷을 지켜보고 있었다. 2번 아이언으로 친 공은 깃대를 향하는가 싶더니 드로우가 나면서 조금씩 왼쪽으로 꺾였고, 그린 왼쪽의 깊은 러프에 떨어졌다. 홀까지 거리는 5미터 정도이지만 그린 에지에서 홀까지의 거리가 짧고 바다를 향한 내리막 라이이기 때문에 파를 세이브하는 것이 불가능해 보였다. 중계방송을 하던 ABC TV의 해설자가 니클라우스의 다섯 번째 US오픈 우승을 기정사실화할 정도였다. 니클라우스도 최소한 연장전 또는 자기의 우승을 예상했다고 나중에 밝혔다.

공으로 간 톰은 라이가 생각보다 좋은 것을 발견했다. 브루스가 홀에 가깝게 붙여보라고 주문하자 톰은 홀에 넣을 수 있다고 자신 있게 대답했다. 몇 년 전 친구 그래햄David Graham에게서 얻은 윌슨 56도 샌드웨지로 시간을 끌지 않고 부드러운 칩샷을 했는데 그린 위에 떨어진 공은 그대로 홀컵으로 굴러들어갔다. 해설자는 1000대 1 확률의 샷이 들어갔다고 말했지만 톰은 그런 샷을 몇만 번 연습했고 성공시킬 자신이 있었다. 이 샷은 아마도 골프 역사상 가장 많은 조회 횟수를 기록한 샷일 것이다. 톰도 이 샷을 자기 생애 최고의 샷으로 기억하고 있다. 버디를 한 톰은 파5, 18번 홀에서도 버디를 하여 니클라우스에게 2타 차로 우승했다. 니클라우스는 이 패배를 생애에서 가장 가슴 아픈 패배 중 하나라고 말했고, 그는 톰의 메이저 6승 동안 2위를 네 번이나 기록하여 희생양이 되었다. 메이저 대회 6승을 기록한 톰은 이제 커리어 그랜드 슬램에 PGA 챔피언십만을 남기게 되었다.

1982년 디오픈 우승, 더블 메이저 챔피언

1982년, 111회 디오픈이 스코틀랜드의 로얄 트룬 골프클럽에서 개최되었다. 톰은 스코틀랜드의 골프장에서 이미 세 번의 우승컵을 받았으므로 스코틀랜드 골프팬들의 영웅이 되어 있었고 팬들은 톰이 다시 우승해주기를 기대하고 있었다.

2라운드가 끝났을 때 67-66타를 치면서 선두에 나선 선수는 캘리포니아 페블비치 지역 출신인 보비 클람페트Bobby Clampett였다. 클람페트는 한 달 전 열렸던 페블비치 골프 링크스의 US오픈에서 깜짝 3위에 오른 후 좋은 컨디션을 유지하고 있었다. 2위는 5타 차이로 25세의 닉 프라이스였고 톰은 7타 차 5위로 따라가고 있었다. 3라운드가 시작되면서 강풍이 불기 시작했고 덩달아 선수들의 점수도 급격히 나빠지기 시작했다. 선두 클람페트도 6번 홀 페어웨이 벙커에서 세 번만에 탈출을 하는 등 부진한 경기를 펼치더니 전날보다 12타나 많은 78타를 쳤다. 강한 바람 속에서 60

대의 타수를 친 선수가 없었을 정도로 어려운 상황이었다. 하지만 선두는 아직도 5언더파의 클람페트였고, 2위는 4언더파의 닉 프라이스, 2언더파의 톰은 공동 5위가 되었다.

4라운드가 시작되면서 클람페트는 우승경쟁에서 밀려났고 닉 프라이스와 톰의 양자 대결 구도가 되었다. 프라이스가 10번, 11번, 12번 홀에서 연속 버디를 잡아내며 톰보다 3타 차까지 앞서 나갔지만 15번 홀에서 더블보기를 하는 등 마지막 6개 홀에서 4타를 잃으면서 73타로 무너졌다. 결국 차분히 파를 잡아나가던 톰이 70타를 쳐서 4언더파(69-71-74-70)로 프라이스를 1타 차로 누르며 그의 네 번째 디오픈 우승컵을 안았고 메이저 7승째를 기록하게 되었다. 디오픈이 열리는 코스는 9개인데 그 중 5개가 스코틀랜드에 있고 4개가 잉글랜드에 있다. 톰은 스코틀랜드의 5개 코스 중 세인트 앤드루스를 제외한 4개 코스를 정복했다.

역사상 한 해에 US오픈과 디오픈을 동시에 제패한 골퍼는 총 6명이 있는데 톰도 그 중 한 명이 되는 영광을 안았다. 그들은 1926년, 1930년 보비 존스, 1932년 진 사라센, 1953년 벤 호건, 1971년 리 트레비노, 1982년 톰 왓슨, 2000년 타이거 우즈이다. 메이저 18승의 잭 니클라우스가 한 해에 양대 오픈 챔피언에 오르지 못했던 것도 특이한 일이다.

1983년 디오픈 다섯 번째 우승

1983년 US오픈이 펜실베이니아 주의 오크몬트 컨트리클럽에서 열렸다. 1978년 오크몬트의 PGA 챔피언십에서 연장전까지 가는 접전 끝에 패배한 기억이 있는 톰은 코스를 잘 알고 있어서 자신감에 넘쳐있었다. 3라운드가 끝나고 스페인의 세베 발레스테로스와 공동 선두에 나섰고, 4라운드의 전반 9홀까지 3타 차 선두를 유지하던 톰은 후반에 3오버파를 치며 래리 넬슨에게 역전패당하고 말았다.

1983년의 제112회 디오픈은 잉글랜드의 로얄 버크데일 골프클럽에서 개최되었다. 이 대회는 2위 헤일 어윈이 5센티미터 거리의 퍼트를 투 퍼트로 홀 아웃하는 실수를 저질러 1타 차이로 패배했던 기록으로 유명하다. 2라운드가 끝나고 선두는 64-70타를 쳐서 8언더파를 기록 중인 크렉 스타들러Craig Stadler였고 톰은 67-68타, 7언더파로 공동 2위였다. 3라운드에서 70타를 친 톰은 스타들러에게 1타 차 선두에 나섰고 4라운드에서 다시 70타를 쳐서 헤일 어윈과 앤디 빈Andy Bean에게 1타 차 승리를 거뒀다.

마지막 라운드의 우승경쟁은 톰과 헤일 어윈 사이에서 선두가 바뀌는 치열한 싸움이었다. 사건은 헤일 어윈이 퍼팅을 하던 14번 홀 그린에서 일어났다. 어윈의 버디 퍼트가 홀 5센티미터 앞에 멈췄는데 무심코 다가가서 가볍게 밀어 넣으려던 어윈의 퍼터 헤드는 그만 허공을 치고 말았다. 공을 치려는 의도가 있었으므로 룰에 따라 한 타를 추가하여 보기가 되었다. 톰보다 4조 앞에서 플레이했던 어윈은 67타의 좋은 성적으로 끝 났지만 허무하게 잃은 그 한 타가 마음에 걸렸다. 어윈은 락커룸에서 톰 의 플레이가 끝나기를 기다리며 기도했다. 만일 패하더라도 2타 이상의 차이가 되어 달라는 기도였다. 그러나 골프의 신은 어윈을 용서하지 않고 우승자 톰에게 1타 차 패배를 만들었으며 그 사건은 어윈의 가슴 속에 평 생토록 상처로 남게 되었다.

톰은 8번째 메이저 우승을 기록했고 지난 9년 동안 디오픈에서 다섯 번 이나 우승하는 신기록을 달성했다. 디오픈의 최다승 기록은 해리 바든의 6승이고 5승이 4명 있는데 그들은 영국의 존 테일러^{John Taylor}, 제임스 브레 이드^{James Braid}, 호주의 피터 톰슨^{Peter Tompson} 그리고 톰 왓슨이다. 그러나 이 번 우승이 34세 톰 왓슨의 마지막 메이저 우승이 될 줄은 아무도 몰랐다. 1975년 첫 메이저 우승을 이룬 후 9년의 전성기 동안 메이저 8승을 달성 했고 PGA 투어 39승 중에서 34승을 올린 것은 대단한 기록이지만 34세의 젊은 나이에 전성기를 마감한 것은 비극이었다. 특히 디오픈에 강했던 아 직은 젊은 톰이 1984년부터 10년 동안 톱10에 세 번 들었을 뿐 우승을 못 했다는 것도 믿기 힘든 사실이다.

불운했던 1984년 이후

1984년 마스터스에서 벤 크렌쇼에게 우승을 빼앗기고 2위에 머무른 톰은 제2의 고향이나 다름없는 스코틀랜드에서 열리는 디오픈의 우승을 열망했다. 1984년 디오픈은 골프의 성지나 다름없는 세인트 앤드루스 올드코스에서 열렸는데 지난 9년 동안 5회나 우승을 했던 톰이 또 다시 우승을 한다면 최다 우승 기록인 해리 바든의 6승과 타이기록이 되고 디오픈이 열리는 스코틀랜드의 5개 코스에서 모두 우승하는 신기록을 남길 수 있었다. 1978년 세인트 앤드루스 올드코스에서 열렸던 디오픈에서 톰은 3라운드까지 선두였지만 4라운드에서 76타로 무너지면서 우승을 빼앗긴 경험이 있었다.

1984년에도 3라운드 후에 세베 발레스테로스와 베른하드 랑거^{Bernhard Langer}에게 2타 차 선두에 나섰지만 4라운드 17번 홀에서 보기를 범하여 발레스테로스에게 역전패하고 말았다.

1987년 US오픈에서도 3라운드 후에 1타 차 선두에 나섰고 4라운드 13번 홀까지 1타 차 선두를 유지했지만 14번, 15번, 16번 홀에서 연속 버디를 잡은 스콧 심슨^{Scott Simpson}에게 역전패를 당했다. 1991년 마스터스에서는 4라운드 17번 홀까지 공동 선두였지만 18번 홀에서 더블보기를 하며 이안 우스남^{Ian Woosnam}에게 패배했다.

1994년, 새로운 스윙을 깨우치다

디오픈에서 우승하려면 바람의 영향을 피할 수 있는 낮은 탄도의 펀치 샷을 치는 것이 중요하다. 그러나 디오픈 우승의 전문가였던 톰은 낮은 탄도의 샷을 치지 못했다. 다만 높은 공을 쳤을 때 바람의 영향으로 공이 어떻게 움직일 것인가에 대한 거리계산이 탁월했다. 또 그린을 놓쳤을 경우 파를 세이브할 수 있는 쇼트게임 능력이 있어서 공격적인 플레이가 가능했다. 낮은 탄도의 공을 가장 잘 쳤던 리 트레비노에게서 조언을 구했지만 자신 있게 낮은 샷을 구사할 수 있는 테크닉을 개발하지 못했다. 나이가 들면서 계속 높은 공을 치기가 점점 더 힘에 부쳤던 톰은 새로운 스윙을 원했다.

1994년 PGA대회 연습장에서 우연히 코리 페이빈^{Corey Pavin}의 특이한 연습 스윙을 보고 있던 44세의 톰은 큰 영감을 얻게 되었다. 자기의 스윙은 백스윙을 했다가 다운스윙을 하면서 오른쪽 어깨가 낮아지고 C를 거꾸로 만드는 모습의 'Reverse C 피니시'를 하는데 페이빈은 다운스윙때 오히려 오른쪽 어깨를 높이는 'Over the Top' 자세를 취하고 스윙 궤적도 인에서 아웃이 아니라 아웃에서 인으로 연습하는 것이었다. 또 어드레스 자세에서 볼의 위치도 톰보다 훨씬 오른쪽에 있는 것을 알게 되었다. 톰은 즉시 페이빈의 스윙을 따라 하며 공을 쳐 보았는데 신기하게 낮은 탄도의 공이 나오기 시작했고 스윙도 더 수월해지는 느낌이었다. 어드레스에서 공을 오른발 쪽으로 옮겼으므로 백스윙의 톱에서 왼쪽 어깨가 더 낮아지고 백스윙의 길이도 짧아지는 효과가 있었으며 다운스윙이 저절로 가파르게 내려오면서 낮은 탄도의 공이 나오는 것이었다. 클럽 헤드의 앞부분이 더 깊게 파이는 디봇 문제도 해결되어서 헤드의 앞뒤가 똑같이 얇게 파이는 디봇을 만들 수 있게 되면서 이제야 트레비노의 비밀을 이해할 수 있게 되었다. 우연한 깨달음으로 새로운 스윙을 개발한 톰은 장수하는 프로의 길을 가게 된다. 톰은 자기의 골프 경력에 아무런 후회가 없지만 새로운 스윙을 너무 늦게 깨우친 것이 가장 아쉽다고 말했다.

그리고 1994년 디오픈이 턴베리 리조트에서 개최되었다. 1977년 이곳에서 최고의 라운드를 펼치며 잭 니클라우스를 누르고 우승한 경험이 있는 톰은 새로운 스윙으로 무장하여 자신감을 가지고 스코틀랜드에 도착했다. 바람을 피할 수 있는 샷으로 무장한 효과는 점수로 나타나서 2라운드 후 68-65타를 친 톰이 선두에 나섰다. 그러나 3라운드에서 69타를 치며 1타 차로 선두를 빼앗긴 톰은 4라운드에서 74타로 무너지면서 11위로 끝나고 말았다. 이 패배는 톰이 기억하고 있는 가장 가슴 아픈 패배 중 하나가 되었다.

마지막 불꽃, 2009년 디오픈

2009년 디오픈이 다시 턴베리 리조트로 돌아왔다. 1977년 자기 생애 최고의 라운드로 잭 니클라우스를 누르며 우승했던 기억과 1994년의 가슴 아픈 패배의 기억이 동시에 떠오르는 턴베리는 톰의 골프 경력의 마지막 불꽃을 태우는 무대가 되었다. 이제 59세가 된 톰의 출전은 과거 챔피언에 대한 예우일 뿐 아무도 그를 주목하지 않았다. 도박사들이 책정한 톰의 우승 확률은 2,500대 1이었다. 그러나 톰은 자기도 우승할 수 있다는 자신감을 잃지 않고 있었다. 더구나 턴베리 코스는 자기에게 행운을 주는 곳이라는 생각도 들었다. 4대 메이저 대회 중에서 시니어 플레이어가 우승할 수 있는 대회는 디오픈 뿐인데 그것은 링크스 코스의 특징 때문이고 톰은 그 특징들을 가장 잘 알고 있었다. "골프채는 당신의 나이를 모른다"는 말이 있듯이 나이는 문제가 되지 않았다. 37세 때에 사용했던 퍼시몬 헤드의 43인치 드라이버보다 현재 사용하는 460cc 헤드의 45인치 드라이버로 훨씬 더 긴 비거리를 칠 수 있었다.

처음 두 라운드의 조 편성은 톰, 29세의 가르시아 그리고 16세의 브리티시 아마추어 챔피언인 이탈리아의 마나세로Matteo Manassero였다. 바람이 없는 쾌청한 날씨 속에 플레이된 1라운드에서 65타를 친 톰은 선두 히메네스에게 1타 차 2위였지만 비바람이 거셌던 2라운드에서 70타를 치면서 5언더파로 공동 선두가 되었다. 3라운드를 앞두고 도박사들은 톰의 우승 확률을 25대 1까지 높였다. 3라운드에서 71타를 친 톰은 합계 4언더파로 2위에게 1타 차 단독 선두가 되었고 전 세계의 미디어들은 새로운 골프 역사가 만들어질지 모른다는 기사를 써내며 흥분하고 있었다.

4라운드를 앞두고 톰의 우승 확률은 10대 1까지 높아졌다. 전반 9홀이 끝났을 때 4언더파였던 리 웨스트우드Lee Westwood에게 2타 차이로 역전당했지만 웨스트우드가 보기를 계속하며 무너졌고 클럽하우스 리더는 2언더파가 된 스튜어트 싱크Stewart Cink였다. 18번 홀에서 3언더파로 1타 차 선두를 지키던 톰은 이제 파만 하면 59세 메이저 챔피언의 대기록을 세우게 되는 순간이었다. 하이브리드 클럽으로 티샷을 한 공은 홀까지 173미터를 남긴 페어웨이에 멈췄다. 그린 앞까지 150미터, 홀까지 23미터였는데 톰과 캐디 닐Neil Oxman은 어프로치 샷을 8번 아이언으로 해야 한다는 의견의 일치를 보았다. 하지만 그들의 판단은 맞지 않았다. 완벽했다고 생각한 어프로치 샷은 그린 앞 엣지에 떨어지면서 크게 바운스되어 구르기 시작하더니 그린을 가로질러 넘어가서 러프에 멈추고 말았다.

과거 디오픈의 다섯 차례 우승 때 언제나 캐디를 맡았던 앨피가 있었더라면 9번 아이언을 선택해주지 않았을까? 왜냐하면 4라운드 동안 같은 하이브리드 클럽으로 티샷을 했었는데 마지막 라운드 때 13미터나 더 길게 나온 것은 아드레날린의 효과가 확실하기 때문이다. 그린 아래로 굴러 내려가서 낮은 위치의 러프에 멈춘 공은 라이가 나빠서 칩샷 대신 퍼트를 선택해야 했다. "잘못 친 퍼트가 잘못 친 칩샷보다 언제나 더 좋다"라는 말은 진리이기 때문이다. 홀을 향해서 친 퍼트는 2.5미터를 지나서 멈췄고 이제 챔피언 퍼트를 남겼다. 이런 상황에서 긴장하지 않을 사람이 있겠는가? 톰의 퍼트는 오른쪽으로 밀리면서 짧았고 홀 근처에도 가보지 못한 채 멈추고 말았다. 4라운드 플레이 중에서 가장 엉터리 퍼팅이었다.

보기를 한 톰은 2언더파로 싱크와 공동 선두가 되어 4홀을 플레이하는 연장전에 가게 되었는데 톰의 체력과 정신력은 거기서 끝났고 이제 나이가 나타나기 시작하였다. 연장전은 5번, 6번, 17번, 18번 홀에서 플레이되었는데 싱크가 2언더파, 톰이 4오버파로 패배하고 말았다. 톰의 선전은 전 세계 스포츠팬들을 열광시켰고 시니어 골퍼들에게 용기와 자신감을 선사했지만 역사 속에서 두고두고 애석해하고 아쉬워하는 골프팬들을 남기게 되었다.

톰 왓슨은 1999년부터 챔피언스 투어에서 활동을 시작한 후 14승을 기록하고 있으며 66세의 나이에도 왕성한 활동을 하여 후배 선수들에게 모범이 되고 있다. 어떤 인터뷰에서 기자가 그렇게 오랫동안 현역선수로 남을 수 있는 스윙의 비법을 물었을 때 그의 대답은 간단했다. "아마도 백스윙의 톱에서 왼 발꿈치를 들어 올리는 것이 아닐까요?"

6

닉 팔도
Nick Faldo (1957~)

주요 업적

메이저 대회 6승 마스터스: 1989, 1990, 1996 │ 디오픈: 1987, 1990, 1992
프로 통상 41승 유러피안 투어 30승
라이더컵 팀 최다 출전 11회
라이더컵 포인트 최다 획득 25점(23승 19패 4무승부)
명예의 전당 입회 1997

Swing Machine

1971년 4월 11일 저녁, 영국 런던 남쪽으로 50킬로미터쯤 떨어진 웰윈 가든 시티Welwyn Garden City의 평범한 가정집 거실, 이곳에서 13살 소년이 TV를 켰다. 때마침 미국에서 벌어지고 있는 제35회 마스터스 대회의 마지막 라운드가 중계방송되고 있었고, 골프 중계를 처음 보는 소년은 골프코스의 아름다움과 선수들의 우아한 스윙 모습에 탄성을 쏟아냈다. 특히 우승자 찰스 쿠디Charles Coody에게 패하여 2등으로 끝난 잭 니클라우스의 플레이 모습은 감동적이었으며 잭 니클라우스는 그 소년의 평생 영웅이 되었다. 만능 스포츠맨이었던 소년은 골프를 전혀 경험하지 못했지만 그날 저녁 다른 모든 스포츠를 포기하고 프로골퍼가 되기로 결심한다. 그가 메이저 6승의 업적을 이룬 유럽 최고의 골퍼, 닉 팔도이다.

골퍼가 된 만능 스포츠맨

1957년 7월 18일, 한 남자 아이가 태어났다. 아버지 조지 팔도^{George Faldo}와 어머니 조이스 팔도^{Joyce Faldo}는 그 건강한 아기의 이름을 니콜라스 알렉산더 팔도^{Nicholas Alexander Faldo}라고 지었다. 부유한 가정은 아니었지만 어린 닉 팔도는 부모의 능력이 되는 한 최고의 교복과 새 구두를 신으며 자라는 외동아들이었다. 부모는 아들이 음악가나 배우가 되기를 희망했지만 닉의 관심은 스포츠뿐이었다. 아버지를 닮아서 다리가 길고 유난히 키가 큰 닉은 모든 스포츠에 참여하기를 좋아했고, 운동신경이 탁월했으며 언제나 1등을 하고 싶어 하는 승부근성이 있었다. 5살 때 크리켓 볼을 던졌고, 6살에는 수영을 시작하여 동네의 시합에서 1등을 독차지하며 올림픽 수영선수의 꿈을 키웠다. 그러나 11살 때에 국가대표 선발전 통과에 실패한 닉은 수영을 포기하고 농구, 축구, 크리켓 팀의 선수가 되었지만 팀이 패배하는 것을 아주 싫어했던 그는 점차 팀 스포츠를 멀리하고 개인 스포츠로 눈을 돌리게 되었다. 13살에 자전거에 빠진 닉은 새 자전거를 사서 시합에 참가하면서 '뚜르 드 프랑스^{Tour de France}' 선수가 되는 꿈을 꾸기도 했다. 많은 스포츠 중에서 닉이 시도해보지 않은 것은 오직 골프뿐이었다.

닉에게 골프는 어른들끼리 플레이하는 느리고 지루한 게임이었지만 1971년 마스터스 대회 중계방송을 본 후 그의 마음은 골프에 빠져들게 되었다. 닉은 엄마에게 골프레슨을 받겠다고 졸랐고 동네의 골프클럽인 웰윈 가든 시티 골프클럽Welwyn Garden City Golf Club의 프로에게 첫 레슨을 받기 시작하면서 골프의 포로가 되고 만다. 그리고 골프클럽의 헤드프로였던 이안 코넬리Ian Connelly는 닉의 첫 번째 스승이 되었다. 처음 네 시간 동안 그립, 스탠스, 어드레스 자세, 백스윙 등을 배우고 난 후 닉이 친 첫 번째 골프공이 하늘로 날아오른 순간, 닉은 자기의 평생 직업이 골프 선수가 될 것임을 확신했다. 1971년 7월 18일, 열네 번째 생일날에 하프 세트의 골프 클럽을 선물로 받은 닉은 부모가 자기의 골프에 대한 열정을 충분히 이해하고 지원한다는 확신을 얻고 기뻐했다. 골프채를 잡고 3개월 만에 90을 깬 닉은 15살이 되었을 때 핸디캡 5의 실력으로 발전했다.

16살이 되어서 학교를 자퇴하기로 결심한 닉은 담임선생님과 상담을 했다.

"닉, 학교를 그만두고 뭘 하려고 하는데?"

"프로골퍼가 되려고 합니다."

"선수 만 명 중에 한 명쯤 성공하는데 너무 어렵지 않겠니?"

"제가 그 한 명이 될 거예요."

"골프에서 뭘 잘하는데?"

"저는 퍼팅을 아주 잘합니다. 당장 프로선수와 내기를 해도 자신 있어요."

훗날 닉은 "나는 퍼팅을 꼭 성공시켜야 한다는 압박감이나 두려움을 가지면 그 퍼팅을 성공시킬 수 없다는 것을 알고 있었다. 단지 공이 홀로 들어가는 모습을 상상함으로써 자연스럽게 성공적인 퍼팅을 할 수 있었다" 라고 회고했다. 그렇게 16살 생일에 닉은 공식적으로 학교를 떠났다.

학교를 중단한 후 매일 아침 8시에 골프백을 등에 메고 자전거를 타고 골프클럽으로 달려갔다. 점심은 어머니가 준비해 준 언제나 같은 샌드위치로 해결했다. 8시 15분에 도착하면 오전 내내 연습 공을 치고 그린 옆에 앉아서 점심을 먹은 후 퍼팅과 쇼트게임을 연습하고 라운딩을 하다가 어두워지면 집으로 돌아갔다. 손은 물집이 잡히고 굳은살로 갈라지기도 하여 피가 흐르는 손으로 자전거 핸들을 잡고 돌아가는 날도 있었다. 저녁 식사 후에는 꼭 클럽들을 깨끗이 닦으며 다음 날을 준비했고, 부엌의 창문에 비친 자기의 모습을 보며 연습스윙을 계속했다. 그는 싸우러 나갈 무기들을 정성스럽게 준비하는 것은 선수가 갖춰야 할 기본 중의 기본이라고 생각했다. 비가 오는 날에는 자전거가 미끄러져 넘어지면서 클럽들을 모두 거리에 쏟아내기도 했지만 2년 동안 하루도 쉬지 않고 같은 훈련을 반복했다.

첫 스승, 이안 코넬리

닉의 첫 코치였던 이안 코넬리는 닉을 처음 본 순간 그의 재능과 야망을 발견하고 대선수가 될 재목임을 알아차렸다. 평균 일주일에 한 번씩 2년 이상의 레슨을 하면서 닉의 기본기는 단단해졌다. 처음부터 바른 그립을 가르친 코넬리의 스윙철학은 단순함이었다. 단순한 스윙이어야 반복적인 결과를 얻을 수 있다고 믿었기 때문이다. 초기에는 닉의 스윙에 문제가 있었다. 이미 185센티미터로 성장한 큰 키 때문에 공에 너무 가까이 서고 구부정한 자세가 되었는데 코넬리는 허리를 곧게 펴고 굽히는 자세를 가르쳤다. "닉, 고양이가 점프하려고 준비하는 상상을 해." 그 이후 닉은 가장 모범적인 어드레스 자세를 가진 선수가 되었다.

닉의 승부욕은 대단히 강해서 스승에게 1파운드 내기 골프를 도전해 오기도 했는데 어쩌다가 1파운드를 따는 날은 그의 기쁨을 누구나 알아차릴 수 있었다. 어느 날 코넬리가 스윙의 리듬과 템포를 가르치면서 반농담으로 오후 내내 같은 연습을 반복하도록 지시하고 프로 숍으로 돌아갔다. 다섯 시간 후 코넬리가 퇴근할 무렵 닉이 달려와서 이렇게 소리쳤다. "이제 알겠어요! 제가 그 리듬을 완성했어요." 또한 2번 아이언으로 슬로우 모션 같은 스윙을 하여 7번 아이언의 거리를 내고 드라이버로 3번 아이언의 거리를 내는 연습은 프로선수 생활을 하면서 가장 도움이 되었던 기술이었다. 게리 플레이어가 벙커 샷의 달인이 되기 위해서 한나절 동안 벙커 속에서 나오지 않고 연습을 계속했다는 이야기를 듣고는 며칠 동안 벙커 속에서 살기도 했다. 궂은 날씨가 계속되는 겨울이 오면 닉은 코넬리의 프로 숍에 가서 벤 호건, 샘 스니드와 같은 위대한 선수들의 이야기를 들으며 자기도 그런 위대한 선수가 되리라는 꿈을 키웠다. 코넬리는 몇 년 사이에 위대한 선수들에 대한 책들을 모조리 읽고 닉에게 중요한 내용들을 가르쳤는데 닉은 이때의 배움들이 평생 잊을 수 없는 중요한 것이었다고 회고한다.

코넬리는 골프 선수로서 필요한 근육들을 개발하도록 가르쳤는데 우선 손의 힘이 가장 중요하고, 그 다음으로 손목, 팔뚝, 어깨의 힘을 기르도록 가르쳤으며, 오른손잡이인 닉의 왼쪽 손과 팔의 힘이 오른쪽과 비슷해지도록 집중적인 훈련을 시켰다. 닉은 필요한 운동기구들을 구입하며 스승의 가르침을 열심히 따라갔다.

프로가 된 잉글리시 아마추어 챔피언

학교를 자퇴한 후 만 2년 동안 매일 같은 연습을 되풀이한 18세의 닉 팔도는 드디어 아마추어 대회에서 두각을 나타내기 시작한다. 1975년 디오픈의 예선을 2타 차이로 통과하지 못하여 크게 실망했던 닉은 로열 리덤 앤 세인트 앤스 골프클럽에서 개최된 잉글리시 아마추어 챔피언십에서 최연소로 우승하면서 생애 처음으로 골프 미디어의 관심을 받기 시작했다. 그 후 닉은 근처에서 개최된 대부분의 굵직한 아마추어 대회들의 우승을 휩쓸면서 평생 라이벌이 된 스코틀랜드의 샌디 라일Sandy Lyle과 함께 영국 최고의 아마추어골퍼로 인정받는다. 아마추어로서 최고의 명예인 1977년의 워커컵 대표팀으로 선발되고 싶은 욕심이 있었지만 1976년 프로로 전향하면서 꿈을 이루지 못했다. 아낌없이 닉을 지원하던 부모의 재정이 급속히 어려워지면서 골프를 계속하기 위해서는 두 가지 중 하나를 택해야 하는 상황을 맞이했기 때문이다. 첫째는 프로가 되는 것이었고, 둘째는 장학금을 받고 미국 대학의 골프팀으로 유학을 가는 방법이었다.

골프계 유력 인사들의 조언에 따라 텍사스의 휴스턴 대학 골프팀으로 진학하기로 한 닉은 1976년 1월, 텍사스 행 비행기를 탔다. 그러나 미국의 대학생활은 만만한 것이 아니었다. 골프 선수라고 해도 학업성적을 유지해야 하므로 골프에만 전념할 수 없었고 차가 없는 닉에게 골프연습을 한 번 나가는 것도 쉬운 일이 아니었다. 영국에서는 하루도 빠지지 않고 연습을 했었는데 미국에서는 일주일에 한 번 정도만 연습이 가능했다. 닉은 골프를 시작한 후 처음으로 자기의 골프 기량이 퇴보하고 있다는 것을 느끼면서 대학생활에 회의를 느끼기 시작했다. 결국 미국 생활 10주 만에 영국으로 돌아갈 결정을 한 닉은 3월 14일에 미련 없이 런던행 비행기에 올랐다. 가장 실망한 사람은 코치 이안 코넬리였다. 그는 닉이 골프뿐 아니라 사회생활에 적응하는 방법이나 대인관계의 기술 그리고 미디어를 활용하는 방법들을 배워오기를 기대했기 때문이다. 영국에 도착한 닉은 마지막으로 참가한 아마추어 대회에서 68-70-76-68의 점수로 쟁쟁한 워커컵 대표선수들을 물리치고 우승한 후 4월 14일 19세의 생일을 3개월 남겨놓고 프로로 전향했다. 골프 클럽을 처음 잡은지 5년 만에 프로골퍼가 되는 순간이었다.

닉이 IMG의 회장 마크 맥코맥을 만나 에이전트 계약을 할 수 있었던 것은 큰 행운이었다. 당시 골프계의 빅 쓰리로 인정받았던 아놀드 파머, 잭 니클라우스, 게리 플레이어를 모두 관리하던 스포츠 최대 매니지먼트회사와의 계약은 닉에게 큰 힘이 되었다. 닉은 맥코맥 회장과 만나서 계약서도 없이 악수 한 번으로 함께 일하기로 약속했고, 그들의 신뢰관계는 20년 이상 지속되었다. 계약 조건은 총 수입의 80퍼센트를 닉이 차지하고 IMG가 20퍼센트를 가져가는 내용이었는데 맥코맥은 닉과의 비즈니스로부터 10만 파운드의 수입을 올리는 것이 목표라고 말했다. 이것은 닉이 40만 파운드를 가져갈 수 있다는 뜻이었는데 그들은 함께 일하는 동안 수천만 파운드의 수입을 창출할 수 있었다. 두 사람의 신뢰와 믿음이 가져온 성공이었다.

스타가 된 최연소 라이더컵 플레이어

프로 데뷔 첫해에 유러피안 투어의 상금랭킹 58위가 되어 60위까지 주어지는 1977년 투어 카드를 확보한 닉의 다음 목표는 1977년에 영국에서 열리는 라이더컵의 유럽 대표로 선발되는 것이었다. 상금랭킹 8위 이내에 들어야 자동 출전이 확정되는 것이며 라이더컵 역사상 최연소 선수의 기록을 만들 수 있는 기회였다.

8월에 라이더컵의 출전자격이 확정되는 상금랭킹에서 닉은 8위가 되어 목표로 했던 라이더컵 팀에 자력으로 들어갈 수 있게 되었다. 골프 클럽을 처음 잡은 후 5년 만에 프로가 되고 6년 만에 라이더컵 팀에 뽑힌 20세 닉의 발전은 그의 천재적인 재능과 노력의 산물이며 골프 역사상 또다시 나타나기 어려운 업적이었다. 타이거 우즈의 경우 아직 기저귀를 차고 있을 때 골프를 시작하였던 것과 비교하면 닉의 발전이 얼마나 빨랐는지 알 수 있다.

잉글랜드의 로얄 리덤에서 개최된 1977년 라이더컵은 대회가 개시되기도 전에 미국이 이긴 시합이었다. 영국과 아일랜드의 대표팀 선수들은 미국 대표팀의 명단을 보면서 싸워서 이겨보겠다는 의지를 상실해버렸다. 캡틴과 선수들 사이에는 아무런 대화도 없었고 누구와 같은 조로 나가서 싸우는 것도 겨우 시합 전날에 일방적으로 통보되었다. 쉽게 말해서 영국-아일랜드 팀의 대회 준비는 모든 것이 아마추어 수준이었다. 그러나 스무 살 닉 팔도의 마음속에는 자기가 출전하는 매치들은 모두 승리로 만들겠다는 의지가 불같이 타오르고 있었다.

시합 전날 밤, 캡틴 브라이언 허게트^{Brian Huggett}는 닉의 파트너로 피터 우스터헤이스를 지명해주었다. 첫 매치인 포섬^{Foursome}(한 개의 공을 두 선수가 번갈아 치는 방식)에서 미국의 레이몬드 플로이드/ 루 그래햄 조와 맞붙은

닉과 피터는 전반 9홀에서 3홀 뒤졌지만 후반에 4개의 버디를 잡으며 2
대 1로 역전승했다. 둘째 날의 포볼^{Fourball}(각 조의 두 선수들이 자기의 공을 끝까
지 치고 더 좋은 점수를 비교하여 승부를 결정하는 방식)에서는 미국의 최강 선수
들인 잭 니클라우스/ 레이몬드 플로이드 조와 맞붙어서 또 다시 2대 1로
승점을 챙겼다. 둘째 날 매치가 끝난 후 미국이 7.5대 2.5로 앞섰으므로 승
부는 이미 결정된 것이었다. 셋째 날 싱글 매치에서 닉의 상대는 마스터
스와 디오픈 챔피언인 톰 왓슨이었다. 닉은 자기가 로얄 리덤에서 열렸던
어떤 매치플레이에서도 패배한 적이 없다는 사실을 떠올리며 세계최강
톰 왓슨과 대등한 경기를 펼쳤다. 17번 홀까지 무승부였는데 18번 홀에
서 톰 왓슨이 보기를 범하면서 닉이 1홀 차이로 승리했다. 팀 시합은 12.5
대 7.5로 패배했지만 세계 최강 선수들인 니클라우스, 플로이드, 톰 왓슨
을 상대로 승점 3점을 확보한 닉의 가슴 속에는 미래에 대한 강한 자신감
이 생겨나고 있었다. 대회 후 영국 미디어에서는 닉을 영웅으로 대서특필
하였고, 스무 살 닉 팔도는 골프계의 새로운 스타플레이어로 자리를 잡게
되었다.

　자신감을 가진 닉의 다음 목표는 메이저 대회의 우승이었고 목표는 멀
지 않은 날에 달성될 것 같았다. 그러나 그는 첫 번째 메이저 우승을 위해
10년이라는 시간을 기다려야 했다.

세베 발레스테로스

1977년에 닉은 상금랭킹 8위, 라이더컵 3승 그리고 신인왕을 받으며 성공적인 첫해를 마감하였다. 1978년 세인트 앤드루스의 디오픈에서 7위의 좋은 성적을 거두자 미디어나 미국의 톱 골퍼들은 닉이 영국 최고의 골퍼가 되리라는 예언을 쏟아냈다. 동갑내기 라이벌 세베 발레스테로스와 상금왕 경쟁을 하였지만 세베가 3년 연속 상금왕이 되었고 닉은 3위로 끝났다. 당시 유럽을 대표하는 골퍼는 세베였고, 닉의 존재는 세베를 따라가기 버거운 신인일 뿐이었다. 닉과 세베는 상반된 성격을 가졌고 치열한 라이벌 관계가 되어 결코 가까운 친구로서 우정을 나누지 못했다.

1979년에 결혼을 한 닉은 마스터스 대회에 처음으로 초대받았지만 자신의 경험이 부족하고 빠른 그린에서 플레이할 수 있는 기술이 부족하다는 것을 확인하면서 40위에 만족해야 했다. 로얄 리덤에서 열린 디오픈에서는 세베 발레스테로스의 첫 번째 메이저 우승을 지켜보며 19위에 머물렀다. 닉은 세베가 메이저 4승을 이루는 것을 부럽게 지켜본 후에 서른 살이 된 1987년 디오픈에서 그의 첫 번째 메이저 우승을 이룰 수 있었다. 그러나 닉은 결국 통산 메이저 6승으로 세베의 5승을 넘어섬으로써 콤플렉스에서 벗어났다.

1979년 라이더컵부터 유럽 팀 구성에 변화가 생겼다. 잉글랜드와 아일랜드 선수들로 제한했던 팀 구성을 전체 유럽으로 확대하였고 팀의 인원도 10명에서 12명으로 늘렸으며 3일 동안 20개의 매치를 하던 것도 28개의 매치로 변화시킨 것이다. 이때 바뀐 제도로 오늘날까지 라이더컵 매치를 개최하고 있다. 유럽 대륙 선수로는 당연히 세베 발레스테로스가 처음으로 선발되었다. 미국 버지니아 주의 그린브라이어 골프클럽Greenbrier Golf Club에서 열린 대회 결과는 17대 11로 미국의 압승이었다. 그러나 닉은 4개의 매치에 출전하여 3승을 따냄으로써 세베 발레스테로스와 함께 유럽 골프를 이끌 차세대 주자로 인정받았다.

샌디 라일 사건

닉보다 한 살 아래인 샌디 라일은 아마추어 시절부터 닉의 가장 강력한 라이벌이었다. 두 사람은 함께 미국 대학으로 골프유학을 갔다가 포기하고 영국으로 돌아왔으며 닉이 1976년 프로로 전향했고 샌디는 그 다음 해에 프로골퍼가 되었다. 닉은 재능도 있었지만 노력파였고 샌디는 연습보다는 천재적인 감각에 의존하여 플레이하는 스타일이었다. 메이저 대회의 성적을 보면 샌디가 닉보다 먼저 디오픈과 마스터스에서 우승했지만 2승으로 끝났고, 닉은 디오픈 3승, 마스터스 3승을 하여 합계 6승으로 해리 바든의 메이저 7승 이후 가장 많은 메이저를 우승한 영국 선수가 되었다.

1980년 3월, 두 선수는 아프리카의 케냐 오픈에 참가하여 첫 라운드의 같은 조에서 플레이하고 있었다. 6홀이 지나면서 닉은 샌디의 퍼터 윗면에 조그만 테이프가 붙어 있는 것을 발견하여 이유를 물었다. 샌디는 퍼터 윗면에 햇빛이 반사하여 성가신 것을 방지하려고 테이프를 붙였다고 대답했다. 닉은 아무 반응도 없이 플레이를 계속하다가 10번 홀에서 심판을 발견하고 샌디의 테이프 이야기를 문의하였다. 그것은 닉의 실수였다. 닉은 샌디에게 문제의 심각성을 알려준 후 샌디가 심판에게 문의하도록 하는 절차를 밟아야 했다. 심판은 샌디가 18홀까지 끝내는 것을 기다렸다가 실격을 선언했다. 라운드 도중에 클럽의 특성을 바꾸는 것은 실격이라는 룰을 적용한 것이었다. 다음 날 아침 영국의 신문에는 닉을 치사한 밀고자로 비판하는 기사가 크게 실렸다. 그 사건 이후 두 선수의 사이는 냉랭한 분위기가 되었지만, 1985년 디오픈에서 샌디가 우승한 후 우승 파티에 닉을 초대함으로써 평범한 동료의 관계로 돌아올 수 있었다. 샌디의 파티에 참석한 많은 선수들이 우승컵 클라렛 저그를 만져보며 부러워했지만 닉은 결코 그 우승컵에 손대지 않았고, 마음속으로 언젠가 자기가 우승하여 우승컵을 품에 안겠다는 각오를 다지고 있었다.

유럽의 넘버원 골퍼

1981년 라이더컵 대회는 영국의 월튼 히스^{Walton Heath}에서 개최되었다. 미국 대표팀은 12명의 선수 중 11명이 메이저 챔피언십의 우승자로 구성된 최강팀이었고 유럽 팀은 세베 발레스테로스가 빠진 약팀이었다. 세베는 유러피언 투어와 불화로 인해 유럽 대회의 참가를 거부했으므로 자동 출전권을 받지 못했고 캡틴의 선택도 받지 못했다. 시합 결과는 18.5대 9.5로 미국의 대승이었다. 닉은 마지막 날의 싱글 매치에서 디오픈과 US오픈의 우승자였던 조니 밀러에게 승리를 거둔 것으로 위안을 삼아야 했다.

1983년 초, 닉은 샌디에이고 오픈에 참가하여 잭 니클라우스가 연습하는 모습을 관찰하였다. 니클라우스는 페이드와 드로우 볼을 자유자재로 조절하며 샷을 가다듬고 있었고 닉은 마음속으로 감탄했다. 첫 라운드 결과 잭 니클라우스가 63타를 쳤고, 닉은 자기의 71타를 돌아보며 세계 최고의 선수와 확실한 기량의 차이가 있는 것을 인정하지 않을 수 없었다. 그리고 자기 스윙과 기량에 대해서 의심을 하기 시작했다. 우연히 어떤 사진기자가 1초에 50프레임이 찍히는 고속 촬영으로 스윙을 보여주었는데 자기의 스윙을 본 닉은 형편없는 모습을 보며 자신감을 잃을 수밖에 없었다. 코치 이안 코넬리가 말해 온 최고로 아름다운 스윙은 어디로 갔단 말인가? 현재의 스윙으로는 미래가 없다는 것을 확신한 닉은 10년 넘게 인연을 맺어온 첫 코치 이안 코넬리와 결별을 결심했다.

1983년 마스터스 대회에서 라이벌 세베의 우승을 바라보며 20위로 끝마친 닉은 텍사스에서 우연히 마크 오메라^{Mark O'Meara}를 만나 연습 라운드를 했는데 샷 결과는 계속 부진했다. 라운드 후 마크가 닉을 연습 레인지 구석으로 데려가더니 백스윙을 고쳐볼 것을 제안했다. 클럽헤드가 계속 닫혀있는 상태로 백스윙을 함으로써 문제가 생기는 것이므로 백스윙을 시작하면서 두 팔을 돌려서 클럽헤드를 오픈시키라는 제안이었다. 마크의 주문에 따라 백스윙을 고쳐본 닉은 어두운 터널의 끝에서 밝은 빛을 본 느낌이었다. 코치 이안 코넬리가 고치지 못했던 문제가 마크 오메라의 단순한 조언으로 해결된 것이다. 닉은 그 연습장에서 닷새 동안 백스윙을 고치는 연습을 함으로써 자기가 의도한 샷들을 칠 수 있다는 자신감을 가지게 되었다. 유럽 투어로 돌아온 닉은 3회 출전 연속 우승을 하는 쾌거를 이룬 후 로얄 버크데일 골프클럽에서 열린 디오픈에 참가했다. 마지막 라운드 9홀을 남기고 선두에 나섰던 닉은 쓰리 퍼팅을 반복하며 무너졌고 우승자 톰 왓슨에게 5타나 뒤진 공동 8위로 만족해야 했다. 스물여섯 살의 청년 닉 팔도는 메이저 대회의 중압감을 이길 수 있는 정신력과 자신감이 부족하다는 것을 인정하지 않을 수 없었다. 2위는 미국의 헤일 어윈이었는데 5센티미터 거리의 퍼팅을 맞은편에서 부주의하게 끝내려다가 허공을 치며 공을 맞추지 못해서 1타를 잃었고 불행하게도 그 1타 때문에 패배하고 말았다.

미국 플로리다에서 열린 1983년 라이더컵에서 유럽은 14.5대 13.5로 패배했지만 닉은 5번의 매치에서 4승을 거둠으로써 매치플레이의 최강자임을 증명했다. 1980년 유럽 상금랭킹 4위, 1981년 2위, 1982년 4위였던 닉은 1983년 5승을 거두며 드디어 세베를 누르고 상금랭킹 1위에 올랐고, 영국 선수로는 골프 역사상 처음으로 세계 최저 평균타수를 기록하며 유럽 최고의 골퍼가 되었다.

데이비드 리드베터David Leadbetter와의 운명적인 만남

1984년 4월, 마스터스에서 벤 크렌쇼의 우승을 지켜본 닉은 그의 신들린 퍼팅능력에 놀랐고 마스터스 우승을 위한 열쇠는 퍼팅에 있다는 것을 확인하며 15위에 만족해야 했다. 다음 주에 열린 PGA 투어에서 미국 진출 후 첫 우승을 하기도 했지만 그 이후 성적이 계속 부진해지면서 유럽 상금랭킹도 급격히 하락했다. 닉의 마음은 불안했고 메이저 우승을 하여 위대한 선수의 반열에 오르기 위해서는 응급 처방책이 아닌 무언가 특별한 변화를 찾아야 한다는 압박감으로 가득 찼다. 크리스마스를 앞두고 남아프리카의 선 시티Sun city에서 열리는 밀리언 달러 챌린지Million Dollar Challenge에 참가하기 위해 남아프리카로 날아갔는데 그곳에서 닉 프라이스Nick Price를 가르치고 있던 데이비드 리드베터를 처음 만나게 되었다. 당시 리드베터는 대중적으로 유명한 코치가 아니었지만 투어 선수들 사이에서는 이미 능력을 인정받는 인물이었다. 그는 영국에서 태어나 7살 때 아프리카의 짐바브웨로 이민을 갔다. 태어나서 천식으로 고생하던 그를 위해 가족 모두 기후가 건조한 아프리카로 이주한 것이다. 리드베터는 18살에 프로골퍼가 되어 남아프리카의 투어에서 선수 생활을 했지만 성공하지 못하고 티칭프로로 전향한 후 투어 코치로서는 처음으로 선수들의 시합 코스를 따라다니며 지도를 시작하여 선수들에게 알려졌다. 그리고 리드베터는 닉을 유럽의 넘버원에서 세계의 넘버원으로 만들 수 있는 열쇠를 가진 코치였다.

이안 코넬리와 결별한 후 존 제이콥스John Jacobs, 밥 토랜스Bob Torrance와 같은 유명 코치들을 찾아가 배워보았지만 닉은 그들의 스윙 이론을 믿고 따라갈 수 없었다. 인내심을 가지고 더 열심히 연습하면 반드시 기회가 온다는 말을 들으면서도 "나보다 더 열심히 노력하는 골퍼가 어디 있는가?"라고 반문하며 다른 답을 찾으려 했다. 닉은 리드베터에게 비공식적으로 우선 자기의 스윙을 분석하고 개선 가능성을 제시해 달라는 부탁을 했는데 그의 분석과 이론은 단번에 닉의 마음을 사로잡았다. 그리고 두 사람의 관계는 골프 역사상 가장 성공적인 선수와 코치의 모범이 되었고 닉이 세계랭킹 1위의 선수가 될 수 있는 기초가 되었다.

완전히 새로운 스윙을 만들기 위해

닉의 스윙을 처음으로 진지하게 분석한 리드베터는 그의 의견을 말해 주었다. "현재의 스윙은 대략 6가지의 문제점들이 있는데 그것들을 하나씩 고치는 것보다 모든 문제점들을 한꺼번에 개선시킬 수 있는 새로운 스윙을 만드는 게 더 효과적일 것 같아." 리드베터는 응급처방에 의한 개선보다는 대수술을 통한 원천적인 치료방법을 제안한 것인데 닉은 그의 의견에 전적으로 동감하고 있었다. 1985년 시즌을 시작하면서 점점 더 성적이 나빠지자 결국 5월에 리드베터를 찾아가서 자기를 유럽의 넘버원으로 만들어 주었던 스윙을 포기하고 새로운 스윙을 함께 만들기로 결정하였다.

첫 번째 공식적인 레슨이 끝나고 리드베터가 구체적인 문제점들을 지적하기 시작했다. "스윙이 너무 휘청거리고 너무 업라이트하여 공이 힘없이 높이 뜨게 되고 바람을 뚫고 나갈 수 없어. 전체적으로 상체를 뒤로 젖히는 피니시(Reverse C)를 하는데, 그것은 1970년대의 스윙이고 1990년을 대비한 스윙은 다리와 팔을 사용하는 대신에 몸통이 클럽헤드를 리드하는 스윙이어야 해. 새로운 스윙을 만들기 위해서는 최소 2년은 걸릴 걸세." 사실 닉은 감각에 의존하는 스윙을 했으므로 기본적인 스윙 테크닉에 문제가 생길 수 있었다. 벤 호건이나 샘 스니드와 같은 대가들의 스윙은 고정된 축을 중심으로 몸이 도는 컴팩트한 것이었지만 닉의 스윙은 축이 좌우로 움직이는 동작이므로 임팩트 순간에 힘을 잃어버리고 있었다.

리드베터는 우선 닉의 백스윙을 고치기 시작했다. 백스윙을 시작할 때 닫힌 클럽 페이스를 열기 위해서 두 팔을 돌리도록 했는데 닉은 두 달 동안 하루에 1,500개의 공을 치면서 같은 동작을 연습했음에도 불구하고 익숙해지지 않았다. 자기의 스타일로 15년 동안 연습했던 스윙을 몸에서 지워내는 것은 상당한 인내심이 필요한 작업이었다. 한가지의 백스윙을 몸에 익힌 후 4가지 종류의 팔로우스루Follow through를 연습했는데 약한 페이드, 큰 페이드, 약한 드로우, 큰 드로우를 만들 수 있는 연습이었다. 새로운 스윙을 만드는 작업에 가장 방해가 되는 것은 닉이 끊임없이 시합에 참가하는 것이었는데 리드베터는 그런 닉의 고집을 꺾을 수 없었다.

1985년 디오픈에서 라이벌 샌디 라일의 우승을 바라보며 53등으로 대회를 마친 닉의 마음은 초조했지만 스윙교정을 포기할 수는 없었다. 스폰서들도 하나씩 계약을 끝내며 떠나갔고 닉은 골프 선수로서 최악의 시련을 겪어야 했다.

1985년 영국 벨프리Belfly에서 개최된 라이더컵 대표팀의 캡틴 토니 잭클린은 자력으로 팀 자격이 불가했던 닉을 캡틴 추천Captain's Pick으로 선발했다. 1977년 라이더컵부터 닉이 보여준 성적은 캡틴의 추천을 받기에 충분했고, 잭클린은 닉에게 무한한 신뢰심을 가지고 있었다. 그러나 첫 매치에서 마스터스 챔피언인 독일의 베른하르드 랑거와 한 조가 되어 3대 2로 패배한 후 캡틴을 찾아가서 싱글 매치 때까지 출전을 보류해 달라는 요청을 했다. 팀을 위해서 자기 대신 다른 선수가 나가야 한다고 믿었기 때문이었다. 마지막 날 싱글 매치에서 미국의 허버트 그린에게 패배한 닉은 유럽 팀이 16.5대 11.5로 1957년 이래 28년 만에 승리를 하며 환호하는 사이에 혼자서 낙담하고 있었다. 영국의 골프 미디어들은 효과도 없는 리드베터와의 훈련을 집어치우고 차라리 라이벌 샌디 라일에게 한 수 배우라는 기사를 실었다. 그러나 닉과 리드베터의 신뢰에는 변화가 없었다. 리드베터는 새로운 스윙이 완성되기만 하면 닉이 세계 최고가 될 것이라는 믿음이 있었다. '그렇게 문제가 많던 옛날 스윙으로도 유럽의 넘버원이 되었는데 강한 정신력으로 무장된 닉이 새로운 스윙을 완성해서 나타나면 누가 막을 수 있겠는가? 시간문제일 뿐이다'라고 말이다.

시련과 인내의 2년

1983년 유럽 상금랭킹 1위였던 닉은 1984년 12위, 1985년 52위로 추락했고 1986년에는 더 어려운 상황이 기다리고 있었다. 연초부터 미국 PGA 투어에 12번 참가하여 6번을 컷 탈락한 것이다. 첫 라운드에서 좋은 성적을 보이다가 다음날에는 80타를 쳐서 컷 당하기도 했고 어쩌다 컷을 통과한 대회에서도 3, 4라운드 중 한 번은 아주 나쁜 점수가 나왔다. 다행스럽게도 간혹 교정의 효과를 보여주는 성적이 나와서 닉이 희망을 잃지 않도록 해주었다. 1986년 턴베리 리조트의 디오픈에서 5등을 한 것은 큰 위안이 되었다. 마지막 라운드의 18번 홀 그린을 내려오면서 닉은 2년 만에 환한 웃음을 지어 보였다. 1986년에 첫 딸 나탈리가 태어났고 유능한 캐디인 앤디 프로저Andy Prodger를 얻은 것도 큰 위안이었다. 닉은 미국 상금랭킹 135위, 유럽 상금 랭킹 15위로 1986년을 마무리했지만 이제 시련의 시간들이 서서히 끝나고 있다는 예감을 하며 1987년 시즌을 기다렸다.

1987년 호주, 홍콩, 미국의 시합에 참가한 시즌의 스타트는 부진했다. 4월 초 리드베터의 훈련캠프인 플로리다로 돌아온 닉은 이제 마지막 정리를 하면 자기의 새로운 스윙이 완성될 것이라고 기대했다. 새로 배운 백스윙, 백스윙 톱에서 새로운 자세, 새로운 다운스윙, 공의 방향을 좌우하는 새로운 팔로우스루를 퍼즐처럼 맞추면 새로운 스윙이 완성되지 않겠는가. 하루 1,500개의 연습공을 치며 마음대로 조절할 수 있는 페이드 샷(Controlled fade)을 연습했다. 그러나 리드베터는 아직도 새로운 주문들이 있었다. 나쁜 샷을 치는 원인을 알아내는 것보다 좋은 샷이 나오는 원인을 파악하는 것이 중요하다고 늘 말했다. 역사적인 골프 영웅들의 스윙을 연구하여 백스윙의 각도보다 다운스윙의 각도가 더 평평해(shallow angle)짐으로써 안정적인 페이드를 구사할 수 있다는 것을 발견하여 닉에게 같은 주문을 하였고 그는 묵묵히 따라 했다.

4월 초 마스터스 대회에 초대받지 못한 닉은 마스터스에 참가하지 못하는 선수들끼리 겨루는 PGA 대회에 참석하기 위해서 해티스버그Hattiesburg

로 향했다. 애틀랜타 공항에 함께 도착해서 오거스타 내셔널 골프클럽으로 가는 유럽의 선수들을 보며 미시시피 주의 해티스버그로 가는 비행기를 갈아타야 하는 닉의 심경은 실망감, 모욕감으로 가득 찬 참담한 것이었다. 그러나 해티스버그에서는 닉의 시련이 끝나가고 있다는 증거가 기다리고 있었다. 67-67-67-67을 친 닉이 2등으로 마무리하며 강한 자신감을 되찾은 것이다. 그동안 연습했던 새로운 스윙이 한 순간에 클릭되어 퍼즐이 완성되었다. 골프에서 자신감의 위력은 기적을 만들어 낼 수도 있는 위대한 것이다. 유럽으로 돌아온 닉은 마드리드 오픈과 이탈리안 오픈에서 연속 톱5의 성적을 올리더니 5월 초, 스페인 오픈에서 드디어 우승을 거둔다. 1984년 이후 3년 만에 첫 우승이며, 1985년 5월에 새로운 스윙을 만들기 시작하여 2년 만에 결실을 맺는 순간이었다. 새로운 스윙을 완성하기까지 2년이 걸릴 것이라고 말했던 리드베터의 예언은 정확했다. 닉은 시합에 참가하는 것을 포기하고 연습에만 매달렸다면 6개월 정도에 가능했을지도 모른다고 나중에 털어놨다. 이제 어둠의 터널을 빠져 나와 세계랭킹 1위를 향해 자신 있게 전진하기 시작했다.

1987년 디오픈 챔피언

1987년 디오픈은 뮤어필드에서 개최되었다. 뮤어필드의 공식명칭은

'The Honorable Company of Edinburgh Golfers'인데 1744년에 창립된 최고의 프라이빗 골프클럽으로 아직도 여성회원을 허락하지 않는 보수적인 클럽이다. 뮤어필드 골프코스는 올드 톰 모리스Old Tom Morris가 디자인하여 1891년에 오픈하였고, 그 이후 몇 번의 코스 디자인 수정이 있었다. 대부분의 링크스 코스들은 전반 9홀을 같은 방향으로 나갔다가 후반 9홀에 돌아오는 디자인이므로 바람의 방향이 같다면 각 9홀들을 같은 바람 속에서 플레이하게 된다. 그러나 뮤어필드는 전반 9홀을 시계 방향으로 돌고 후반 9홀은 시계 반대방향으로 도는 구조이므로 홀마다 바람의 방향이 바뀌게 된다. 디오픈을 16번 개최했고 월터 하겐, 헨리 코튼, 게리 플레이어, 잭 니클라우스, 리 트레비노, 톰 왓슨 등 최고의 골프영웅들이 우승자에 이름을 올리고 있었다. 뮤어필드에 도착한 닉은 텅 비어있는 노란색 리더보드를 바라보며 마지막 날 맨 꼭대기에 자기의 이름이 남게 되는 상상을 하였다. 리드베터가 닉에게 다가와 말했다. "닉, 너는 지금 생애 최고의 스윙을 하고 있어. 우승을 두려워하지 마." 닉은 스스로 이제 메이저 챔피언으로 등극할 준비가 끝났음을 선언했다.

마음속의 자신감과 아드레날린이 충만한 몸을 가지고 첫 라운드를 출발했다. 닉 프라이스, 레이몬드 플로이드와 동반라운드를 하게 된 닉은 1, 2, 3번 홀을 연속 버디로 시작했는데 둘째 라운드가 끝났을 때 선두 폴 에이징거Paul Azinger에 1타 뒤진 2위였고, 3라운드에서 71타를 친 후 여전히 1타 차 공동 2위를 지켰다. 마지막 날 챔피언 조에서 폴 에이징거와 데이비드 프로스트David Frost가 함께 플레이하고 닉은 그 앞 조로 나가게 되었다. 에이징거가 4번, 5번 홀에서 연속 버디를 잡으며 3타 차이가 되었지만 닉의 마음에는 동요가 없었고 7번, 8번, 10번 홀의 벙커에서 연속으로 파를 세이브하며 때를 기다렸다. 닉의 정신은 소위 말하는 'In the zone' 상태로 게임에 몰입했으며, 한 번의 좋은 샷과 나쁜 샷에 의해서 챔피언이 결정된다는 사실을 마음에 새기며 집중력을 유지하고 있었다.

전반 9홀이 끝났을 때 3타 차이의 선두를 지키던 에이징거가 10번, 11번 홀에서 연속 보기를 하여 다시 1타 차가 되었다. 16번 홀까지 파 행진을 벌이던 닉이 버디 찬스가 있는 파5, 17번 홀에 도착했다. 공식적인 거리는 503미터였지만 바람으로 인해 550미터 이상으로 플레이되고 있었다. 드라이버 샷을 페어웨이 한가운데로 친 닉은 두 번째 샷에서 페어웨이 벙커를 넘길 것인지 포기하고 짧게 칠 것인지를 결정해야 했는데 인내심을 가지고 짧게 치는 것을 선택한 다음 5번 아이언으로 온그린하여 투퍼트, 파로 끝냈다. 18번 홀에 도착했을 때 에이징거 6언더, 닉 5언더 그리고 호주의 데이비스가 4언더로 끝낸 상태였는데 버디가 필요했지만 가장 어려운 홀이므로 일단 파를 잡으면 찬스가 있다고 생각했다. 우선은 바람속에서 티샷을 페어웨이로 보내야 하는 것이 어려운 과제였다. 페어웨이의 왼쪽 벙커를 겨냥하여 오른쪽으로 휘게 쳐야만 좁은 페어웨이에 멈출수 있었다. 닉은 3번 우드로 티샷을 하여 페어웨이에 서게 하는데 성공했다. 170미터가 남은 두 번째 샷을 위해 4번과 5번 아이언 사이에서 오랜 시간 망설이던 닉이 5번 아이언을 선택하여 힘차게 스윙했다.

　결과는 4번 아이언이 맞는 선택이었다. 공은 그린 위에 멈추었지만 14미터나 짧았다. 첫 번째 오르막 퍼팅은 거리는 맞았지만 옆으로 1.5미터나 벗어났다. 마지막 남은 퍼팅이 승부를 가를 것이라는 예감이 들었고 골프를 시작한 이래 꿈꿔온 디오픈 챔피언이 될 수 있는 순간이라는 것을 확신하였다. 마지막 퍼트는 약간 왼쪽으로 휘는 라인이었으므로 홀컵의 오른쪽 끝을 겨냥하여 부드러운 터치를 했고 공은 정확히 홀컵 가운데로 들어갔다. 4라운드 합계 5언더파가 된 닉은 스코어카드에 사인한 후 에이징거의 경기를 지켜보기 위해 클럽하우스의 텔레비전으로 달려갔다. 그 사이 에이징거는 17번 홀에서 보기를 범하며 닉과 공동 선두가 되어 있었다. 에이징거는 18번 홀의 두 번째 샷을 그린 사이드 벙커에 넣더니 파를 세이브하지 못하고 결국 보기로 마무리했다. 닉이 디오픈 챔피언이 되는 순간이었다.

　시상대에 선 닉의 머릿속에는 새로운 스윙을 만들던 2년간의 고된 훈련과 그를 추월해 나가던 라이벌들 그리고 그를 떠나던 스폰서들의 모습들이 엉켜 지나가고 있었다. 골프를 시작한 후 16년 만에 그리고 프로가 된지 12년 만에 서른 살의 닉 팔도는 메이저 챔피언의 꿈을 이루었다.

60년 만의 기적, 1987년 라이더컵

1987년 라이더컵은 잭 니클라우스의 홈 코스인 오하이오 주의 뮤어필드 빌리지에서 개최되었다. 미국 팀의 주장 잭 니클라우스는 비행장까지 나가서 유럽 팀 선수들을 환영해주었고 손님들을 위한 편의시설을 완벽하게 준비해 두었다. 1985년 28년 만에 라이더컵을 미국으로부터 빼앗아 온 유럽 팀은 콩코드 여객기를 전세 내어 오하이오 주 콜럼버스 공항에 착륙하면서 기세를 올렸고, 이제 라이더컵 대회가 골프의 최고 대회가 되었음을 알렸다. 라이더컵을 빼앗기며 자존심에 큰 상처를 입었던 미국은 명예회복을 다짐하며 라이더컵 개최를 기다렸다. 그러나 닉 팔도, 세베 발레스테로스, 베른하르드 랑거, 샌디 라일, 이안 우스남, 올라자발 등이 주축을 이룬 유럽 팀의 전력은 막강했다. 닉은 이안 우스남과 한 조가 되어 첫날 두 매치를 모두 승리하여 승점 2점을 챙기고 둘째 날에 다시 승점 1.5점을 확보하였다. 마지막 날 개인전에서 미국의 마크 칼카베키아Mark Calcavecchia에게 패한 것이 아쉬웠지만, 세베 발레스테로스와 함께 유럽이 15대 13으로 승리하는 것을 이끈 주역이었다. 세베는 승점 4점을 기록했으며 열 번째 개인전에서 커티스 스트레인지Curtis Strange를 제압하며 승리를 결정하는 승점을 확보하여 유럽 최고의 영웅이 되었고, 유럽은 60년 만에 미국 땅에서 처음으로 승리하며 라이더컵의 신화를 쓰기 시작했다. 홈에서 패배한 미국 팀의 주장 잭 니클라우스는 유럽 팀 선수들의 공격적인 플레이를 칭찬했고 미국 선수들의 확률에 의존한 플레이를 패인으로 지적했다. 특히 미국에는 세베 발레스테로스와 같은 선수가 없었음을 아쉬워했다. 그리고 미국의 패배가 향후 라이더컵의 발전적인 위상을 위하여 오히려 좋은 것이라는 의견도 밝혔다. 잭 니클라우스는 라이더컵 대회를 오늘날과 같은 최고의 골프 이벤트로 발전시킨 최고 공신 중 한 사람이다.

라이벌들에게 패배한 1988년 메이저 대회

1988년 시즌이 시작되면서 닉의 시합 결과는 기대에 미치지 못했고 라이벌 샌디 라일은 미국 대회에서 두각을 나타내기 시작했다. 마스터스 대회를 앞두고 라일은 이미 PGA 1승을 하고 상금 607,478달러를 받아 상금랭킹 1위를 달리고 있었고, 닉은 겨우 43,320달러의 초라한 상금액을 확보하고 있었다. 라일은 뒤이은 마스터스까지 우승하면서 확실하게 닉을 압도했고 세계랭킹 1위를 목표로 하고 있던 닉은 영국 1위도 차지하지 못한 채 자존심에 상처를 받고 있었다.

1988년 US오픈은 보스턴 근처 브룩클린의 더 컨트리클럽에서 열렸다. 1913년 US오픈 당시 20세의 무명 아마추어 골퍼인 프란시스 위멧이 영국의 최강 프로였던 해리 바든과 테드 레이^{Ted Ray}를 연장전까지 가는 접전 끝에 물리치고 미국의 자존심을 지켰던 역사적인 골프장이었다. 3라운드가 끝났을 때 미국의 커티스 스트레인지가 선두였고, 닉은 1타 뒤진 공동 2위였는데 두 선수는 4라운드 마지막 조에서 동반 플레이하게 되었다. 선두를 뺏고 빼앗기며 18홀을 끝낸 두 선수는 6언더파 공동선두가 되어 다음날 18홀의 연장전에서 승부를 가리게 되었다. 1987년 라이더컵에서 패배한 기억이 있는 미국의 골프팬들은 미니 라이더컵 형태의 연장전을 보기 위해 월요일 아침부터 골프장으로 몰려들었고, 시합이 시작되기 3시간 전에 이미 18번 홀의 그랜드 스탠드가 만석이 되었으며, 구름처럼 몰려든 25,000명의 관중들은 "USA! USA!"를 연신 외쳐대고 있었다. 연장전 결과 닉 75타, 스트레인지 71타로 스트레인지가 우승하여 1988년, 1989년 2년 연속 우승의 업적을 남겼다. 더 컨트리클럽은 1913년 연장전에 이어 또다시 유럽과의 연장전에서 미국에게 승리를 선사했다.

1988년 디오픈은 로열 리덤 앤 세인트 앤스 골프클럽에서 열렸는데 이곳에서 세베 발레스테로스가 그의 세 번째 우승컵을 들어올렸다. 동갑내기 라이벌의 다섯 번째 메이저 우승을 지켜보는 닉의 마음은 조급해질 수밖에 없었다. 그나마 유럽에서 2승을 거두며 세베에 이어 상금랭킹 2위로 시즌을 마무리한 것이 위안거리였다. 메이저 우승은 없었지만 세계랭킹 1위를 향한 그의 자신감은 점점 강해져 갔다.

1989년 마스터스 챔피언

1989년이 되자 닉은 드디어 마스터스에서 우승을 하며 메이저 2승을 달성하게 된다. 오거스타 내셔널 골프클럽은 마스터스 챔피언들에게 평생회원이 되는 최고의 대우를 하며 또한 평생 동안 대회 참가 초대장을 받게 되는 파격적인 조건 때문에 프로 선수들이 가장 우승하고 싶어 하는 메이저 대회이다. 다른 메이저 대회에 비해 참가 인원이 훨씬 적고 보통 10명 가까운 아마추어와 노쇠한 챔피언들이 섞여 있어서 우승이 가장 쉬운 메이저 대회이기도 하다. 닉은 1989년 시즌을 미국 PGA 대회로 시작했지만 기대에 미치지 못하는 성적을 받았다. LA 오픈에서 22위를 한 것이 최고의 성적이었고 마스터스로 향하는 닉의 마음은 무거웠다.

대회 첫날인 목요일 라운드에서 마스터스를 우승하지 못한 선수 중에서 가장 위대한 선수로 인정받는 49세의 리 트레비노가 5언더파 67타를 치면서 깜짝 선두에 나섰다. 닉도 68타로 2위가 되면서 첫 마스터스 우승의 꿈을 지킬 수 있었다. 비바람이 거셌던 둘째 날 9홀까지 2언더파를 친 닉은 선두에 나서기도 했지만 후반 9홀에 3오버파로 부진하여 대회 합계 3언더파로 리 트레비노와 공동선두가 되었고, 공동 2위에 세베 발레스테로스, 벤 그렌쇼, 스컷 호크Scott Hoch 등이 1언더파로 따라오고 있었다. 토요일 날씨는 더 나빠졌고 닉은 1번 홀부터 더블보기를 하며 궂은 날씨만큼이나 가라앉았다. 12번 홀에 들어서자 비로 인해 경기는 중단되었고 나머지는 일요일로 미뤄졌다. 다음날 아침 일찍 계속된 파5, 13번 홀에서 55미터가 남은 피치 샷을 1.8미터 거리에 붙이고도 버디를 못하더니 보기를 2개나 더 기록하는 등 부진한 플레이를 계속한 닉의 3라운드 결과는 5오버파 77타였다. 대회가 시작된 후 27홀에서 6언더파를 기록했고 다음 27홀에서 8오버파를 기록한 닉은 전체 2오버파로 선두였던 1984년 마스터스 챔피언 벤 크렌쇼에게 5타 뒤진 공동 9위가 되었다.

마지막 라운드의 시작까지 몇 시간이 남은 닉은 무언가 파격적인 변화가 필요하다고 생각한 끝에 퍼터를 바꾸기로 결심한다. 계속된 비로 인해 그린이 무거워졌으므로 헤드가 가늘고 가벼운 불스 아이^{Bulls Eye} 퍼터는 적합하지 않다고 판단한 것이다. 퍼터를 몇 개 골라 연습그린으로 가서 한 개씩 시험해 보다가 테일러 메이드의 맬릿 헤드^{Mallet Head}를 가지고 나가기로 결정했다. 헤드에 그려진 3개의 흰 목표선이 마음에 들지 않아서 한 개만 남기고 두 개는 지운 후 연습을 하며 그 퍼터가 행운을 가져올 수 있다는 기대를 했는데 닉의 예감은 적중했다. 1번 홀에서 9미터의 버디 퍼트를 성공시키더니 2번 홀 4미터, 4번 홀 5미터, 7번 홀 6미터의 버디 퍼트를 성공하면서 전반 9홀을 4언더파로 마무리하여 선두 경쟁에 나섰다. 후반 9홀에서만 닉, 발레스테로스, 벤 크렌쇼, 스캇 호크 등 6명의 선수들이 번갈아 선두에 나서는 접전이 펼쳐졌는데 16번, 17번 홀에서 닉에게 행운의 버디가 찾아온 반면, 다른 경쟁선수들은 하나씩 무너지며 리더보드의 아래로 내려가기 시작했다. 16번 홀에서는 90도로 꺾이는 5미터짜리 버디 퍼트를 성공시켰고, 17번 홀에서는 그린 어프로치 샷이 부정확하여 12미터나 되는 퍼트를 남겼는데 중간에 있는 둔덕을 넘어야 하는 퍼트이므로 쓰리 퍼트를 면하면 다행일 정도의 어려운 라인이었다. 닉은 그 퍼트를 하는 순간 너무 강하게 친 것을 느끼며 그 결과가 가져올 심각성을 생각하지 않을 수 없었다. 그러나 공은 홀컵을 향해 빠르게 굴러가더니 홀컵의 뒷면에 강하게 부딪치며 그대로 컵 안으로 들어갔다. 닉의 계산으로 최소한 2타 이상의 행운이었다. TV 해설가는 그 퍼트가 들어가지 않았다면 닉은 5위 이내에 들기가 어려웠을 것이라는 해설을 하였다. 마지막 라운드에서 7언더파 65타를 쳐서 합계 5언더파로 라운드를 마친 닉은 공동 선두였던 벤 크렌쇼와 스캇 호크의 마지막 홀 결과를 지켜보고 있었는데 크렌쇼가 보기를 하였고 호크는 파를 하여 닉과 서든데스 연장전에 가게 되었다.

호크는 PGA 투어 3승을 올렸고, 1986년에는 바든 트로피를 받은 경력이 있는 실력자였다. 연장 첫 홀인 10번 홀에서 닉의 티샷이 오른쪽으로 밀리며 거리를 잃었고 4번 아이언으로 친 어프로치 샷이 그린사이드 벙커로 들어간 반면, 호크는 세컨드 샷을 홀컵 8미터 거리에 온그린한 상태였다. 닉의 벙커 샷은 5미터 짧았고 호크의 첫 퍼트는 60센티미터를 지나 멈췄다. 이때 호크는 바로 홀아웃하지 않고 마크를 했는데 그것은 큰 실수였다. 닉이 파 퍼트에 실패하고 쉽지 않은 보기 퍼트를 하는 동안 몸이 굳어졌고 집중력이 크게 약해진 것이었다. 닉이 보기로 끝난 후 호크는 약간 오른쪽으로 휘어지는 그 짧은 챔피언 퍼트를 치지 못하고 망설이더니 결국 실수를 하고 말았다. 챔피언이 되는 마지막 퍼트라는 중압감을 이기지 못한 결과였다. 그 순간 호크는 자기가 총을 가지고 있지 않았던 것이 다행이라고 했을 정도로 절망했다.

연장 두 번째 홀인 11번 홀에서 닉은 4라운드 내내 네 번 모두 보기를 했었지만 완벽한 티샷 후 3번 아이언으로 생애 최고의 어프로치 샷을 하며 홀컵 8미터에 붙였고 호크는 3타 만에 온그린하여 2미터짜리 파 퍼트를 남겼다. 어둠이 깔리면서 퍼팅라인을 읽기 어려웠지만 손과 팔의 긴장을 풀고 왼손으로 백스윙, 오른손으로 팔로우스루를 몇 번 연습한 후 행운의 퍼터를 믿으며 버디 퍼팅을 했다. 공은 홀컵의 가운데로 빨려 들어갔고 마스터스 첫 우승이 이루어졌다. 시상식에서 전년도 챔피언이며 오랜 라이벌인 샌디 라일이 그린재킷을 가지고 기다리고 있었다. 서른한 살 닉 팔도의 두 번째 메이저 우승이었다.

1989년 크리스마스에 닉에게 큰 선물이 생겼다. 새 여자캐디 파니 수네슨Fanny Sunesson과 다음 시즌을 시작하게 된 것이다.

1990년 마스터스, 디오픈 더블 메이저 챔피언

닉의 캐디는 원래 앤디 프로저Andy Prodger였는데 성실하고 말이 없는 스타

마스터스 우승트로피. 마스터스 우승자는 그 유명한 '그린 재킷'과 함께 우승트로피를 받는다.

일이라 시합이 잘 안 풀릴 때 선수의 사기를 올려주는 말을 한다거나 긴장감을 풀어주는 말을 건네는 스타일이 아니었다. 캐디가 지켜야 할 원칙 중에서 '입을 다물라'는 말이 있는데 앤디는 그 원칙을 성실히 지켰지만 닉에게는 1% 부족한 캐디였다. 심한 압박감이나 두려움을 느낄 때 도와 줄 수 있는 사람이 필요했다. 닉은 앤디와 함께 메이저 2승을 포함하여 많은 우승을 해왔지만 더 많은 메이저 우승을 목표로 하며 과감하게 캐디를 교체했다. 새 캐디 파니는 22세였는데 라이더컵에서 활약한 유일한 여자 캐디였고 핸디캡 2의 골퍼였으며 선수들 사이에 유능한 캐디로 이미 정평이 나 있었다. 그녀는 마스터스 대회 사상 최초의 여자캐디가 되었으며, 닉과 함께 메이저 대회 4승을 이루는 행운을 가지게 된다.

1990년 마스터스에서 닉은 챔피언 타이틀을 지켜 1965년, 1966년 연속 우승을 했던 그의 영웅 잭 니클라우스의 업적을 따라가겠다는 의지를 다지며 첫 라운드를 시작했다. 미디어에서는 전년도 챔피언 닉과 세계랭킹 1위 그렉 노먼이 우승을 다툴 것으로 예측했지만 47세의 노장 레이먼드 플로이드가 68-68타를 치며 선두에 나섰다. 메이저에서 4승을 올렸던 플로이드는 충분한 경험을 가진 선수였지만 마스터스 전날 벌어지는 파3 대회에서 우승을 한 것이 불길한 징조였다. 마스터스 역사상 파3 대회의 우승자는 마스터스 우승을 하지 못한다는 징크스가 있기 때문이었다.

닉은 71-72타로 겨우 컷을 통과했지만 3라운드에서 66타를 치며 선두

플로이드에 3타 뒤진 공동 2위가 되어 우승경쟁을 벌이게 되었다. 마지막 라운드의 조 편성은 플로이드와 존 휴스턴이 챔피언 조이고, 닉은 잭 니클라우스와 함께 그 앞 조에서 플레이하게 되었다. 닉은 첫 홀에서 더블보기를 하여 우승경쟁에서 멀어지는 듯했지만 2번, 7번, 9번 홀에서 버디를 잡아내며 우승의 희망을 이어나갔다. 파3, 12번 홀에서는 티샷이 그린 뒤 벙커에 들어가서 탈출이 불가능해 보이는 위기를 맞았지만 기적적으로 파 세이브에 성공하며 분위기를 살려나갔다. 6홀을 남기고 4타 차 2위였던 닉은 13번, 15번, 16번 홀에서 버디를 잡아냈고 플로이드가 17번 홀에서 보기를 하여 똑같이 10언더파로 끝나게 되었다. 서든데스 연장전은 언제나 10번 홀에서 시작되었다. 1989년 연장전에서 승리했던 닉의 마음이 편치 않았는지 티샷이 오른쪽으로 밀렸고 3번 아이언 어프로치 샷은 또 벙커에 빠졌다. 반면 플로이드는 완벽한 티샷과 7번 아이언으로 홀컵 4.5미터 거리에 붙였고 브레이크가 거의 없는 오르막 퍼트를 남겼다. 닉의 벙커 샷은 더없이 완벽해서 파로 홀아웃했고 이제 플로이드의 챔피언 퍼트가 남았는데 플로이드의 퍼트는 홀 앞에 멈추고 말았다. 11번 홀 티샷은 닉이 더 길게 쳐 놓았는데 플로이드가 티잉 그라운드 옆에 있는 화장실에 들러서 따라왔기 때문에 서둘러야 했다. 호흡이 조금 가빠진 플로이드의 7번 아이언 그린 어프로치 샷은 훅이 나면서 그린 왼쪽의 연못에 빠졌고 닉의 8번 아이언 어프로치 샷은 홀컵 6미터에 멈추어 파가 되어 마스터스 역사상 두 번째 연속 우승이 이루어졌다. 닉의 세 번째 메이저 우승이었다. 최고령 우승 기록을 놓친 플로이드는 자기에게 다시는 우승 기회가 없을 것이라고 말하며 눈물을 흘렸다.

새로운 스윙을 만들기 시작한 후 5년이 지난 후에야 새 스윙이 편안해 졌다고 느낀 닉은 시카고의 메다이나 컨트리클럽에서 열린 US오픈에 참 가했다. 마지막 날 18번 홀에서 홀컵을 돌아 나온 6미터의 버디 퍼트를 성 공했더라면 헤일 어윈, 마이크 도널드^{Mike Donald}와 함께 연장 18홀에 갈 수 있었는데 아쉽게 공동 3위로 끝나고 말았다. USGA의 특별 초청으로 대 회에 참가한 45세의 헤일 어윈은 연장전 끝에 19번째 홀에서 승리하여 US오픈 최고령 우승의 기록을 세웠다.

메이저 대회에서 닉은 연속으로 좋은 성적을 올렸지만 세계랭킹 1위의 자리는 그렉 노먼이 지키고 있었다. 세인트 앤드루스에서 벌어진 1990년 디오픈에 참가한 닉은 꼭 우승을 하고 세계랭킹 1위의 자리에 오르겠다 는 각오를 다졌다. 가장 긴 역사를 가졌고 최고의 권위를 자랑하는 디오 픈 중에서도 골프의 성지인 세인트 앤드루스에서 개최되는 대회는 더 큰 의미가 있다. 미디어에서는 이번 대회의 우승이 노먼과 닉의 싸움이라고 분석했다. 대회가 시작되자 예상대로 그렉 노먼 66-66, 닉 팔도 67-65로 공동선두가 되어 3라운드에서 같은 조로 플레이하게 되었다. 두 선수는 디오픈 우승컵과 세계랭킹 1위의 자리 그리고 자존심을 걸고 맞붙었다. 디오픈 5회 우승에 빛나는 호주의 골프영웅 피터 톰슨은 섬세한 리듬을 유지하고 있는 닉이 한 방이 있는 강타자 노먼보다 유리할 것이라고 예상했다. 왜냐하면 강타자의 스윙리듬은 라운드에 따라 변할 수 있기 때문이었다. 톰슨의 예측은 적중했고 승부는 싱겁게 끝났다. 닉이 67타로 자기의 페이스를 지키며 선두를 유지한 반면 노먼은 76타로 무너져 내리면서 우승경쟁에서 탈락했다. 그 이후 노먼은 닉과의 동반라운드를 달가워하지 않았는데 그 악연은 1996년 마스터스의 최종라운드까지 계속되었다. 닉은 2위 그룹인 페인 스튜어트, 이안 베이커 핀치, 이안 우스남에게 5타 차 선두였다. 마지막 라운드에서 큰 리드를 지키려는 수비적인 플레이를 하면 위험하다는 것을 잘 알고 있는 닉은 자기의 게임 플랜을 지키며 빈틈 없는 코스매니지먼트를 보여주었고, 18번 홀 페어웨이의 스윌캔 브리지를 건너 그린 앞의 작은 계곡(Valley of Sin)을 지나는 동안 홈 관중들의 기립박수를 받았다. 닉은 71타로 마무리하여 합계 18언더파로 디오픈의 신기록을 세우며 네 번째 메이저 우승을 달성했고 마침내 세계랭킹 1위의 자리에 오르게 되었다.

1992 디오픈 챔피언, 미디어에 복수하다

프로골퍼의 성공을 상금으로만 평가한다면 1991년은 닉이 처음으로 상금 100만 달러를 돌파한 성공적인 시즌이었다. 그러나 4개의 메이저 대회에서 모두 20위 안에 들면서도 우승이 없었던 닉은 만족할 수 없었다. 프로골퍼는 상금을 벌기 위해 대회에 참가하지만 메이저 대회에 참가할 때는 우승컵과 명예와 역사에 남기 위해서이다. 이제 상금은 더 이상 닉의 목표가 아니었다.

미국 키아와 섬Kiawah Island에서 열린 1991년 라이더컵에서 닉은 우스남과 조를 이룬 첫 2매치에서 패배한 후 데이비드 길포드와 한 조가 된 세 번째 매치마저 패배하면서 자기의 스윙에 대한 자신감을 잃고 있었다. 이틀째 경기가 끝난 후 미국과 유럽은 8대 8로 팽팽한 승부를 펼쳤다. 마지막 날의 싱글 매치에서 유럽 팀의 캡틴 버나드 갤러허Bernard Gallacher는 닉을 1번 매치의 선수로 지명했다. 비기고 있는 상황에서 첫 매치는 전체 결과에 큰 영향을 미치는 가장 중요한 매치 중 하나인데 캡틴이 닉에게 큰 신뢰감이 있음을 증명하는 것이었다. 닉은 갑자기 자신감과 책임감을 느꼈고 미국의 레이몬드 플로리드에게 승리하며 캡틴의 신뢰에 보답했다. 최종 결과는 마지막 매치에서 결정되었는데 베른하드 랑거가 1.8미터의 파 퍼트를 실패하여 미국이 14.5대 13.5로 승리했다.

골프에 지쳐가고 있는 자신을 발견한 닉은 무언가 골프를 잊고 열중할 수 있는 취미가 필요하다는 것을 절실히 느꼈고 헬리콥터 운전을 배우며 골프의 스트레스를 잊을 수 있었다. 1992년 마스터스에서 공동 13위, US 오픈에서 공동 4위를 기록했던 닉은 디오픈이 열리는 뮤어필드에 일찍 도착하여 게임 플랜을 세웠다. 1987년 뮤어필드에서 우승했던 닉은 챔피언 타이틀을 방어해야 한다는 마음으로 캐디 파니와 함께 코스를 점검했다. 강한 바람 속에서는 스윙을 부드럽게 할수록 공을 쉽게 컨트롤 할 수 있다는 것을 다시 확인했으며 그린보다 30~40미터 짧은 페어웨이의 지형을 파악하여 구르는 샷을 할 때 공이 바운스되는 방향을 예측하려고 노력했다. 파71의 코스에서 66-64타를 친 닉은 3타 차 선두에 나섰고 셋째날 69타를 친 후 4타 차 선두로 마지막 라운드를 기다렸다.

일요일 아침, 닉은 거대한 압박감을 느꼈다. 4타 차 선두인데 우승을 못한다면 겁쟁이로 취급받을 것이고 과거의 메이저 우승들에 대한 평가도 손상을 입을 것이 분명했다. 4라운드 10번 홀이 끝났을 때 존 쿡^{John Cook}에게 3타 차 리드를 유지하고 있던 닉은 갑자기 흔들리며 11번, 13번 홀에서 보기를 하였다. 그래도 캐디 파니에게 "걱정 마. 나 컨디션 괜찮아. 겁먹은 거 아니야"라고 말하며 여유 있는 체 하였다. 그러나 14번 홀에서 또 보기를 한 후 리더보드를 본 닉은 이제 쿡에게 2타 뒤진 것을 알게 되었고 자기 골프 경력 중 최대의 위기라고 느꼈다. 이제 인생을 걸고 마지막 4홀을 쳐야 한다고 다짐한 닉은 15번, 17번 홀에서 버디를 하며 공동 선두로 복귀했다. 18번 홀로 이동하는데 존 쿡이 있는 앞 조에서 관중들의 신음소리가 들렸다. 존 쿡의 어프로치 샷이 슬라이스가 나면서 관중 속으로 날아간 것이었고 결국 보기가 되고 말았다. 마지막 티샷을 페어웨이 한 가운데로 친 닉은 공을 향해 걸어가면서 "파만 하면 이긴다. 파만 하면 이긴다"는 주문을 수없이 중얼거렸고 3번 아이언 어프로치 샷을 준비하면서는 "백스윙을 느리게, 백스윙을 느리게"를 외쳤다. 그는 생애 최고의 3번 아이언 샷으로 온그린에 성공했고 투 퍼트를 하며 1타 차 역전 우승을 차지했다. 우승컵 클라렛 저그에는 이렇게 새겨졌다. 'NICK FALDO 1992 AT MUIRFIELD 272 STROKES.' 이렇게 닉의 이름이 세 번째 새겨졌고 이것이 그의 마지막 디오픈 우승이었다.

우승 후 시상식에서 웃지 못할 해프닝이 벌어졌다. 마이크를 잡은 닉이 이렇게 말했다. "저를 열렬히 응원해 주신 관중 여러분께 진심으로 감사드립니다. 미디어 기자 여러분들께는 감사할 것이 아무것도 없군요(Thanking hugely supportive crowds 'from the bottom of my heart' and the press 'from the heart of my bottom')." 닉은 프로가 된 이후 미디어와 계속 불편한 관계를 가져왔었는데 이번에 그 감정이 폭발한 것이었다. 미디어에서는 닉을 멍청이, 유머도 없고 감정도 없는 골프 치는 기계 등으로 표현해왔고 그의 사생활을 밑바닥까지 보도하며 챔피언의 자존심을 짓밟았다. 그 이후 영국의 미디어가 닉을 어떻게 보도했을지는 충분히 상상할 수 있다.

우승컵을 받은 닉은 골프 영웅 벤 호건의 비밀스러운 초대를 받고 즉시 미국으로 날아가 만남을 가졌다. 호건은 17살에 프로골퍼가 되어 첫 우승까지 10년을 기다렸고 34세에 첫 메이저 우승을 차지하는 대기만성형이었지만, 생애 메이저 9승을 이루고 커리어 그랜드 슬램을 달성했다. 호건에게는 볼 스트라이킹의 천재, 얼음 같이 차가운 사나이, 연습 벌레와 같은 수식어가 따라 다녔지만 무엇보다 중요한 것은 그가 완벽주의자라는 사실이었다. 호건에 버금가는 완벽주의자 닉은 언제나 그를 존경했고 만날 기회를 기다려 왔다. 벤 호건도 젊은 선수들 중에서 닉의 스윙을 가장 좋아했고 플레이 스타일도 자기와 비슷하다는 생각을 해왔다. 자기의 영웅 호건으로부터 인정받았다는 사실에 감동한 닉은 헤어지는 자리에서 눈물을 흘렸다. 그는 미디어에서 벤 호건과 비교해줄 때 가장 행복했었다.

아! 그렉 노먼

1994년 1월, 닉은 81주 동안 지켜온 세계랭킹 1위의 자리를 그렉 노먼에게 빼앗겼다. 노먼은 1986년부터 1998년 사이 331주 동안이나 세계랭킹 1위의 자리를 지켰지만 메이저 우승은 디오픈 2승에 그쳤던 불운의 골퍼이다. 또 메이저 대회에서 7번이나 선두로 마지막 라운드를 시작했지만 그 중 겨우 한 번밖에 우승하지 못해 겁쟁이라는 별명을 얻기도 했다. 1984년 US오픈에서 연장전 끝에 퍼지 젤러Fussy Zoeller에게 패했고, 1986년 PGA 챔피언십에서는 마지막 홀에서 벙커샷을 그대로 홀인한 밥 트웨이Bob Tway에게 우승컵을 빼앗겼다. 또 1987년 마스터스의 연장전에서는 래리 마이즈Larry Mize의 기적 같은 칩샷에 눈물을 삼켜야 했다.

1996년 마스터스 대회는 노먼에게 비극의 클라이맥스였다. 오거스타 내셔널 골프클럽에 도착한 닉의 컨디션은 연습 라운드를 중단해야 할 정도로 저조했다. 연습 후 플레이어 배지badge를 받게 되었는데 67번이었다. 67타를 칠 수 있으면 우승도 가능하겠다는 희망을 가진 닉의 마음은 조금 가벼워졌는데 결국 마지막 라운드에 67타를 치며 우승하게 된다.

노먼이 첫 라운드에서 코스 레코드 63타를 치며 선두에 나서더니 두 번째 라운드에서 69타로 선두를 지켰고, 닉도 69-67타로 4타 차 2위가 되어 두 선수는 3라운드 마지막 조에서 함께 플레이하게 되었다. 노먼은 1993년 디오픈에서 우승했을 당시 닉과의 동반 플레이를 좋아하지 않는다는 사실을 공공연하게 밝힌 적이 있어서 두 선수의 플레이 결과는 관심의 대상이었다. 날씨가 좋지 않았던 토요일에는 대부분의 선수들이 오버파의 경기를 했지만 노먼은 1언더파 71로 마무리하면서 선두를 지켰다. 닉은 73타로 부진했지만 다행스럽게도 6타 차 2위를 지켰고 두 선수는 마지막 라운드에서 다시 맞붙게 되었다. 3라운드 후 기자회견에서 닉은 마스터스 코스에서는 6타 리드도 뒤집힐 수 있다는 견해를 밝히며 자신의 우승 가능성을 열어두었다.

일요일 오후 마지막 라운드가 시작되면서 노먼의 티샷이 왼쪽으로 당겨지더니 보기가 되었고 두 선수의 차이는 5타로 줄었다. 2번 홀에서 노먼이 그립을 잡았다 풀기를 계속하면서 시간을 끄는 것을 알아챈 닉은 상대적으로 사기가 올라갔다. 자신 있게 티샷을 한 닉은 어깨를 펴고 당당한 걸음걸이로 앞서 걷기 시작했다. 심리 게임인 골프에서 '나는 컨디션이 좋다'는 메시지를 보내고 싶었던 것이다. 홀이 지나면서 노먼의 플레이 속도는 점점 더 느려졌고 그립을 고쳐 잡는 회수도 늘어갔다. 결국 9홀이 끝났을 때 노먼 11언더, 닉 9언더로 차이가 2타로 줄어들었다.

10번 홀에서 노먼이 쉬운 칩샷을 실수하고 보기가 되어 1타 차이가 되자 노먼의 친구 닉 프라이스는 더 이상 지켜볼 수 없다며 골프장을 떠났다. 11번 홀에서 노먼이 또 다시 보기를 하자 두 선수는 드디어 9언더파로 공동 선두가 되었다. 파3 홀 중에서 가장 어렵다는 12번 홀에 도착했는데 닉이 먼저 티샷을 때렸다. 매치플레이 형국일 때는 파3에서 먼저 티샷을 하는 것이 유리하다는 것이 정설이다. 닉의 티샷은 그린 가운데 멈췄고 마음의 평정이 무너진 노먼의 티샷은 연못으로 들어가고 말았다. 호주 선수로는 최초로 마스터스를 우승하리라는 기대로 중계방송을 시청하던 호주의 골프팬들은 눈물을 흘리고 있었다. 호주는 2013년에 아담 스콧이 첫 우승을 할 때까지 17년을 더 기다려야 했다. 노먼 7언더, 닉 9언더로 역전된 후 16번, 파3 홀에서 노먼이 티샷을 물에 넣으며 두 번째 더블 보기를 기록하자 이제 더 이상 희망이 없어졌다. 결국 노먼 78타, 닉 67타로 닉의 우승이 확정되었다. 미디어에서는 골프 역사상 가장 비극적인 역전 드라마였다는 보도를 하며 닉의 플레이보다는 노먼의 패배에 초점을 맞췄다. 그러나 닉의 플레이는 어떤 상황이라도 챔피언의 자격이 충분했던 위대한 라운드였음에 틀림없다. 닉의 메이저 6승째이자 마지막 메이저 우승이었다.

라이더컵 플레이어

닉은 가장 위대한 라이더컵 플레이어 중 한 사람이다. 라이더컵 플레이어는 극심한 압박감을 이겨낼 수 있는 선수를 말하는데 닉은 강한 정신력으로 매치 플레이에서 생기는 압박감을 극복했다. 닉과 맞붙었던 미국 선수는 그의 플레이가 인간이 아닌 로보트의 플레이 같았다고 회고했다. 라이더컵 팀의 선수로 11회나 출전하여 최다 출전자가 되었고, 23승 19패 4무 승부의 전적으로 승점 25점을 획득하여 라이더컵 역사상 최다 점수를 따낸 선수이다.

미국의 오크힐 컨트리클럽에서 개최되었던 1995년 라이더컵 대회에 캡틴의 와일드 카드 자격으로 팀에 선발되었던 닉은 마지막 날 가장 중요한 순간에 승점 1점을 따냄으로써 원정 팀 유럽이 미국에 역전승을 거두는 데 일등 공신이 되었다. 유럽 팀이 7대 9로 뒤진 가운데 마지막 날 싱글 매치를 시작한 닉의 상대는 미국 팀 캡틴의 와일드 카드로 선발된 커티스 스트레인지였다. 스트레인지는 1988년 US오픈에서 닉과 18홀 연장전까지 가는 접전 끝에 챔피언이 된 후 줄곧 라이벌 관계를 유지해 온 사이였다. 패색이 짙었던 유럽 팀 선수들이 싱글 매치에서 선전하면서 우승의 희망을 가질 무렵 닉은 두 홀을 남기고 1홀 차이로 뒤지고 있었으며 닉이 패배한다면 유럽의 우승은 사실상 불가능한 상황이었다.

17번 홀에서 스트레인지의 보기 때문에 올 스퀘어가 된 두 선수는 파 4, 18번 홀에서 평생에 가장 큰 압박감을 받으며 티샷을 해야 했다. 닉의 티샷이 왼쪽 깊은 러프로 날아간 후 스트레인지의 티샷이 페어웨이 한가운데에 떨어졌다. 닉의 라이는 그린 공략이 불가능했으므로 85미터 부근의 페어웨이로 빼 놓았고, 스트레인지는 완벽한 위치에서 어프로치 샷을 했으나 파 세이브가 불가능해보이는 그린 근처 깊은 러프 속으로 들어가고 말았다. 세 번째 샷을 준비하면서 닉은 골프를 시작한 이후 처음으로 다리가 심하게 떨리는 것을 느꼈지만 부드러운 웨지 샷을 구사하며 홀컵 1.5미터에 붙였다. 그 샷은 닉이 평생 동안 기억하고 있는 가장 위대한 웨지 샷이었다. 스트레인지가 파에 실패한 후 닉은 침착하게 파 퍼트를 성공시켜 승점 1점을 챙기며 유럽의 역전승을 가능하게 만들었다. 매치가 끝난 후 세베 발레스테로스가 눈물을 흘리며 다가와 포옹하며 말했다. "You are a great champion." 이 승리는 닉이 획득했던 라이더컵 포인트 중에서도 가장 위대했고, 닉이 우승했던 어떤 메이저 대회 우승과도 바꿀 수 없는 감격이었다.

닉 팔도의 시대가 끝나다

닉은 다시 골프를 시작한다면 퍼팅 때 왼손이 아래로 가는 크로스핸드 그립을 배우겠다고 말한 바 있다. 그러나 거리가 7미터 이상 되는 먼 거리 퍼트는 오른손이 아래로 가는 일반적인 그립으로 바꾸어 거리 조절에 유리한 감을 살리겠다고도 했다. 위대한 챔피언 닉 팔도에게도 퍼팅은 가장 해결하기 어려운 숙제였다.

1997년 마스터스 대회에서 1996년 마스터스 챔피언인 닉은 마스터스 전통에 따라 3년 연속 우승을 한 1996년 US 아마추어 챔피언 타이거 우즈와 같은 조로 경기를 시작했다. 첫 홀에서 타이거의 티샷은 닉보다 36미터나 더 길었고 파5인 2번 홀에서는 무려 73미터나 차이가 났다. 새로운 골프영웅은 닉을 압도하며 70-66타로 선두에 나섰고 닉은 75-81타로 컷을 통과하지 못했다. 결국 타이거 우즈가 18언더파 270타를 쳐서 마스터스 대회 사상 최대인 12타 차이로 우승을 하며 새로운 황제 자리에 등극했고 닉은 우승자에게 그린재킷을 입혀준 후 그의 시대를 마감하게 되었다.

1997년 닉은 골프 명예의 전당 회원으로 입회함으로써 역사상 가장 위대했던 골퍼 중 한 사람으로 인정받았다. 2004년 ABC 채널의 골프 해설가로 방송을 시작한 닉은 특유의 영국 유머를 섞은 명해설가로 활동 중이다. 2009년 영국 골프에 대한 공로를 인정받아 황실로부터 작위^{Knight-Bachelor}를 수여받고 그의 공식 이름은 'Sir Nick Faldo'로 불리게 되었다.

7

타이거 우즈
Tiger Woods (1975~)

골프의 모든 기록들을 경신한 타이거 우즈

21세기 최고의 골프 선수 타이거 우즈. 그의 이름이 모든 것을 말해준다. 타이거가 어떤 기록들을 보유하고 있는지를 열거하려면 끝이 없을 정도이므로 그가 아직도 깨지 못한 기록들을 살피는 게 오히려 빠를 것이다.

첫째, 잭 니클라우스가 보유한 메이저 18승의 기록이다. 2013년까지 14승을 기록 중인 타이거가 재기에 성공하여 잭 니클라우스를 넘어설 수 있을 지가 최대의 관심사이다.

둘째, 바이런 넬슨이 보유한 1945년 PGA 투어 11연승과 한 해 최다승 기록인 18승이다. 아마도 이 기록들은 프로 골프가 존재하는 한 깨어지지 않을 것으로 여겨지고 있다. 타이거는 7연승과 한 해 9승의 기록을 가지고 있다.

셋째, 보비 존스가 1930년에 세웠던 그랜드 슬램의 기록이다. 아마추어 선수였던 보비 존스는 당시의 4대 메이저 대회이던 브리티시 아마추어, 디오픈, US 아마추어, US오픈을 한 해에 모두 우승함으로써 유일한 그랜드 슬램으로 인정받고 있다.

넷째, 샘 스니드가 보유한 PGA 투어 최다승의 기록인 82승이다. 그러나 현재 79승을 기록한 타이거가 이 기록을 넘어서는 것은 충분히 가능할 것으로 보인다.

이 세 가지 이외의 중요한 기록들은 거의 모두 타이거에 의해 깨졌거나 곧 깨어질 기록들이다.

내 아들의 이름은 타이거

타이거는 1975년 12월 30일 캘리포니아 주 로스앤젤레스 근교의 사이프레스에서 태어났다. 아버지 얼 우즈Earl Woods는 흑인(African-American)이고 어머니 컬티다 우즈Kultida Woods는 태국인과 중국인 부모 사이에서 태어난 태국인이다. 즉 타이거의 혈통은 흑인, 아메리카 인디언, 백인, 태국, 중국의 피가 섞인 혼혈인 것이다. 아버지는 타이거가 위대한 골프 선수로 성장하는 데 가장 큰 영향을 미쳤다. 얼 우즈의 집안은 가난했지만 어머니의 교육열 덕분에 캔자스 주립대학을 졸업했고, 대학 시절에는 흑인 최초의 야구팀 선수로 활약했었다. 대학 졸업 후 육군에 입대한 얼 우즈는 베트남 전쟁에 두 번 참전했고, 1970년 두 번째 참전 때 그의 두 번째 부인이자 타이거의 어머니인 컬티다 우즈를 만나서 재혼했다. 얼 우즈의 전우이며 함께 작전을 지휘했던 베트남 육군 중령의 이름이 봉당퐁Vuong Dang Phong이었는데 그들은 함께 죽을 고비를 여러 번 넘긴 형제나 다름없는 사이였다. 봉당퐁은 용감하고 지략이 뛰어나서 결정적인 위기 상황에서 얼의 생명을 구해준 적도 있었다. 그런 그를 미군들은 '타이거 퐁Tiger Phong'이라고 불렀다. 얼은 1975년에 아들이 태어나자 전우였던 타이거 퐁을 기억하며 그를 타이거 우즈라고 불렀다. 타이거의 본명은 '엘드릭 톤트 우즈Eldrik Tont Woods'인데, 아버지 이름 얼Earl에서 첫 알파벳 E를 땄고 어머니 이름 쿨티다Kultida에서 마지막 알파벳 K를 따서 엘드릭Eldrik이라고 지어졌다. 언제나 아버지와 어머니 사이에서 사랑받고 보호받으라는 의미였다. 중간 이름인 톤트Tont는 태국의 이름이다.

골프 베이비

얼 우즈는 골프를 배운지 3년 만에 로우 싱글 핸디캡 골퍼가 되었을 만큼 골프에 재능이 있었다. 그는 차고에 그물을 설치해놓고 연습공을 치며 기량을 유지했다. 어느 날 9개월 된 타이거를 베이비 시트에 앉혀놓고 연습공을 치기 시작했는데 타이거는 몇 시간 동안 보채지 않고 아빠의 스윙을 유심히 보고 있었다. 타이거의 집중력에 놀란 아버지는 걷지도 못하는 아이의 손에 골프채를 쥐어 주었고 9개월 된 아이는 생애 처음으로 골프공을 맞춰냈다. 그 모습을 본 아버지의 머릿속에는 벌써 골프계의 슈퍼스타를 만들어 낼 계획이 세워지고 있었다. 18개월이 되자 아버지는 그립, 스탠스 등 스윙의 기초들을 가르쳤고, 타이거는 드라이빙 레인지에 가서 제대로 된 스윙으로 공을 쳐내기 시작했다. 두 살 때 〈마이크 더글러스 쇼 The Mike Douglas Show〉에 출연하여 시청자들을 웃게 하더니 세 살 때 이미 정규 코스의 9홀에서 48타를 치는 재능을 보여 주었다. 다섯 살 때에 〈That's Incredible Show〉라는 TV 프로그램에 출연하여 골프 신동이 탄생했음을 알렸고, 일곱 살에는 골프영웅 샘 스니드와 함께 라운딩을 하기도 했다. 코치인 아버지는 타이거의 연습 때 일부러 공을 떨어뜨리거나 소음을 내면서 스윙을 방해하기도 하며 집중력을 기르도록 훈련하였고, 어머니는 정신적으로 강한 아들을 키워내기 위해 노력하며 입버릇처럼 이렇게 말했다. "네가 선두에 있을 때 경쟁자들이 따라올 수 있는 빈틈을 보이지 말고 끝까지 제압하라. 스포츠맨십은 싸움이 끝난 후에 나누는 것이다."

육군 중령 출신인 얼 우즈는 집 근처의 군용 골프장인 네이비 코스 Navy Course에서 라운딩을 할 수 있었고, 3살이 된 타이거를 데리고 나가서 함께 플레이했다. 타이거의 기량이 늘면서 혼자서도 연습 라운딩을 하기 시작했는데, 멤버들은 흑인 아이의 라운딩을 못마땅해하면서 10살 미만의 아이는 꼭 보호자와 함께 플레이해야 한다는 룰을 만들었다. 명백한 인종차별이었지만 저항할 방법이 없어서 네이비 코스를 떠나게 되었다. 그 후 어린 타이거가 혼자서 라운딩할 수 있는 골프장을 찾아다니다가 롱비치에 있는 파3 퍼블릭 코스인 하트웰 골프코스Heartwell Golf Course를 발견했고, 그곳의 티칭프로인 루디 듀란Rudy Duran을 만나서 타이거의 코치가 되어주기를 부탁했다. 최초의 코치가 되었던 듀란은 네 살의 타이거를 처음 보았을 때의 느낌을 나중에 이렇게 털어놓았다. "나는 마치 음악의 천재 모차르트를 만난 것과 같은 충격을 받았다. 타이거는 당시 최고의 골퍼였던 잭 니클라우스의 축소판 같았다. 그는 천재였다."

파3 코스로 간 것은 타이거에게 오히려 전화위복이 되었다. 어려서부터 쇼트게임 능력을 집중적으로 개발할 수 있는 기회가 되었고, 천재를 알아보는 눈을 가진 코치도 만나게 된 것이다. 듀란은 아이들에게 골프를 가르치며 타이거가 시범을 보이도록 했고, 타이거는 듀란의 티칭 포인트를 완벽하게 보여주었다. 10살이 되자 이제 제대로 된 정규 골프코스가 필요해져서 헌팅턴 비치 근처의 메도우락 골프클럽Meadowlark Golf Club으로 옮겼고, 이곳에서 한때 투어 선수였던 새로운 코치 존 앤셀모John Anselmo를 만난다. 앤셀모는 타이거와의 첫 만남을 이렇게 회고한다. "내가 만난 10살 소년의 스윙리듬과 밸런스는 놀라웠다. 나는 첫 눈에 그가 특별한 아이라는 것을 알아차리고 흥분했다." 앤셀모는 그 후 7년 동안 타이거의 코치가 되었고, 18세가 된 타이거는 새 코치 버치 하먼Butch Harmon을 만나게 되었다. 14살 때 심리 코치인 제이 부룬자 박사Dr. Jay Brunza를 만난 것도 행운이었다.

부룬자 박사는 스포츠 심리학 전공자로서 타이거가 중압감을 느끼는 상황에서도 최고의 집중력을 발휘할 수 있도록 훈련시켰고 중요한 시합에서는 직접 캐디를 맡기도 했다. 부룬자 박사는 타이거를 두고 이런 말을 했다. "타이거는 골프에 대한 본질적인 열정을 가지고 있었다. 또한 부모의 기대에 따라 살도록 강요받지도 않았다. 그는 100퍼센트 자유 의지로 골프를 선택했다."

10살의 타이거는 키 150센티미터, 체중 36킬로그램의 아이가 되었고, 이미 주니어 월드 챔피언십의 10살 미만 부문에서 두 번 우승을 했으며 자기 나이 또래의 시합에서는 언제나 우승을 휩쓸어서 주니어 월드 챔피언십에서만 6회의 우승을 기록했다. 재능을 보이는 주니어 선수들은 대부분 서둘러서 자기 나이 그룹보다 위의 선수들과 경쟁하려고 하는데 타이거는 언제나 같은 또래들과 시합을 하여 우승하는 방법을 깨우쳐 나갔다. 11세 때 아버지를 이길 수 있었고, 12세 때 18홀에서 70타를 깨는 수준이 되었으며 13세 때는 그의 골프 영웅이었던 잭 니클라우스를 처음 만났다. 잭은 타이거의 스윙을 보고 크게 감탄했다. 14세가 되었을 때는 우승 트로피를 200개 이상 보관할 정도였다.

주니어 시절의 시합에서 좋은 경험만 있었던 것은 아니다. 어느 AJGA 대회에 참가했던 타이거는 짧은 퍼팅을 놓친 후 화를 참지 못하고 퍼터를 가볍게 던졌다. 그의 행동이 눈에 거슬릴 정도의 심한 것이 아니었음에도 불구하고 라운드가 끝난 후 함께 쳤던 백인 아이들이 경기 위원회에 신고를 했고, 위원회는 룰에 의거하여 타이거를 실격시켰다. 타이거는 이 세상에는 믿을 사람이 없다는 것을 배웠다. 현장에 있었던 타이거의 어머니는 그것이 명백한 인종차별임을 느꼈지만 항의하지 않고 오히려 타이거를 타일렀다. "골프 선수는 오로지 골프 클럽만 가지고 말하는 것이다."

아버지와 함께 마이애미에 원정 갔을 때의 일이다. 짧은 퍼팅을 연속해서 놓친 타이거가 경기를 포기하는 자세로 라운딩을 마쳤다. 그것을 본 아버지는 타이거를 불러 골프장이 떠나갈 듯한 목소리로 꾸짖었다. 골프 대회에 참가하여 스코어가 좋든 나쁘든 끝까지 최선을 다하지 않는다면 선수로서 자격이 없다고 가르쳤고, 그 이후 타이거는 성적과 관계없이 끝까지 최선을 다하는 자세를 배우게 되었다.

학교생활

사이프레스의 오렌지뷰 중학교를 졸업한 타이거는 애너하임에 있는 웨스턴 고등학교의 골프팀에 초대받는다. 코치 돈 크로스비Don Crosby는 중학 시절부터 연습에 몰두하는 타이거를 눈여겨보고 있다가 그를 팀으로 스카우트하는 데 성공한다. 타이거는 코치 크로스비를 실망시키지 않고 팀의 우승에 결정적으로 공헌했으며, 고등학교 때부터 프로 대회에 초대받기 시작했다. 그가 고등학교를 졸업할 때쯤엔 이미 아마추어 최고의 선수로 유명해진 타이거를 스카우트하기 위해서 많은 대학팀 코치들이 공을 들였다. 그 중에서 가장 먼저 타이거에게 스카우트 제의를 한 사람은 스탠퍼드 대학의 코치 월리 굿윈Wally Goodwin이었다. 굿윈은 타이거가 중학교에 다니던 13세 때에 벌써 관심을 표시하는 편지를 보내왔다. 타이거도 자기의 학교 성적 GPA가 3.86의 우수한 성적을 유지하고 있다는 사실과 키와 체중을 정확하게 알려주는 회신을 보냈다. 굿윈 코치는 중학교 학생의 회신이 조리 있고 예의 바른 것에 크게 감동하여 소속팀 선수들에게 그 편지를 읽어보게 할 정도였으며, 그 이후에도 연락을 계속해왔으므로 훗날 타이거가 스탠퍼드 대학을 선택한 것은 어쩌면 당연한 결과였다. 타이거는 중학교, 고등학교에서 스탠퍼드 대학에 입학할만한 우수한 학업 성적을 유지했으므로 두려움 없이 세계적인 명문 스탠퍼드에 갈 수 있었다. 운동선수로서 학업성적이 좋았던 것은 어머니가 골프보다 학업성적을 더 중요시했고, 성적이 나쁘면 골프코스에 나갈 수 없도록 강하게 압박했기 때문이다. 스탠퍼드에서 경제학을 전공한 타이거는 2학년을 마치고 1996년 8월 27일 프로 전향을 전격 발표하면서 학업을 끝내게 되었다. 대학교 졸업을 원했던 어머니에게는 언젠가 학교로 돌아가서 꼭 학위를 끝내겠다는 약속을 남기고 말이다.

US 주니어 아마추어 챔피언십 3년 연속 우승

역사상 가장 위대했던 아마추어 골퍼는 보비 존스이다. 그러나 타이거가 존스처럼 평생 아마추어 골퍼로 남았다면 그는 보비 존스의 기록을 앞지르고도 남았을 것이다.

타이거는 1991년 15세가 되었을 때 샌디에이고에서 열리는 주니어 월드 챔피언십에서 이미 6번이나 우승하며 세계를 놀라게 했다. 1988년부터 1991년까지는 4회 연속 우승이었다. 1991년에 18세 미만의 선수만 참가할 수 있는 US 주니어 아마추어 챔피언십에서도 우승한 우즈는 흑인 최초로 USGA가 주최한 대회에서 우승하며 최연소 US 주니어 챔피언이 되었고 1992년, 1993년에도 우승함으로써 3년 연속 우승과 US 주니어 챔피언십 사상 최다승의 기록을 세웠다. US 주니어 아마추어는 US 아마추어와 마찬가지로 예선을 거쳐서 본선에 진출한 선수들이 두 라운드의 메달 플레이를 통해서 64명이 매치플레이에 진출하고 매치플레이를 6번 이기면 우승하게 되는 방식이다. 1993년에는 결승에서 라이언 아무어^{Ryan} ^{Armour}와 대결했는데, 마지막 두 홀을 남기고 아무어가 두 홀 차로 앞서서 우승이 확실해 보였지만 타이거는 끝까지 포기하지 않고 17번 홀에서 버디를 하여 한 홀 차이로 따라가더니 18번 홀에서 36미터 거리의 벙커 샷을 파로 마무리하며 승리하여 연장전으로 몰고 간 후 결국 연장 첫 번째 홀에서 역전 우승을 하게 되었다.

참고로 1948년 시작된 US 주니어 아마추어 챔피언십은 2014년까지 거의 모든 대회에서 미국 선수가 우승했고, 외국인이 우승을 했던 것은 단세 번뿐이었는데 놀랍게도 그 세 번의 우승자가 모두 한국인이었다. 그들은 1994년 테리 노, 2004년 김시환, 2012년 심현보이다.

US 아마추어 챔피언십 3년 연속 우승

1994년, 이제 18세가 넘은 타이거는 플로리다 주 소그라스^{TPC Sawgrass}의 스테디엄 코스에서 열리는 US 아마추어 챔피언십에 출전하여 결승 36홀 매치에서 대학골프의 최강이며 골프 가족으로 유명한 22세의 트립 키니^{Trip Kuhne}를 만난다. 매치가 시작되자 키니는 명성대로 계속 버디를 잡기 시작하더니 13홀이 끝났을 때 타이거를 6홀 차이로 압도했다. 12홀이 남았을 때까지도 5홀 차이로 뒤지고 있던 타이거가 한 홀씩 따라붙기 시작하더니 33홀에서 드디어 동점(All Square)이 되었다. 승부는 아일랜드 그린으로 유명한 짧은 파3, 17번 홀에서 갈렸다. 피칭 웨지로 오른쪽 백핀을 직접 공략한 타이거의 티샷은 핀을 향해 날아가다가 홀의 오른쪽에 떨어져서 물 쪽으로 구르더니 물에서 1미터도 되지 않는 프린지에서 멈췄다. 홀까지 4미터가량 되는 버디 퍼트를 성공시킨 타이거는 매치가 시작된 후처음으로 리드를 잡게 되었고, 18번 홀마저 이겨서 2홀 차이로 역전 우승했다. 이 우승으로 타이거는 최연소 챔피언이 되었는데 그의 최연소 기록은 2008년에 한국계 뉴질랜드 선수인 18세의 대니 리^{Danny Lee}에 의해서 깨졌고, 2009년에는 한국인 최초의 우승자 안병훈이 17세에 우승하여 최연소 우승기록을 가지고 있다. 2014년 양건 선수가 한국인으로서 두 번째 우승컵을 들어 올려 우리나라가 골프 강국임을 확인시켜 주었다.

1995년 뉴포트 컨트리클럽^{Newport Country Club}에서 열린 US 아마추어 챔피언십에서 타이거는 2년 연속 역전 우승을 차지한다. 준결승에서 43세의 마크 플러머를 18홀까지 가는 접전 끝에 물리치고 36홀 결승에 진출한 타이거의 상대는 마크와 같은 나이인 43세의 조지 마루치^{George Marucci}였다. 그들은 타이거처럼 힘 있는 샷을 갖지는 못했지만 절묘한 쇼트게임과 퍼팅으로 타이거를 끝까지 괴롭혔다. 결승 매치가 시작된 후 시종일관 마루치에게 끌려가던 타이거가 드디어 역전에 성공하여 1홀을 앞선 후 36번째 홀로 갔다. 마지막 홀에서 완벽한 티샷을 한 타이거는 홀까지 피칭웨지 거리인 128미터의 어프로치 샷을 남겼는데 그가 선택한 클럽은 8번 아이언이었다. 8번 아이언으로 가볍게 펀치샷을 한 타이거의 공이 홀을 향해 낮게 날아가는 것을 본 ESPN TV 중계 해설자 조니 밀러가 어프로치 샷이 30센티미터에 붙더라도 놀랄 일이 아니라고 말했는데 핀을 넘어 떨어진 공은 백스핀이 걸리며 되돌아와서 거의 홀인이 될 뻔했다. 버디를 잡고 2홀 차이로 우승한 타이거는 마지막 샷을 치며 자기의 골프 기량이 전년보다 향상된 것을 확인할 수 있었다. US 주니어 아마추어부터 5년 연속 챔피언의 캐디를 맡았던 멘탈 코치 브룬자 박사는 타이거가 정말로 필요할 때 한 방을 날려주는 위대한 골퍼의 자질을 갖추고 있다고 칭찬했다. 우승을 한 일요일 저녁, 약간 술에 취한 타이거의 아버지 얼 우즈는 우승컵 헤이브마이어 트로피Havemeyer Trophy를 만지며 아들이 14번의 메이저 대회 우승을 차지할 것이라고 예언했는데 2008년까지 메이저 14승을 올렸던 타이거의 메이저 우승행진은 2016년까지 정말로 14승에 멈춰있다.

1996년 US 아마추어 챔피언십은 오리건 주 포틀랜드의 펌킨 리지Pumpkin Ridge에서 개최되었다. 스탠퍼드 대학 2학년 때 NCAA 챔피언이 되어 대학 최강의 골퍼가 된 타이거는 예선 두 라운드에서 136타를 쳐서 메달리스트로 64강에 올랐다. 1회전부터 쉽게 상대를 제압했고, 5회전인 준결승에서 9홀까지 2홀 뒤지는 위기를 잘 넘기며 결승에 올랐다. 대회가 시작될 때부터 시합장에 와서 타이거와 함께 스윙을 점검해 준 코치 버치 하먼의 존재는 자신감을 유지하는 데 큰 도움이 되었다. 아마추어 골프에서 1930년 보비 존스가 그랜드 슬램을 달성했을 때 이후 최대의 관중으로 기록된 15,000명이 넘는 갤러리 속에는 골프장에서 15분 거리에 있는 나이키 본사의 나이트Phil Knight 회장도 나와 응원을 하고 있었다. 36홀 결승 매치의 상대는 19세의 스티브 스코트Steve Scott였는데 그는 타이거를 두려워하지 않고 기선을 제압하여 전반 9홀이 끝났을 때 벌써 4홀 차이로 앞섰고 그대로 오전 라운드가 끝났다. 오후 라운드의 3번, 4번, 5번 홀에서 연속 버디를 잡은 타이거가 1홀 차이로 추격했지만 10번에서 스코트가 버디를 하여 다시 2홀 차이가 되었다. 11번 홀에서 타이거가 15미터의 내리막 이글 퍼트를 성공시키며 따라갔지만 스코트가 14번 홀에 버디를 잡으며 다시 2홀 차이가 되었다. 3홀을 남기고 2홀 차이로 끌려가던 타이거는 패색이 짙었지만 특유의 집중력을 발휘하며 16번 홀에서 버디로 한 홀을 따라갔고, 17번 홀에서 10미터짜리 버디 퍼트를 성공시키며 허공을 향해 주먹을 휘둘렀다. 결국 무승부가 되어 연장전에 돌입했고, 승부는 38번째 홀인 파3에서 결정 났다. 178미터 거리에서 6번 아이언으로 티샷한 타이거의 공은 그림 같은 페이드를 그리며 홀 3.5미터 거리에 멈춰서 파를 했고, 스코트의 티샷은 러프로 가서 파를 세이브하지 못했다. 타이거의 6번 아이언 샷은 지난 1년 동안 코치 버치 하먼과 함께 연습을 계속해온 위닝 샷이었다.

이것은 타이거의 US 아마추어 3년 연속 우승기록이 탄생하는 순간이었고, 그의 마지막 아마추어 대회의 라운드가 끝나는 순간이었다. 3년 연속 우승기록은 역사상 최초이고, US 아마추어를 5번이나 우승했던 보비 존스도 이룩하지 못했던 대기록이었다. 잭 니클라우스, 필 미켈슨에 이어 NCAA 챔피언과 US 아마추어를 동시에 우승한 세 번째 선수이기도 했다. US 아마추어에서 3년 모두 역전승으로 우승을 했다는 사실도 놀랍고, US 주니어 아마추어부터 6년간 우승하는 동안에 36번의 매치플레이를 연속 이겼다는 사실도 경이롭다. 우승컵을 받은 타이거의 머리속에는 이제 아마추어선수로서 더 이상 이룰 것이 없다는 생각이 자리잡았다. 그리고 프로선수로 전향하는 꿈이 현실로 다가오고 있었다.

아마추어골퍼와 프로골퍼

미국이나 유럽에서 프로골퍼가 되는 절차는 간단하다. 한국처럼 프로골퍼가 되기 위한 테스트를 통과하여 자격을 받는 것이 아니라 본인이 상금을 벌기 위해서 플레이한다고 선언하면 프로골퍼가 되는 것이다. 프로골퍼가 된다는 것은 어떤 아마추어 대회에도 참가할 수 없게 된다는 뜻이므로 대학팀 선수로조차 플레이할 수 없게 된다. 프로 대회에서 상금을 벌수 있는 기량을 갖추지 못하고 프로 선언을 하는 것은 골퍼로서 모든 시합을 포기하는 것과 같은 자해행위일 뿐이다. 그리고 한번 프로가 되고나서 다시 아마추어 신분을 회복하려면 USGA를 통한 복잡하고 까다로운 절차를 거쳐야 하며, 프로 활동 기간에 따른 긴 숙려기간을 기다려야 하므로 신중한 결정이 필요하다.

　타이거가 점차 유명해지면서 고등학교 시절에 명문 프라이빗 클럽인 뉴포트 비치Newport Beach에 위치한 빅 캐년 컨트리클럽Big Canyon Country Club의 명예회원으로 초대받았다. 멤버가 되는 것은 타이거의 연습을 위해서도 아주 좋은 기회였지만 아버지 얼 우즈는 아마추어 신분을 유지하는 데 문제가 될지도 몰라 조심스러웠다. 그는 아마추어로서 명예회원이 될 수 있는지 USGA에 문의했고, USGA는 명예회원이 되는 것을 허락할 수 있지만 NCAA(미국 대학 체육 협회)에는 별도로 문의해야 한다는 회신을 보내왔다. 다시 NCAA에 문의한 결과 명예회원이 되는 것은 NCAA 대학 선수로서의 자격심사에 문제가 있다는 회신이 왔다. 아직 대학생이 아니고 USGA도 허락을 했는데 NCAA의 규정이 너무 엄격하다는 항의 편지를 보낸 후에야 NCAA에서도 명예회원이 되는 것을 허락받았다. 스탠퍼드 대학에 입학한 후에는 샌프란시스코의 명문 클럽인 올림픽 클럽Olympic Club의 명예회원으로 초대받았지만, NCAA 규정에 위반된다는 통보를 받아 회원이 되지 못했다.

대학 2학년 때 아놀드 파머가 시니어 대회 참가를 위해 스탠퍼드 대학 근처에 왔다가 타이거를 저녁 식사에 초대했다. 타이거는 벌써 몇 해 전부터 아놀드 파머와 친분을 쌓아왔었고 향후 진로에 대한 상담을 위해 함께 식사를 했다. 식사 후 파머가 60달러쯤 되는 식사대금을 전액 지불했는데 다음날 아침 신문에 이를 두고 타이거가 NCAA의 규정을 위반했을 가능성이 있다는 기사가 실렸다. NCAA에서 일정기간 대회 출전을 정지시킬 수 있다는 내용도 포함되어 있었다. 스탠퍼드의 골프팀 코치와 체육 담당 직원도 아무런 도움이 되지 못했다. 결국 타이거의 부모가 직접 언론에 문제를 제기했고 언론에서 타이거를 변호하면서 NCAA가 한 발 후

퇴하여 없던 일이 되고 말았다. 그 사건으로 타이거는 큰 쇼크를 받았고 누군가가 항상 자기의 행동을 감시한다는 생각까지 하면서 이제 프로선수가 되어야 한다는 생각을 하기 시작했다.

1996년 디오픈에 참가하여 66타를 친 후 자기의 골프 기량이 프로골퍼와 경쟁할만하다는 자신감을 얻은 타이거는 1996년 US 아마추어에서 우승한 후 프로의 길로 가는 결심을 굳히게 되었다. 어릴 때부터 책상에 붙여 놓았던 그의 영웅 잭 니클라우스의 기록에 도전하게 된 것이다.

흑인 프로골프의 역사

1890년대에 미국에서 골프가 시작된 이래 흑인들은 캐디를 하면서 자연스럽게 골프를 치게 되었다. 1920년대에 골프 붐이 일어나면서 흑인 캐디의 숫자가 증가했고 골프장이 쉬는 날에는 그들도 자유롭게 플레이를 할 수 있었다. 그렇지만 대부분의 멤버 클럽에서 흑인 멤버를 거부해왔으므로 1921년 영세한 규모의 흑인 전용 골프장인 쉐디 레스트 컨트리클럽Shady Rest Country Club이 뉴저지에 설립되었는데 그곳은 중류사회로 진입하려는 노력을 하던 흑인들의 상징적인 사교장소가 되었다. 흑인 최초의 프로골퍼는 존 쉬펜John Shippen이었는데 그는 1896년부터 1913년 사이에 다섯 번이나 US오픈에 참가했었다.

1916년 PGA of America가 설립되면서 백인만이 PGA 멤버가 될 수 있다는 백인 유일Caucasian only Clause 조항이 명문화되어 흑인들의 프로골프 진입을 원천적으로 봉쇄하게 되었다. 이에 흑인들은 1925년에 UGAUnited Golfers Association를 설립하여 흑인들끼리의 대회를 개최하기 시작했고 흑인 골퍼의 숫자도 점점 늘어갔다. 1940년대에는 흑인 전용 골프장이 더 많이 생겼고, 1947년에는 켄터키 주에서 퍼블릭 골프장의 흑인 입장을 자유화해 달라는 소송이 있었지만 흑인이 패소했다. 1952년부터 1956년까지 UGA의 챔피언십 'UGA National Negro Open'을 5연속 우승한 흑인 골퍼가 나타났는데 그의 이름은 찰리 시포드Charlie Sifford였다. 1959년에는 USGA가 주최한 'Public Links Amateur Championship'에서 흑인 최초로 빌 라이트가 우승을 하여 흑인 골프의 존재감을 높여주었다. 1960년부터 PGA의 인종차별적 조항을 철폐하라는 흑인들의 소송이 계속되었고 1961년에 드디어 백인만 멤버가 될 수 있다는 백인 유일 조항이 폐지되었다. 따라서 UGA의 존재도 더 이상 필요 없게 되었다. PGA 최초의 흑인 멤버는 시포드였는데 1967년 45세에 흑인 최초로 PGA 대회에서 우승을 하는 등 PGA 2승을 올린 후 흑인 골프의 발전을 위해 노력한 공로를 인정받아 2004년 골프 명예의 전당 멤버로 추대되었고, 2014년 대통령 훈장도 받았지만 2015년에 세상을 떠났다.

흑인 차별로 유명했던 마스터스 대회에 최초로 참가한 흑인 선수는 1975년에 초대를 받은 리 엘더Lee Elder였고 타이거 우즈가 나타나기 전에

더 골퍼 • The Golfers

가장 좋은 PGA 성적을 거둔 흑인 선수는 캘빈 피트$^{Calvin\ Peete}$였다. 23세에 처음 골프채를 잡은 피트는 사고로 인해 왼쪽 팔을 곧게 펼 수 없는 장애가 있었지만 PGA 대회 12승을 올렸고 1984년에는 바든 트로피까지 받았으며 1983년, 1985년 라이더컵 팀의 미국 대표로 선발된 최초의 흑인이 되었다. 피트는 10년 동안이나 PGA에서 드라이버의 정확도 1위를 유지하는 발군의 기량을 보여주었다. 피트 이후 흑인 골프의 계보를 이어가는 타이거 우즈가 등장하여 프로골프를 석권하는 모습을 본 흑인들이 얼마나 큰 자부심을 가졌을지 상상해볼 수 있다.

프로가 된 타이거

1996년 8월 27일 화요일, 스무 살의 타이거는 짧은 내용의 성명을 발표한다.

"저는 지금부터 프로선수입니다(This is to confirm that, as of now, I am a professional golfer)."

이 짧은 문장 하나로 타이거는 아마추어골프와 영원히 이별하고 프로골퍼가 되었다. 다음 날 공식 기자회견에서 'Hello World'라는 주제의 나이키 광고가 발표되었고, 5년간 4천만 달러의 스폰서 계약이 맺어진 사실도 밝혀졌다. 클럽과 볼은 타이틀리스트와 3백만 달러에 계약했는데 아이언 클럽은 당분간 아마추어 시절부터 사용했던 미즈노를 사용하는 것으로 합의되었다. 1961년 잭 니클라우스가 프로로 전향하면서 맥그리거와 계약했던 금액이 5년간 45만 달러에 지나지 않았던 것과 비교하면 골프가 얼마나 크게 발전하고 있는지 잘 알 수 있는 대목이다. 대부분의 미디어들은 이제 타이거로부터 프로골프의 새로운 기록들이 쏟아져 나올 것이고 위대한 잭 니클라우스의 기록에도 도전하게 될 것이라는 기대를 보였지만, 아마추어골프의 성공이 프로골프로 이어지리라는 보장은 없다는 조심스러운 시각들도 있었다. 이제 아마추어 대회의 우승컵들은 모두 필요 없고 훨씬 더 험난한 프로의 세계에서 자기의 기량을 증명해야 하는 외로운 싸움이 시작되었다.

프로선수가 되는 것은 누구나 자유지만 PGA 투어 대회에 참가하려면 '투어 카드'를 받아서 출전자격을 갖춰야 한다. 투어 카드는 전년도 상금랭킹 125위 이내의 선수가 되거나 아니면 매년 12월에 열리는 큐스쿨 Qualifying School을 통과해야 받을 수 있었다. 지옥의 레이스라고 불리는 큐스쿨은 2차 4라운드, 3차 파이널에 6라운드를 통과해야 하는 어려운 과정이므로 꼭 피해가고 싶었다. 필 미켈슨도 큐스쿨을 통과하지 않고 투어 카드를 받았었다. 투어 카드가 없는 선수도 스폰서의 초청 케이스로 대회에 참가할 수 있는데 한 선수에게 1년에 7번까지만 가능하다. 스폰서의 초청을 받는데 문제가 없던 타이거는 1996년 말까지 7개의 대회에 참가하여 상금 랭킹 125위 안으로 들어가서 1997년 투어 카드를 획득하는 목표를 세웠다. 어림잡아 15만 달러 정도의 상금이 필요했다.

8월 29일, 밀워키 오픈Greater Milwaukee Open에 참가한 프로선수 타이거의 첫 티샷이 페어웨이의 가운데를 갈랐다. 첫 라운드의 점수는 4언더파 67타로 무난한 출발이었고 이어서 69타로 컷을 통과했지만 3라운드에 73타로 부진하여 하위권으로 밀렸고 마지막 라운드에서 68타를 쳐서 합계 7언더파 277타로 60위, 상금 2,544달러로 대회를 끝냈다. 만족스러운 결과는 아니었지만 마지막 라운드에서 나왔던 홀인원은 프로골퍼 타이거의 앞날이 밝음을 암시하는 것 같았다. 파3, 14번 홀의 길이는 185미터였는데 6번 아이언으로 티샷한 공이 홀 앞에 떨어져 구르더니 그대로 홀컵 안으로 들어가 버렸고 타이거를 보기 위해 몰려들었던 갤러리를 흥분시켰다.

다음 대회인 캐나다 오픈에서 11위, 쿼드 클래식에서 5위, BC 오픈에서 3위로 상금 랭킹 128위까지 올라간 타이거는 다섯 번째 대회인 라스베이거스 인비테이셔널에서 우승하여 스포츠계를 놀라게 했다. 5라운드 시합인 라스베이거스 대회의 마지막 라운드를 선두에 4타 뒤진 채 출발했던 타이거는 데일리 베스트인 64타를 쳐서 데이비스 러브 3세와 연장전을 벌인 끝에 프로 첫 우승을 신고했다. 우승 상금 297,000달러를 받은 타이거는 우승자에게 주는 2년간의 투어 카드를 확보했고, 상금 랭킹 20위까지만 진출하던 시즌 최종 대회 투어 챔피언십에까지 출전할 수 있게 되었다. 시즌을 8월말에 시작하여 1996년 PGA 신인왕에까지 오른 타이거에게 미디어와 골프팬들의 관심과 갈채가 집중되고 있었다.

1997년 마스터스 챔피언

1997년 마스터스는 골프 역사의 한 획을 긋는 가장 위대한 대회였고 그 충격과 의미는 골프역사에 영원히 기억될 것이다. 보비 존스와 함께 마스터스 대회를 만들어서 최고의 메이저 대회로 키워냈던 주인공은 바로 클리포드 로버츠였다. 그는 마스터스의 대통령이라는 별명을 가질 정도로 멤버 선정과 대회 진행의 모든 절차에서 최종 결정권자였다. 로버츠는 위대한 경영자이고 전략가였지만 인종차별에 대한 확고한 신념을 가지고 있었으므로 공공연히 이렇게 말하고는 했다. "내가 살아있는 한 오거스타 내셔널 골프클럽의 골퍼는 백인이고 캐디는 흑인이다." 그가 세상을 떠난 후 인종차별적 정책들이 조금 완화되었지만 아직도 흑인들이 접근하기 어려운 골프대회였다.

바로 그 골프장에 자력으로 참가자격을 확보한 21살의 흑인 타이거 우즈가 나타났다. 프로 경력 8개월, PGA 대회 2승을 올린 후 그의 15번째 프로대회에 참가한 타이거는 키 185cm, 체중 70kg, 허리 사이즈 30인치에 불과한 호리호리한 체격이었다. 과거 아마추어 자격으로 마스터스에 참가하여 6라운드 동안 한 번도 언더파를 치지 못했던 타이거를 우승 후보로 눈여겨보는 전문가는 없었고, 미디어의 관심은 전년도 챔피언 닉 팔도와 세계랭킹 1위 그렉 노먼에게 집중되어 있었다. 그러나 골프팬들의 기대는 전문가와 달랐다. 입장권을 구하지 못한 팬들이 암표를 사기 위해 몰려들었고 일주일 동안 자유롭게 출입할 수 있는 티켓의 가격은 통상 3,000달러 수준에서 8,000달러로 급등했다. 대회장의 입장 게이트도 예년보다 훨씬 붐볐는데 주최자 측에서는 전년과 동일한 숫자의 입장권을 판매했지만 입장권 소유자의 거의 100퍼센트가 입장했기 때문이라고 해명할 정도였다.

첫 라운드는 마스터스의 전통에 따라 전년도 챔피언 닉 팔도와 US 아마추어 챔피언인 타이거가 같은 조에서 플레이하게 되었다. 긴장 속에서 첫 티샷을 나무 사이로 보낸 타이거는 보기로 출발했고 9홀 동안 4개의 보기를 쏟아내며 40타로 끝냈다. 첫 라운드는 마지막 라운드만큼 중요하다. 왜냐하면 첫 날에 우승할 수 없지만 패배할 수는 있기 때문이다. 타이거는 10번 홀로 가면서 마음속으로 스윙을 바로 잡았고 2번 아이언 티샷을 완벽하게 친 후 첫 버디를 잡아냈다. 그 이후에는 버디와 이글을 잡아내면서 후반 9홀을 6언더파 30타로 마무리했고 2언더파 70타로 선두에 3타 뒤진 공동 4위가 되었다.

둘째 라운드부터는 타이거의 독무대가 시작되었다. 평균 드라이버 거리 295미터를 기록하여 2위보다 무려 21미터나 길었고, 관중들은 타이거가 샷을 할 때 공이 날아가는 소리가 다른 선수들과는 다르다는 것을 확실하게 느낄 수 있었다. 보수적이고 조심스러운 코스 매니지먼트가 필요하다고 알려진 마스터스 코스에서 공격 일변도의 플레이를 펼친 둘째 날 결과는 66타로 2위 콜린 몽고메리에게 3타 차 선두에 나섰고, 미디어의 관심을 받았던 닉 팔도와 그렉 노먼은 컷에서 탈락했다.

셋째 라운드에서도 버디만 7개를 하는 완벽한 라운드로 데일리 베스트 65타를 쳐서 9타 차 선두가 되자 언론과 갤러리는 경악했다. 함께 라운드하면서 타이거보다 9타나 더 쳤던 몽고메리는 인터뷰에서 타이거가 인간의 한계를 넘는 샷과 집중력을 보여주고 있다고 칭찬하며 아무도 그의 우승을 막을 수 없을 것이라고 말했다. 그러나 일부 언론에서는 전년도 마스터스에서 그렉 노먼이 마지막 라운드를 앞두고 2위 닉 팔도에게 6타를 리드하다가 갑자기 78타로 무너지면서 67타를 친 팔도에게 역전패당했던 경우를 거론하며 아직 우승자를 결정하기는 이르다는 보도를 하기도 했다.

마지막 라운드를 이탈리아의 코스탄티노 로카와 시작한 타이거는 변함없는 집중력을 유지하며 69타로 마무리하여 2위 톰 카이트에게 12타 차이로 그의 첫 메이저 우승을 기록했다. 경쟁자에게 리드하고 있을 때 긴장을 풀지 말고 확실하게 제압하라는 어머니의 가르침을 실천한 것이었다.

타이거의 우승으로 마스터스의 수많은 기록들이 바뀌게 되었다. 흑인 최초의 메이저 대회 우승자로서 인종차별의 벽을 넘었고, 21세에 거둔 우승은 최연소 우승이며, 우승 스코어 18언더파 270타는 잭 니클라우스가 세웠던 271타를 32년 만에 경신하는 기록이었고, 2위와 12타 차이 우승도 신기록이었다. 타이거는 우선 코스를 압도했다. 평균 드라이브 거리 296미터로 모든 파4 홀들의 어프로치 샷을 7번 아이언 이하의 클럽으로 공략이 가능했고, 457미터의 파5, 15번 홀에서는 세컨드 샷을 피칭웨지로 쳐서 이글을 잡으며 파5 홀에서만 13언더를 쳤다. 특히 3라운드의 버디 7개는 모두 9번 아이언 이하의 클럽으로 그린을 공격하여 잡아냈다. 4라운드 동안 쓰리 퍼트를 한 번도 안 했고 평균 퍼트도 29타가 조금 넘었을 뿐이었으며 1라운드 첫 9홀 이후 63홀에서 22언더파를 치는 신기를 보여주었다.

동료 프로선수들은 망연자실했다. 어떤 선수는 내년부터 45미터 뒤에 타이거의 백 티를 별도로 설치해야 한다는 농담을 했고, 니클라우스는 타이거가 마스터스에서만 10번 이상 우승할 것이라고 말했다. 1997년 마스터스 중계는 골프 사상 최고의 시청률을 기록했고 타이거가 참가하는 모든 대회에서는 프로그램을 더 많이 인쇄하고 안전요원을 더 배치하고 스탠드를 넓히고 주차장과 셔틀버스를 늘리는 준비가 필요하게 되었다. 골프의 모든 것이 변하게 된 것이다.

타이거의 마스터스 첫 우승은 역사적 순간이었고 전설의 시작이며 타이거 시대가 활짝 열리게 되는 첫걸음이었다. 그리고 마스터스 우승 두 달 후, 타이거는 6월 15일 프로가 된 지 42주 만에 최연소 세계랭킹 1위의 자리에 오르게 되었다.

1999년 PGA 챔피언십 우승

1997년에 마스터스 우승을 포함하여 4승을 거두고 상금왕에 오르며 골프계를 평정할 것 같았던 타이거의 기세는 오래 가지 못했다. 1997년 스페인 라이더컵의 미국 팀 대표로 처음 출전했던 타이거는 5매치에 출전하여 승점을 0.5점밖에 챙기지 못하는 굴욕을 경험하기도 했다. 1998년에 더욱 힘을 잃고 겨우 1승을 챙기며 상금랭킹 4위로 밀려났고, 미디어에서는 타이거가 나이트클럽의 댄스파티에서 금발의 미녀와 춤을 추는 사진을 보도하며 그의 사생활에 의문을 제기하기도 했다. 이제 타이거는 철저한 공인이며 그의 모든 행동들이 기자나 팬들에 의해서 감시되고 있었다.

그러나 타이거가 놀면서 시간을 허비하고 있었다고 생각하면 오산이다. 1997년의 마스터스 우승 테이프를 분석한 타이거와 코치 버치 하먼은 그때의 스윙으로 우승한 것이 운이 좋아 타이밍이 잘 맞았던 것일 뿐이고, 사실은 기복이 많은 스윙이라는 결론을 내렸다. 곧바로 9월부터 스윙교정을 시작한 타이거는 일반 골프팬들의 눈에는 잘 보이지 않는 큰 변화를 만들어 냈고, 백스윙을 짧고 콤팩트하게 바꿈으로써 정확도를 향상시켰다. 드라이버의 거리가 9미터 정도 짧아졌지만 평균거리 283미터로 아직도 PGA 투어 최장타자의 자리를 지키고 있었다. 98년 말에는 IMG의 담당 매니저를 노턴에서 마크 스타인버그^{Mark Steinberg}로 교체했으며 1999년이 되면서 캐디 마이크 코웬을 해고하고 스티브 윌리엄스^{Steve Williams}를 지명하여 타이거 팀의 전열을 정비했다. 1999년 5월에 열린 바이런 넬슨 클래식에서 생애 최저타 기록인 61타를 친 타이거는 이제 재도약을 위한 준비가 끝났다는 자신감을 가지게 되었다.

1999년 8월, 20세기의 마지막 메이저 대회인 PGA 챔피언십이 시카고의 메다이나 컨트리클럽에서 개최되었다. 마스터스 우승 후 2년 반 동안 메이저 무관으로 자존심이 상한 타이거는 이번 대회에 꼭 우승하여 20세기의 마지막을 장식하고 싶었다. 연습 라운드를 해 본 타이거는 메다이나처럼 6,767미터가 넘는 긴 코스에서는 장타자인 자기가 매우 유리하다는 판단을 했다. 그러나 첫 라운드가 끝난 후 선두에 나선 선수는 평균 드라이버 거리 286미터와 환상적인 쇼트게임으로 무장한 스페인의 19세 골프신동 세르히오 가르시아였다.

1980년에 태어난 가르시아는 타이거보다 5살 어리고 아버지가 마드리드 골프장의 프로여서 3살 때부터 골프를 쳤다. 1995년 최연소 유럽 아마추어 선수권 대회 챔피언이 되었고 1998년 브리티시 아마추어에서 우승한 후 1999년 마스터스에서 최우수 아마추어가 되는 등 아마추어 골프를 평정한 후 1999년에 프로선수가 되었다. 프로가 된 후 처음 참가한 메이저 대회인 1999년 카누스티의 디오픈에서 첫날 89타를 치고 어머니에게 안겨서 눈물을 흘리던 소년이었다. 세베 발레스테로스가 "미국에 타이거가 있다면, 유럽에는 가르시아가 있다"는 말로 두 선수의 라이벌 관계를 예상하기도 했지만, 가르시아는 세계랭킹 2위에 오르는 등 10년 가까이 높은 랭킹을 유지하면서도 메이저 대회에서 단 1승도 하지 못했고 결국 타이거의 라이벌이 되지도 못했다.

첫 라운드에서 70타로 공동 10위였던 타이거는 2라운드에서 67타로 3위가 되었고 3라운드에서 68타를 쳐서 캐나다의 마이크 위어와 공동 선두가 되었으며 가르시아가 2타 차이로 3위였다. 3라운드 후 선두가 되었을 경우 7번 연속 우승을 했던 타이거의 기록은 또 다시 그의 우승을 예상하게 만들었다. 마지막 라운드에서 마이크 위어와 동반 플레이를 하게 된 타이거는 11번 홀까지 버디를 4개나 하며 2위와의 차이를 5타로 벌렸고 이제 아무도 그의 우승을 의심하지 않았다. 그러나 메이저 우승은 그렇게 쉽게 이루어지지 않는다. 잠깐 방심했던 탓인지 한 번의 쓰리 퍼트와 두 번의 칩샷 실수 그리고 평범한 8번 아이언 어프로치 샷을 실수하면서 순식간에 4타를 잃은 타이거는 17번 홀에 도착했을 때 가르시아에게 1타 차이로 쫓기고 있었고, 이제 남은 두 홀에서 자기 생애 최고의 플레이를 해야 한다는 사실도 알고 있었다. 가르시아는 16번 홀에서 페어웨이 오른쪽 나무 밑에 있는 공을 부상의 위험이 있었음에도 불구하고 6번 아이언으로 눈을 감고 힘껏 스윙하여 파를 세이브해내는 신기를 보여주며 쫓아오고 있었다.

메다이나의 17번 홀은 파3, 185미터이며 그린 앞까지 호수가 연결된 승부처였다. 타이거의 티샷은 그린을 넘어 러프에 멈췄는데 칩샷마저 짧아서 물 쪽을 향한 2.5미터의 내리막 파 퍼트를 남겼고 이제는 유리같이 빠른 그린에서 쓰리 피트를 걱정해야 하는 신세가 되었다. 위대한 선수가 되려면 정말 중요한 순간에 필요한 샷을 성공시킬 줄 알아야 한다. 살짝 대기만 하는 듯한 퍼트를 한 타이거의 공은 홀을 향해 느리게 구르기 시작하더니 홀컵의 왼쪽을 타고 그대로 들어갔다. 위닝 퍼트였다. 결국 18번 홀에서 파를 하고 72타가 되어 합계 11언더파 277타로 가르시아를 1타 차이로 누르고 그의 두 번째 메이저 우승을 차지했다. 18번 홀에서 마지막 퍼팅을 하고 우승을 확인한 타이거는 특유의 어퍼컷 펀치 세리모니도 없이 퍼터를 잡고 엎드려서 지친 모습을 보여 주었다. 우승 후 기자회견에서 타이거가 말했다. "나는 그 동안 더 많은 샷들을 배우고 다양한 코스 매니지먼트를 배움으로써 더 강한 선수가 되었다."

1999년 시즌에 메이저 1승을 포함하여 8승을 올린 타이거는 상금왕이 되었고 최저타를 기록하여 바든 트로피를 수상하였다. 타이거는 성장했다. 21세기를 향해 날아오를 준비도 끝났다.

2000년 US오픈 우승 - 타이거 슬램의 첫 기둥

21세기의 첫 메이저 대회인 마스터스에서 비제이 싱에게 우승을 빼앗기고 5위에 머물렀던 타이거는 페블비치 골프 링크스에서 개최되는 제100

회 US오픈을 기다리며 라스베이거스에 있는 스윙코치 버치 하먼을 찾아가 스윙을 점검하고 돌아왔다. 스윙에서 어떤 결점도 찾을 수 없다는 코치의 말은 타이거에게 이제 본격적인 전성기를 맞이할 준비가 끝났다는 뜻이었다.

제100회 US오픈에는 전년도 챔피언인 페인 스튜어트^{Payne Stewart}가 참가하지 못했다. 1999년 6월 파인허스트에서 우승한 스튜어트는 9월에 미국이 역전 승리한 라이더컵에서 활약한 후, 다음 달에 비행기 사고로 세상을 떠났기 때문이다. 그의 나이 42세였다. 생전에 메이저 대회 3승을 하였고 니커보커 스타일의 화려한 골프 패션과 좋은 매너로 사진기자와 갤러리를 몰고 다녔던 아까운 인재였다. USGA는 대회 전에 추모식을 준비했고, 조 편성에서 전년도 챔피언이 들어가야 할 자리에 마지막으로 US오픈에 참가한 잭 니클라우스를 편성하여 고인의 빈자리를 빛나게 했다. 타이거는 추모식에 참석하지 않고 연습을 계속하여 동료 선수들의 비난을 받기도 했는데, 참석하고 나면 대회 동안 계속 스튜어트의 생각이 나서 시합에 집중할 수 없을 것 같아 참석하지 않았다고 나중에 밝혔다.

결론적으로 이번 US오픈은 미국 골프 역사상 가장 놀랍고 위대한 결과를 보여준 대회였다. 모든 골퍼들이 이상적인 선수로 꿈꾸던 골퍼가 현실 세계에 나타났다. 드라이버를 가장 멀리 똑바로 쳤고, 가장 정확한 아이언 샷, 그린 주변의 완벽한 쇼트게임, 쓰리 퍼트가 한 번도 없었던 퍼팅까지 모든 분야에서 최고였으며 무엇보다도 최고의 집중력을 유지했다. 마지막 라운드에 따라 나갔던 경기위원은 타이거가 캐디 이외에는 누구와도 눈을 마주치지 않고 플레이에 집중하는 모습을 볼 수 있었다. 동반 플레이를 했던 선수는 타이거가 매번 샷을 할 때마다 목숨을 걸고 치는 것 같았다고 표현했다.

2000년 대회에서는 파72였던 코스를 파71로 변경하여 난이도를 높였고 깊은 러프, 딱딱한 그린, 태평양의 바다 바람으로 무장하여 이븐파 근처의 우승 스코어를 예상했다. 선수들은 코스 세팅이 너무 어렵고 불공평하다며 불평을 쏟아냈다. 타이거는 1라운드에서 65타로 1타 차 선두에 나섰고, 2라운드에서 69타로 6타 차 선두, 3라운드에서 3번 홀의 트리플 보기에도 불구하고 71타로 10타 차 선두, 마지막 라운드에서 67타를 쳐서 합계 12언더파 272타로 와이어 투 와이어 우승을 했다. US오픈에서 와이어 투 와이어 우승은 1970년 영국의 토니 잭클린 이후 처음이었다. 마지막 라운드에서 9번 홀까지 파 행진을 벌이던 타이거는 퍼팅을 제외하고는 완벽한 샷을 보여주며 집중력을 유지했고, 결국 10번 홀에서 버디를 잡아내더니 12번, 13번, 14번 홀에서도 연속 버디를 하여 보기 없는 라운드를 했다. 타이거의 12언더파는 이번 대회의 유일한 언더파 스코어였고, 공동 2위 어니 엘스와 히메네스는 15타나 차이가 나는 3오버파 287타였다.

신기록도 무수히 쏟아졌는데 1862년 디오픈에서 메이저 대회 최다 타수 차이 우승을 기록했던 올드 톰 모리스의 13타 차이를 깨고 15타 차 우승을 했다. 272타는 US오픈 역사상 최저타 타이 기록이었고, 12언더파는 최초의 두 자리 수 언더파 기록이었으며, 36홀에서 6타 차 선두, 54홀에서 10타 차 선두도 모두 신기록이었다. 마지막 라운드의 동반 경기자였던 어니 엘스는 타이거가 자기와는 전혀 다른 수준의 경기력을 보여주었으며 향후 20년 이상 골프 미디어의 중심에 서게 될 것이라고 말했다. 어떤 선수는 타이거가 전설적인 퍼터 벤 크렌쇼보다도 퍼팅을 잘한다고 감탄했고, 거기에 드라이브 샷마저 최장타자라며 부러워했다. 평생 동안 벤 호건을 따라다니며 전문적으로 취재했던 유명 골프 컬럼니스트 댄 젠킨스는 벤 호건에게서도 볼 수 없었던 완벽한 플레이를 보았다고 보도했다.

메이저 3승을 올린 타이거는 이제 커리어 그랜드 슬램까지 디오픈 우승만을 남겼고 PGA 투어 프로생활 4년 만에 20승을 달성하여 PGA 선수 경력 15년이 되는 2010년이 되면 평생 회원의 투어 카드를 받을 수 있게 되었다. 지난 21개의 대회에 참가하여 12회나 우승한 타이거는 역사상 처음으로 US 주니어 아마추어 챔피언, US 아마추어 챔피언, US오픈 챔피언에 모두 오른 선수가 되었다. 타이거의 역사적인 경기 장면들은 지금도 유튜브에서 감상할 수 있다.

2000년 디오픈 우승 – 커리어 그랜드 슬램

21세기의 첫 번째 디오픈은 제129회였는데 골프의 성지 세인트앤드루스의 올드 코스에서 개최되었다. 대회가 다가올수록 커리어 그랜드 슬램 달성을 위해 디오픈 우승만을 남긴 타이거의 우승에 대한 집념과 자신감은 커져갔고 미디어의 관심도 높아갔다. 대부분의 미디어들은 이번에도 지난 US오픈 때와 같이 타이거 대 나머지 선수들의 대결 구도라고 예상했다.

1라운드에서 67타를 친 타이거는 선두 어니 엘스에게 1타 차로 2위였지만 2라운드에서 66타를 쳐서 3타 차 선두에 나섰다. 1, 2라운드에서 동반 플레이를 했던 닉 프라이스는 두 라운드 동안 단 3번의 미스 샷을 보았을 뿐이라고 감탄하면서 자기는 평생 동안 그런 라운드를 겨우 한 번 해봤을 뿐이라고 말했다. 24세의 타이거가 43세의 자기보다 더 많은 종류의 샷들을 완성하여 실전에 사용하는 것을 보고 놀라기도 했다. 3라운드에서는 67타로 16언더파가 되어 2위인 데이비드 듀발David Duval에 6타 차 선두가 되었다. 마지막 라운드에서 타이거와 같은 조에서 플레이하게 된 세계랭킹 2위 듀발은 전반 9홀에 4언더파를 쳐서 3타 차까지 따라 붙으며 타이거를 긴장시켰다.

그러나 승부는 짧은 파4, 12번 홀에서 갈렸다. 287미터의 파4 홀에서 타이거는 드라이브 샷을 온그린시켜서 버디를 했는데 듀발은 그린 근처까지 간 후 칩샷 실수로 보기를 하고 말았다. 그 이후 17번 홀의 유명한 로드 벙커에서 4번 만에 겨우 탈출한 듀발은 쿼드러플 보기인 8을 기록하며 전반 32타, 후반 43타로 무너져 11위로 끝나고 말았다. 반면 집중력을 유지한 타이거는 69타를 치면서 합계 269타 19언더파로 2위 어니 엘스에게 8

타 차 우승을 하게 되었다. 269타는 4개 메이저 대회를 합쳐서 최저타 기록이었고, 타이거는 마스터스, US오픈, 디오픈 3개 메이저 대회의 최저타 우승 기록을 보유하게 되었다. 디오픈 역사상 가장 화창하고 바람이 없는 완벽한 날씨였으므로 최저타 기록이 나올 수 있었지만, 2위와의 차이가 8타나 되는 것을 감안하면 다른 선수들보다 한 차원 높은 플레이를 했다는 것을 알 수 있다. 2000년에만 타이거에 이어 2위를 4번이나 했던 어니 엘스는 "이제 우리는 2등을 하기 위해서 시합을 한다"고 탄식을 했다. 112개나 되는 벙커에 한 번도 들어가지 않고 4라운드를 끝낸 타이거의 코스 매니지먼트도 완벽했음을 알 수 있다. 그렇게 스물네 살 타이거는 드디어 커리어 그랜드 슬램을 달성했다.

이것은 진 사라센, 벤 호건, 게리 플레이어, 잭 니클라우스에 이어 역사상 다섯 번째이며 최연소 기록이다. 20세기 최고의 선수로 인정받고 있는 잭 니클라우스가 26세 때 메이저 대회 19번 출전 만에 그랜드 슬램을 달성했는데, 타이거는 두 살 빠른 24세에 메이저 대회 15번째 출전에서 대기록을 세우며 골프역사를 새로 써 나갔다. 타이거는 전 세계 골프계에 큰 영향을 주었다. 더 많은 사람들이 골프를 시작했고 더 젊은 층에서 골프를 즐기게 되었으며 어린 선수들의 롤모델이 되었다. 동료 프로들은 타이거와 경쟁하기 위해서 더 많은 연습과 체력훈련을 하게 되었고 대회의 총 상금액이 커지면서 함께 부자가 되는 혜택을 누리게 되었다. 미디어에서는 타이거의 독주가 골프의 발전을 위해서 좋은 것인지에 대한 찬반론이 뜨거웠지만 대부분의 전문가들은 타이거가 골프의 새로운 시대를 여는 개척자가 될 것임을 의심하지 않았다.

2000년 PGA 챔피언십 우승 - 타이거 슬램 셋째 기둥

2000년의 PGA 챔피언십은 켄터키 주 루이빌의 발할라 골프클럽^{Valhalla Golf} ^{Club}에서 개최되었다. 대회가 시작되기 전부터 팬들의 관심은 타이거의 2000년 메이저 대회 세 번 연속 우승 가능성에 초점이 맞춰져 있었다. 객관적인 판단으로도 US오픈과 디오픈에서 압승을 거뒀던 타이거의 우승이 당연해 보였다. 그러나 골프라는 경기에는 언제나 의외의 결과들이 나오기 마련이다. 잭 니클라우스가 디자인한 발할라 코스는 US오픈이나 디오픈의 코스들과는 달리 비교적 넓은 페어웨이와 소프트 그린이므로 전혀 다른 게임이나 마찬가지였다.

1, 2라운드에서 디펜딩 챔피언 타이거는 PGA 챔피언십에 마지막으로 참가하는 그의 골프 영웅 잭 니클라우스와 동반 플레이하는 영광을 누렸다. "왜 타이거를 견제할 선수가 나타나지 않는지 이해할 수 없다"라고 말하고 다녔던 니클라우스는 이번 대회에서 처음으로 공식 라운딩을 함께한 후 이렇게 말했다고 한다. "이제 이유를 알겠다. 타이거가 그만큼 더 잘

치기 때문이다." 니클라우스의 마지막 라운드가 될 두 번째 라운드의 파4, 13번 홀의 아일랜드 그린으로 어프로치 샷을 친 타이거는 그린으로 가는 다리 앞에서 그의 영웅을 기다렸다. 니클라우스에게 다리를 먼저 건너도록 양보한 후 그의 뒤를 따라가는 모습은 20세기 최고 골퍼의 퇴장과 21세기 최고 골퍼의 입장을 알려주는 모습이었다.

첫 라운드에서 66타를 친 타이거는 공동 선두에 나섰고, 둘째 라운드에서 67타로 1타 차이의 단독 선두가 되었다. 셋째 라운드에서는 70타로 72-66-66을 친 밥 메이Bob May에게 1타 차 선두를 지켰다. 마지막 라운드에 타이거를 견제할 선수로 밥 메이가 챔피언 조로 나가게 되자 미디어에서는 비제이 싱, 어니 엘스, 데이비스 러브 3세, 미켈슨, 듀발, 몽고메리, 가르시아 등 유명선수는 다 어디로 가고 무명의 메이가 나타났느냐고 한탄하면서 다윗과 골리앗의 싸움일 뿐이라며 타이거의 우승을 기정사실화했다. 그러나 타이거는 어린 시절부터 메이가 어떤 선수인지 잘 알고 있었으므로 절대 만만한 상대가 아니라고 생각했다. 메이는 타이거보다 일곱 살 연상에 캘리포니아 오렌지카운티 출신으로 타이거의 집에서 30분도 안 되는 곳에서 자라난 골퍼이고 아마추어 시절 캘리포니아의 아마추어 시합들을 거의 휩쓸어서 타이거의 우상이기도 했던 선수이다. 워커컵팀 미국 대표로 미켈슨과 함께 플레이하기도 했고, 16세 때 PGA 대회인 LA오픈에서 최연소 출전 기록을 세우기도 했다. 하지만 프로 전향 후에는 유럽 투어에서 1승을 했을 뿐 미국 PGA에서는 거의 무명으로 투어생활을 하고 있었다.

막상 4라운드가 시작되자 1타 뒤지며 출발했던 메이가 2번 홀에서 버디를 잡아내며 보기를 한 타이거에게 1타 차이로 역전하더니 4번 홀에서 다시 버디를 잡아 2타 차이로 앞서 나갔다. 그러나 타이거도 7번, 8번 홀에서 연속 버디를 하여 결국 동타로 전반 9홀이 끝났다. 10번 홀에서 두 선수 모두 버디를 했고, 11번 홀에서 버디를 한 메이가 다시 1타 앞서자 약자인 메이를 응원하는 함성소리가 점점 커져갔다. 12번, 14번 홀에서 서로 버디를 하며 긴장감 있는 플레이가 계속되었는데 17번 홀에서 타이거가 버디를 잡아내며 드디어 다시 동타가 되었다. 파5, 18번 홀에서 두 선수 모두 버디 퍼트를 남겼는데 메이가 먼저 5미터짜리 퍼트를 성공시켜서 우승이 가능할 것 같았다. 타이거의 퍼트는 2미터 정도지만 오른쪽으로 휘어지는 내리막 퍼트여서 들어갈 확률이 낮아 보였다. 그러나 타이거가 누구인가. 사방에서 퍼팅라인을 꼼꼼히 점검한 타이거의 공은 오른쪽으로 꺾이면서 정확히 가운데로 들어갔다. 타이거 67타, 메이 66타로 두 선수 모두 18언더파 270타로 끝나서 연장전으로 넘어갔다. 후반 9홀에서만 두 선수 모두 5언더파 31타를 치는 최고의 라운드였고, 타이거는 마지막 12개 홀에서 퍼팅을 15번밖에 하지 않는 신기를 보여주었다.

PGA 챔피언십의 연장전은 3개 홀을 쳐서 승부를 가리게 되어 있어서 16번, 17번, 18번 홀에서 승부를 겨루게 되었다. 연장전의 결과는 첫 홀에서 7미터가 넘는 버디 퍼트를 성공시킨 타이거의 승리였다. 타이거가 버디-파-파, 메이가 파-파-파로 1타 차 승부였고 스물네 살 타이거의 다섯 번째 메이저 우승이었다.

타이거는 2000년에만 3개의 메이저 대회에서 우승하여 1953년 벤 호건이 마스터스, US오픈, 디오픈을 우승한 이래 처음으로 3승의 기록을 세웠다. PGA 챔피언십에서 1937년 이후 63년 만에 나타난 2년 연속 우승이었다. 우승 스코어 18언더파는 PGA 챔피언십 최저타 신기록이었다. 타이거는 4개 메이저 대회에서 모두 언더파 기준으로 최저타 신기록도 보유하게 되었다. 아무도 기대하지 않았던 명승부를 펼친 메이는 다른 PGA 투어의 베테랑들처럼 타이거를 두려워하지 않았다. 마지막 라운드는 PGA 챔피언십 사상 최고의 명승부 중 하나로 인정받는다. 메이는 타이거의 버디에 버디로 맞섰고 굿샷에는 굿샷으로 맞받아치며 진정한 챔피언처럼 플레이했다. 다만 타이거는 골프의 신처럼 플레이했을 뿐이다.

PGA 챔피언십을 중계 방송한 CBS 스포츠는 대박을 터뜨렸다. 1999년과 비교하여 30% 이상 높은 시청률을 기록했고, 일요일 오후 켜져 있던 텔레비전의 23%가 타이거의 경기 모습을 지켜봤다. 이제 전혀 골프를 모르던 주부나 어린 아이들까지 타이거의 경기를 기다리게 되었다. 2000년 메이저 3승을 포함하여 PGA 투어 9승을 거둔 타이거는 900만 달러가 넘는 상금을 벌어서 상금왕이 되었고 최저 평균타수 상인 바든 트로피를 수상했다.

2001년 마스터스 우승 – 타이거 슬램 완성

2000년에 9승을 한 후 8개 대회 연속으로 우승이 없었던 타이거는 2001년 들어서 아놀드 파머 인비테이셔널과 플레이어스 챔피언십에서 연속우승을 한 후 자신감을 회복하여 마스터스가 열리는 오거스타 내셔널 골프클럽에 도착했다. 4개의 메이저 대회 연속 우승에 도전하는 타이거는 긴장했지만 골프 이외의 다른 세계와 단절하고 연습에만 몰두했다. 코스의 특성을 잘 알고 있으므로 특별한 위기상황이 벌어질 경우를 상상하며 필요한 샷을 준비하고 연습했다.

미디어에서는 벌써 타이거가 마스터스에서 우승할 경우를 가정하여 그의 메이저 4연승을 그랜드 슬램이라고 불러줄 수 있는지에 대한 논쟁이 한창이었다. 같은 해에 메이저를 모두 우승하지는 않았지만 4개의 메이저 챔피언 우승컵을 동시에 보유하고 있으므로 당연히 그랜드 슬램이라고 주장하는 사람들과 그랜드 슬램의 최초 개념이 같은 해에 우승해야 하는 것이므로 그랜드 슬램 대신에 다른 이름을 붙여 주어야 한다고 주장하는 사람들로 나뉘었다. 골프 기자들과 컬럼리스트들은 결국 '타이거 슬램'이라는 새로운 이름을 만들어서 그의 역사적인 우승을 기다리게 되었다.

1라운드에서 65타를 친 크리스 디마르코^{Chris DiMarco}가 선두에 나섰고 타이거는 70타로 공동 15위였는데, 2라운드에서도 69타를 친 디마르코가 선두를 지키고 66타의 타이거와 69타의 미켈슨이 2타 차이로 공동 2위가 되었다. 3라운드에서 68타를 쳐서 12언더파가 된 타이거는 2위 미켈슨에게 1타 차 단독 선두가 되면서 4개 메이저 연속 우승의 가능성을 현실화하기 시작했고, 갤러리와 미디어는 역사적인 마지막 라운드를 기다리게 되었다. 4라운드에 동반플레이하게 된 두 선수 사이에는 긴장감이 흘렀다. 마스터스 이전에 두 선수가 동반플레이했을 때의 스코어는 미켈슨이 2대 1로 앞서고 있었으므로 1타 차이는 얼마든지 역전이 가능한 상황이었다. 특히 미켈슨은 아직도 메이저 우승이 없이 만년 2인자로 머물렀던 서러움을 떨칠 수 있는 기회였고, 타이거의 4연승을 저지하면서 우승한다면 역사적인 의미도 크다는 것을 잘 알고 있었다.

마지막 라운드가 시작되었다. 전반 9홀에서 팽팽한 접전을 벌이며 우승 경쟁을 하던 미켈슨의 갤러리들은 갑자기 공동 선두로 떠오른 데이비드 듀발에 더 큰 기대를 하게 되었다. 듀발은 두 조 앞에서 플레이하고 있었는데 10개 홀에서 7개의 버디를 잡아내는 폭발력을 보이며 추격해왔고,

파5인 15번 홀에서 버디를 잡으며 드디어 공동선두가 되었다. 긴 승부는 파3, 16번 홀에서 갈렸다. 듀발이 보기를 했고 1타 차로 따라오던 미켈슨도 보기를 하면서 파를 지킨 타이거에게 우승의 문이 활짝 열린 것이다. 18번 홀에서 좋은 버디 찬스를 놓친 듀발은 타이거에게 1타가 모자라게 끝났으므로 이제 타이거의 18번 홀 결과를 기다려보는 수밖에 없었다.

1타 차 선두로 18번 홀에 도착한 타이거가 역사상 최초의 그랜드 슬램과 다름없는 업적을 눈앞에 두고 얼마나 큰 중압감을 받고 있을지는 누구라도 상상할 수 있었고, CBS의 중계팀도 역사적인 순간의 티샷 결과가 어떨지 숨죽이며 기다렸다. 파4, 18번 홀은 370미터로 길지 않지만 오른쪽으로 휘어있고 홀까지 오르막 경사가 계속되었다. 티잉 그라운드에서 보면 양쪽에 높은 소나무들이 줄지어 있어서 시야가 제한적이었고, 시선의 끝에는 큰 벙커만 보일 뿐 페어웨이는 보이지 않으므로 티샷을 페어웨이로 보내는 것이 성패의 열쇠였다. 타이거는 망설이지 않고 드라이버를 꺼내어 힘껏 스윙했는데 높은 탄도로 날아간 공은 두 개의 벙커를 훌쩍 지나서 300미터 지점의 페어웨이에 떨어졌다. 관중과 TV 해설자는 흥분하며 타이거의 우승을 의심하지 않게 되었다. 68미터에 불과한 어프로치 샷을 샌드웨지로 쉽게 친 타이거는 마지막 버디 퍼트마저 성공하여 68타로 라운드를 끝냈고, 16언더파 272타로 듀발을 2타 차로 따돌리며 4연속 메이저 우승의 신화를 창조했다. 미디어에서 미리 정해 놓았던 이름인 타이거 슬램이 완성되는 순간이었다.

1930년 보비 존스가 그랜드 슬램을 달성했던 이후 연속된 4개의 메이저 챔피언 타이틀을 동시에 보유하는 선수가 나타난 것은 처음 있는 일이었다. 25세에 벌써 여섯 번째 메이저 우승을 차지한 타이거는 우승 후 기자회견에서 타이거 슬램의 중압감을 어떻게 극복했느냐는 질문을 받았다. 타이거는 "매번 다음 샷에만 집중하면서 다른 모든 것들을 잊을 수 있었다"는 말을 남겼다.

이제 골프 대회는 두 가지 종류로 나뉘게 되었다. 타이거가 출전하는 대회와 출전하지 않는 대회였다. 타이거가 출전하면 더 많은 관중이 모이고, 중계팀에 더 많은 카메라와 기자가 필요하고, 시청률이 높아져서 광고 수익이 커지고, 더 많은 진행요원과 안전요원들이 필요했다. 골프 용품들의 판매도 증가하면서 골프산업 전체가 타이거 효과를 누릴 수 있게 되었다. 최연소 세계랭킹 1위의 타이거는 2위와의 포인트 격차를 역사상 최대로 벌려 놓았고 다른 선수들은 그의 독주에 도전할 의지를 잃고 있었다. 그러나 이제 정상에 오른 타이거는 챔피언이 되는 것보다 지키기가 더 어렵다는 것을 깨닫게 된다. 타이거의 영원한 경쟁자는 골프코스일 뿐이다.

2002년 마스터스 챔피언

2001년 마스터스 우승으로 4연속 메이저 우승이라는 신기록을 세운 타이거는 US오픈 12위, 디오픈 25위, PGA 챔피언십 29위를 기록하며 피로감을 보였지만 PGA 투어에서 5승을 하며 3년 연속 상금왕의 자리를 지켰다.

2002년 마스터스를 준비하기 위해 오거스타 내셔널 골프클럽에 도착한 타이거와 다른 선수들은 코스가 훨씬 더 어렵게 바뀐 것을 발견했다. 마스터스의 창시자 보비 존스의 탄생 100주년을 맞이한 오거스타 내셔널 골프클럽에서는 코스를 대대적으로 개조했다. 우선 전장을 260미터나 길게 만들어서 6,647미터가 되었고 4개 홀의 티잉 그라운드의 위치를 변경했다. 벙커의 크기를 확장하여 드라이브 샷으로 넘기기 어렵도록 만들었고, 공이 잘 떨어지는 위치에 나무를 추가로 심었는데 이런 변화들은 선수가 쉽게 알아차리기 어려운 것이었다.

1번 홀은 길이를 23미터 늘리고 페어웨이 벙커를 뒤로 14미터 확장하여 274미터 이상의 티샷을 날려야 벙커를 캐리로 넘길 수 있도록 변경했다. 어프로치 샷을 9번 아이언으로 쳤던 타이거도 연습 라운드에서는 6번 아이언이 필요하다는 것을 알게 되었다. 11번 홀도 32미터를 늘려 452미터짜리 파4가 되면서 역사상 가장 어려운 홀로 인정받던 10번 홀보다 더 어렵게 만들었다. 가장 크게 변한 홀은 18번 홀이었다. 길이를 55미터나 늘렸고 티잉 그라운드를 오른쪽으로 4미터 이동시켜 정확한 페이드가 아니면 페어웨이를 지키기 어렵도록 했으며 벙커를 10퍼센트 이상 확장하여 이것을 넘기려면 292미터의 드라이브 샷이 필요하게 되었다. 공이 페어웨이에 안착하더라도 피칭이나 9번이면 충분했던 어프로치 샷이 이제는 4번, 5번, 6번 아이언이 필요하게 되었다.

마스터스의 코스는 드라이브샷을 길게 치고 짧은 아이언으로 어프로치 샷을 한 후 퍼팅에서 승부가 갈리는 게임이었는데 이제는 드라이브 샷에서 거리뿐 아니라 정확도가 필요하고 어프로치 샷을 미들 또는 롱 아이언으로 쳐야 하는 전혀 다른 게임이 되었다. 프로선수들에게 거리를 늘리는 것은 큰 위협이 되지는 못하지만 까다로운 오거스타 내셔널 골프클럽의 그린으로 롱아이언 어프로치 샷을 친다는 것은 선수들을 고문하는 것과 다름없었다. 마스터스 주최 측에서는 발전하는 골프기술과 선수들의 기량을 따라가기 위해서 불가피한 선택이었다고 해명했지만 사실은 타이거의 공격을 막아내기 위한 준비 조치Tiger Proof였다. 연습 라운드를 끝낸 선수들은 이제 래리 마이즈나 벤 크렌쇼와 같은 단타자들이 우승을 할 수 있는 시대는 끝났다고 말했다.

첫 라운드에서 5언더파 67타를 친 데이비스 러브 3세가 선두에 나섰고 타이거는 3타 뒤진 70타, 공동 7위로 무난한 스타트를 했다. 둘째 라운드에서는 7언더파 65타를 친 2000년 마스터스 챔피언 비제이 싱Vijay Singh이

합계 9언더파 135타로 선두가 되었고 69타를 친 타이거는 4타 차 공동 4위로 따라가고 있었다. 코스를 아무리 어렵게 바꿔도 선수들의 기량을 따라갈 수 없다는 의견들이 나오기 시작했을 때 3라운드부터 바람이 불며 날씨가 나빠지기 시작했고 경기가 중단되면서 많은 선수들이 3라운드를 끝내지 못했다. 8홀을 남기고 경기를 중단했던 타이거는 일요일 새벽 4시에 일어나 총 26홀의 라운드를 준비해야 했다. 모든 선수들이 3라운드를 끝낸 결과 타이거와 리티프 구슨Retief Goosen이 공동 선두가 되었다. 타이거가 66타로 데일리 베스트를 기록하며 선두 추격에 성공한 것이다. 2001년 US오픈 챔피언 구슨은 마스터스 이전에 24개 대회에 출전하여 6승을 기록하는 등 절정의 기량을 보여주고 있어서 선두에 나서는 것도 놀라운 일은 아니었다.

3위 비제이 싱, 공동 4위 필 미켈슨, 어니 엘스, 세르지오 가르시아가 추격을 하고 있어서 마지막 라운드에 박빙의 승부가 될 것으로 예상했지만 결과는 타이거의 일방적인 승리로 싱겁게 끝나고 말았다. 2번, 3번 홀에서 버디를 기록한 타이거가 파3, 6번 홀에서 칩인 버디를 성공시킨 이후 누구도 선두 타이거를 위협하지 못했다. 타이거의 독주를 막기 위해 코스까지 개조하며 공을 들인 마스터스 주최자들은 당혹감을 감추지 못했다. 우승 스코어는 70-69-66-71, 276타 12언더파였다. 타이틀 방어에 성공한 타이거는 잭 니클라우스, 닉 팔도에 이어 역사상 세 번째로 2년 연속 우승을 기록한 선수가 되었다. 메이저 대회 3라운드 후 선두에 나섰을 경우 한 번도 놓치지 않고 일곱 번 모두 우승을 해내는 집중력도 보여주었다. 같은 나이 때의 잭 니클라우스가 2위를 6번이나 했던 것과 대조가 되는 기록이다. 26세에 메이저 7승을 달성한 타이거의 신기록 행진은 그가 언제쯤 잭 니클라우스의 메이저 18승 기록을 돌파할 수 있을지에 대한 관심을 한껏 높여주고 있었다.

2002년 US오픈 우승

2002년 US오픈은 뉴욕 시 근교의 퍼블릭 골프장인 베스페이지 파크 Bethpage Park Black Course에서 개최되었다. 전장 6,596미터 파70으로 준비된 코스의 셋팅을 본 선수들은 코스가 너무 길고 러프가 깊어서 타이거에게 일방적으로 유리하다는 불평을 쏟아냈다. 코스가 어려워질수록 타이거에게 유리한 것은 사실이었다. 10번 450미터 파4, 12번 456미터 파4 홀들은 US오픈 사상 가장 긴 홀인데다 페어웨이가 좁아서 파5나 다름없었고, 미디어에서는 이븐파의 점수면 우승이 무난할 것이라는 전망을 내어 놓았다.

1라운드에서 3언더파 67타를 친 타이거가 선두에 나섰고 1타 차로 세르히오 가르시아가 2위였다. 타이거는 2라운드 68타, 3라운드 70타로 합계 5언더파가 되어 선두를 지켰고, 가르시아는 4타 차이로 2위가 되어 마지막 라운드에서 타이거와 같은 조가 되었다. 40번의 메이저 대회 출전에도 불구하고 한 번도 우승을 해보지 못한 미켈슨도 이븐파 210타로 타이거에 5타 뒤진 3위가 되어 우승의 희망을 가질 수 있었다. 매일 4만 명이 넘게 입장한 관중들은 타이거를 응원하는 쪽과 32세 생일을 맞은 미켈슨을 응원하는 쪽으로 편이 갈렸다.

그러나 막상 4라운드가 시작되자 타이거는 육체적, 정신적으로 경쟁자들을 압도하기 시작했다. 단호하고 빈틈이 없는 타이거는 흔들리지 않는 기계 같았고, 경쟁자들은 아무도 그를 잡을 수 없다는 것을 알고 있었다. 미켈슨이나 가르시아는 위협적인 경쟁상대가 아니었다. 결국 72타를 친 타이거가 3언더파로 우승했고 이븐파 280타를 친 미켈슨이 2위가 되었다.

유일한 언더파의 점수를 기록한 타이거는 와이어 투 와이어 우승으로 메이저 8승을 기록했고, 2002년 메이저 그랜드 슬램의 가능성을 가지고 뮤어필드에서 열리게 될 디오픈을 기다렸다. 30년 전, 잭 니클라우스도 마스터스와 US오픈에서 연속 우승한 후 그랜드 슬램을 노렸지만 뮤어필드에서 열린 디오픈에서 리 트레비노에게 1타 차이로 패배하면서 좌절했던 역사가 있었다. 타이거는 뮤어필드의 디오픈에서 28위에 그치는 부진한 성적으로 크게 실망한 후 슬럼프에 빠지게 된다. 2003년, 2004년에 메이저 무관이 되었고, 상금왕의 자리를 비제이 싱에게 빼앗기더니 2004년 9월에 264주 동안 지켜왔던 세계랭킹 1위의 자리마저도 비제이 싱에게 넘겨주고 말았다.

2005년 마스터스 챔피언

2003년에 PGA 대회에서 5승을 거두었지만 메이저 대회에서 단 한 번의 톱10에 그친 타이거는 2004년 3월에 스윙 코치 버치 하먼과 결별하고 새 코치로 영입한 행크 해니Hank Haney와 연습을 시작한다. 해니는 타이거의 스윙을 더 낮은 원 플레인 스윙one plane swing으로 교정해주었다. 그러나 2004년 PGA에서 겨우 1승을 거두었을 뿐이고, 세계랭킹 1위의 자리마저 놓치자 전문가들은 그의 새로운 스윙에 의문을 제기하기 시작했다. 메이저 8승이나 올렸던 스윙을 포기하고 새로운 스윙을 만드는 것은 위험한 도박이고 어쩌면 타이거가 영영 메이저 챔피언의 자리로 돌아올 수 없을 것이라는 비관적인 의견들도 나왔다. 그러나 타이거는 스윙 체인지를 시도하면서 중요한 장비인 드라이버마저 바꾸는 공격적인 변화를 선택했다. 265cc 헤드 43.5인치의 스틸 샤프트였던 드라이버를 버리고, 460cc 헤드 45인치 그라파이트 샤프트를 선택했다. 다른 선수들이 새로 개발된 샤프트로 무장하고 타이거의 거리에 맞서게 되었으므로 그들을 제압할 수 있는 새로운 무기를 백에 넣는 것은 당연한 결정이었다. 새벽부터 해가 질 때까지 연습을 반복한 타이거는 드디어 새로운 스윙과 드라이버에 적응하여 2004년 말에는 새 스윙을 완성했다는 자신감으로 2005년을 기다리고 있었다.

2005년 마스터스 대회를 앞두고 미디어에서는 우승후보로 비제이 싱, 어니 엘스, 필 미켈슨 등을 거론했고, 지난 10번의 메이저 대회에서 한 번도 우승을 못하고 슬럼프에 빠져있는 타이거에게 기대를 거는 전문가는 거의 없었다. 1라운드에서 크리스 디마르코가 5언더파 67타로 선두에 나섰고 타이거는 2오버파 74타로 부진한 스타트를 했다. 그러나 2라운드에서 6언더파 66타를 친 타이거는 4언더파가 되어 10언더파의 선두 디마르코에게 6타 뒤진 3위까지 올라오면서 우승 가능성을 열었다. 3라운드는 궂은 날씨 속에서 진행되었고 대부분의 선수들이 라운드를 끝내지 못했다. 토요일에 9번 홀을 끝낸 타이거는 9언더파를 쳐서 13언더파로 선두를 달리는 디마르코에게 4타 뒤진 2위를 달리고 있었다. 일요일 이른 아침에 속개된 3라운드 후반의 경기에서 디마르코가 리듬을 잃고 부진한 사이 타이거는 자기의 페이스를 지키며 65타를 쳐서 선두가 되었다. 1위 타이거 11언더파, 74타를 친 2위 디마르코는 8언더파였다. 타이거가 선두라는 소식은 필드에 있는 모든 선수들에게 나쁜 뉴스였다. 메이저 대회에서 3라운드 후에 타이거가 선두에 나섰을 경우 한 번도 우승을 놓친 일이 없다는 것을 모두가 알고 있었기 때문이다.

마지막 라운드를 앞두고 전문가들은 타이거의 낙승을 예측했고 타이거가 돌아왔다는 기사들이 쏟아져나오기 시작했다. 그러나 동반 플레이를 하는 디마르코의 추격은 만만치 않았다. 드라이버의 거리가 투어 평균에도 못 미치는 디마르코였지만 정확한 아이언 어프로치 샷으로 타이거에 대항했다. 2라운드 때 11번 홀에서 디마르코가 3번 아이언으로 그린 어프로치 샷을 했지만 타이거는 피칭 웨지로 충분했을 정도였고, 파5, 15번 홀에서도 디마르코가 2번 아이언으로 그린을 놓쳤지만 타이거는 9번 아이언으로 온그린하여 이글 기회를 가졌다. 2002년 마스터스 코스의 전장이 270미터 넘게 길어지면서 단타자에게는 우승 기회가 없을 것이라는 예측이 정설이었지만 디마르코는 최장타자 타이거와 대등한 경기를 펼쳤다.

4라운드를 버디-버디로 기분 좋게 출발한 타이거는 9홀이 끝날 때까지 3타 차 선두를 유지했지만, 14번 홀에서 버디를 잡은 디마르코가 1타 차이로 바짝 추격해왔다. 파5, 15번 홀에서 타이거가 8번 아이언으로 투온에 성공했지만 디마르코는 투온을 포기하고 연못 앞에서 3번째 어프로치 샷을 해야 했다. CBS 중계의 해설자는 디마르코가 2위를 하기 위해서 플레이하는 것 같다고 비꼬았지만 그는 정확한 웨지 샷으로 버디를 챙기며 타이거의 버디에 대항했다.

승부처는 물을 넘겨야 하는 파3, 16번 홀이었다. 먼저 티샷을 한 디마르코의 공이 온그린되어 홀에서 5미터 지점에 멈췄다. 타이거의 티샷은 거리는 맞았지만 그린 좌측으로 당겨지면서 파 세이브가 불가능해 보이는 위치에 떨어졌다. 거리는 10미터 정도지만 페어웨이의 공이 러프의 긴 풀에 기대어 있어서 샷을 하는 것이 까다로웠다. 물 쪽으로 빠른 내리막 경사를 보며 핀으로 직접 갈 수 없는 타이거는 홀의 왼쪽 2단 그린 위에 공을 떨어뜨려서 아래로 굴러 내려가는 샷을 선택했다. 운이 좋으면 파를 세이브할 수 있을 것이라는 기대감을 가졌을 뿐이었다.

타이거의 낮은 칩샷은 홀의 왼쪽 6미터 지점에 떨어져서 백스핀으로 속도가 죽더니 홀 쪽으로 굴러 내려가기 시작했다. 느릿느릿 굴러가는 공은 멈출 듯 멈출 듯하면서도 계속 움직였고 관중들의 함성이 커지기 시작했다. 공은 홀 바로 앞에서 잠시 정지하는 듯하더니 다시 움직이면서 홀 안으로 떨어져 버디가 되었다. 이 샷은 1935년 마스터스 대회 마지막 라운드 때 진 사라센이 15번 홀에서 기록한 알바트로스에 버금가는 충격적인 샷이었고 타이거의 천재성을 입증하는 샷이었다. 반면 홀에 가까이 붙이고도 파에 그친 디마르코는 다시 2타 차이가 되어 패색이 짙어졌지만 끝까지 포기하지 않았다. 17번 홀에서 타이거의 보기로 1타 차가 되었고, 18번 홀에서도 타이거가 보기를 하는 사이 2미터짜리 어려운 파 퍼트를 성공시킨 디마르코는 연장전에 가는 기적 같은 상황을 만들어냈다.

마스터스의 연장전은 10번 홀에서 하는 것이 관례였는데 이번에는 처음으로 18번 홀에서 시작되었다. 타이거는 정확한 아이언 어프로치 샷으로 4.5미터의 버디 기회를 만든 후 퍼트를 성공시키며 마스터스 네 번째 우승을 확정지었다. 메이저 대회 9승째였으며 타이거의 제2의 전성기를 열게 하는 승리였고 새로운 스윙으로 메이저 챔피언의 자리에 돌아올 수 있다는 것을 증명한 우승이었다. 암과 투병 중이라 거동이 불편했던 타이거의 아버지는 오거스타에 함께 왔지만 골프장에 나오지 못하고 집에서 TV를 지켜봐야 했다. 우승 인터뷰를 하던 타이거는 우승컵을 아버지께 바친다며 눈물을 흘렸다.

2005년 디오픈 우승

2005년 US오픈은 파인허스트Pinehurst Resort Course Number 2에서 열렸는데 뉴질 랜드의 마이클 캠벨Michael Campbell이 깜짝 우승을 했고 막판 추격전을 펼쳤 던 타이거는 2타 차 2위에 만족해야 했다.

2005년 디오픈은 다시 세인트앤드루스 올드코스로 돌아왔다. R&A는 본부가 있는 올드코스에서 5년에 한 번씩 디오픈을 개최하고 나머지 8개 의 로테이션 코스에서는 평균 10년에 한 번씩 대회를 주최한다. 상승세를 타고 있는 타이거는 지난 2000년 올드코스에서 열렸던 디오픈을 19언더 파라는 최저타의 기록으로 우승했던 기억이 있어서 자신감을 가지고 스 코틀랜드 세인트앤드루스에 도착했다.

주최 측에서는 올드코스의 전장을 169미터 늘려서 총 길이 6,580미터 가 넘는 코스를 준비했다. 17번 로드 홀의 벙커를 포함하여 93개 벙커의 크기를 확장하였으며, 벙커 주변의 지형을 변화시켜서 공이 근처에 오면 벙커로 굴러 들어가도록 하였고, 어떤 벙커는 멀리서 보이지 않도록 감춰 놓았다. 티샷한 공이 딱딱한 페어웨이에 떨어지면 어차피 멀리 굴러가므 로 롱 히터에게만 일방적으로 유리한 것이 아니라 코스 매니지먼트가 더 중요해졌다. R&A는 이런 변화들이 타이거의 우승을 저지하기 위한 조치 Tiger Proof는 아니라고 해명했지만, 2000년 대회에서 디오픈 최저타 신기록 인 19언더파로 우승했던 타이거의 기록을 의식한 조치임에 틀림없었다.

1라운드가 시작되자 타이거는 66타로 선두에 나섰고 2라운드에서도 67타를 쳐서 11언더파로 2위 콜린 몽고메리Colin Montgomerie에게 4타 앞서 가기 시작했다. 몽고메리는 유러피언 투어에서 1993년부터 7년 연속 상 금왕에 오르는 등 8차례의 상금왕을 차지했던 스코틀랜드의 영웅이고 2013년 골프 명예의 전당에 입회하는 영광을 누렸지만 메이저 대회에서 는 한 번도 우승하지 못하는 한을 남겼다. 3라운드에서 몽고메리와 같은 조로 플레이한 타이거는 홈팬들이 몽고메리를 일방적으로 응원했음에도 불구하고 71타를 치면서 2위 올라자발Jose Maria Olazabal에게 2타 차 선두를 유 지했고, 몽고메리는 올라자발에게 1타 뒤진 3위로 홈팬들에게 우승의 희 망을 살려주었다. 그러나 3라운드에 선두로 나섰던 타이거가 100퍼센트 우승을 했었다는 사실을 모르는 선수는 없었다.

마지막 라운드 9번 홀에서 버디를 한 몽고메리는 타이거에게 1타 차까 지 따라 붙었지만 타이거는 321미터 파4, 9번 홀을 원온 시킨 후 쉽게 버 디를 잡으며 다시 2타 차이로 벌려 놓았고, 그 이후에는 아무도 타이거를 위협하지 못했다. 와이어 투 와이어 우승으로 메이저 10승째를 챙기는 순 간이었다. 드라이버 거리 312미터로 1위, 평균 퍼팅 수 1.67로 공동 1위이 며 3퍼트를 단 한 차례밖에 하지 않은 기록을 보면 타이거의 우승은 당연한 결과였다. 이제 타이거의 스윙은 전성기였던 2000년보다도 좋다는 평가가 나오기 시작했다.

타이거는 2000년 올드코스에서 그의 첫 번째 커리어 그랜드 슬램을 달성했고, 두 번째 커리어 그랜드 슬램도 29세에 올드코스에서 이루어 내면서 잭 니클라우스가 31세에 달성했던 두 번째 그랜드 슬램의 기록을 앞당겼다. 메이저의 그랜드 슬램을 2회 이상 달성한 선수는 타이거와 니클라우스뿐이다. 또 타이거는 잭 니클라우스의 모든 메이저 은퇴경기에서 우승하는 기록을 남기면서 두 사람의 인연이 깊이 얽혀 있음을 보여주었다. 2000년 페블비치의 US오픈, 2000년 발할라의 PGA 챔피언십, 2005년 마스터스, 2005년 올드코스의 디오픈은 잭 니클라우스의 마지막 출전 대회였고, 타이거가 모두 우승하면서 그의 왕위를 물려받았다.

타이거는 2004년 9월에 비제이 싱에게 빼앗겼던 세계랭킹 1위의 자리마저 2005년 6월 12일에 되찾아 온 이후 2010년 10월 30일까지 281주 동안이나 지켰고 2005년 상금왕의 자리도 되찾았다.

2006년 디오픈 챔피언

아버지의 병세가 점점 악화되고 있는 것을 아는 타이거는 2006년 마스터스가 그의 생전에 플레이할 수 있는 마지막 대회라는 것을 어렴풋이 느끼고 있었다. 꼭 우승하여 아버지를 기쁘게 해드리고 싶었던 타이거는 우승에 대한 욕망이 너무 강한 나머지 집중력이 떨어지면서 미켈슨에게 우승을 빼앗기고 3타 차이로 공동 3위에 머물렀다. 5월에 아버지가 돌아가시고 쇼크에서 벗어나지 못했던 타이거는 6월에 아버지 별세 후 처음으로 참가했던 US오픈에서 메이저 대회에서는 최초로 컷을 통과하지 못했다.

2006년 디오픈은 로얄 리버풀 골프클럽Royal Liverpool Golf Club에서 열렸다. 1967년에 마지막 디오픈을 개최한 이후 도로와 숙박시설 등이 부족하여 디오픈 개최 골프장 리스트에서 제외되었지만, 필요한 인프라 시설들을 갖추고 다시 리스트에 이름을 올릴 수 있었다. 로얄 리버풀은 그 동네 이름인 호이레이크Hoylake라고 부르기도 한다.

대회 5일 전에 호이레이크에 도착한 타이거는 가뭄에 타버린 브라운 색깔의 딱딱한 페어웨이를 보면서 특별한 코스 매니지먼트가 필요할 것이라는 것을 직감했다. 연습 라운드 두 홀을 끝내면서 수직 절벽 같은 벽으로 둘러싸인 원형 모양의 페어웨이 벙커를 피하는 것이 필수임을 알아차렸다. 페어웨이 벙커에 들어갈 경우 최소한 보기 또는 그보다 더 나쁜 스코어가 나올 것이 틀림없었다. 드라이버 샷으로 벙커를 넘기느냐 아이언으로 벙커보다 짧게 치느냐를 선택해야 하는데 딱딱한 페어웨이에서 320미터 이상 굴러가는 드라이버의 거리를 컨트롤하는 것은 불가능에 가까웠다. 타이거는 티샷을 아이언으로 하고 어프로치 샷을 롱 아이언으로 공략한다는 작전을 세웠다.

1라운드 첫 홀에서 2번 아이언으로 티샷한 공이 러프까지 굴러가면서 보기로 출발했지만 게임 플랜을 끝까지 지키면서 67타로 끝내게 되어 선두 그레엄 맥도웰Graeme McDowell에게 1타 차 2위가 되었다. 2라운드에서는 417미터 파4, 14번 홀에서 2번 아이언 티샷 후 4번 아이언 어프로치 샷을 홀에 넣어 이글을 하는 등 최고의 아이언 플레이를 계속하며 65타를 쳐서 합계 12언더파로 선두가 되었고, 그 뒤를 1타 차의 어니 엘스가 따라 오고 있었다. 3라운드에서는 71타로 다소 부진했지만 합계 13언더파로 선두를 지켰고, 1타 차 공동 2위인 어니 엘스, 가르시아, 디마르코가 타이거를 여전히 위협했다. 마지막 라운드를 남기고 선두였을 경우 10번 모두 우승을 했었던 완벽한 기록을 이번에도 이어나갈지 관심이 집중되었다. 타이거는 14번, 15번, 16번 홀에서 연속 버디를 잡아내며 67타를 쳐서 합계 18언더파 270타로 디마르코의 끈질긴 추격을 2타 차이로 뿌리치고 2년 연속 우승을 거둔다. 1982년, 1983년 연속 우승했던 톰 왓슨 이후 처음 있는 일이었다. 우승 퍼트를 끝낸 타이거는 캐디인 스티브 윌리엄스의 어깨에 기대어 아버지를 생각하며 통곡했다.

캐디 윌리엄스는 4라운드 동안 단 3차례의 미스 샷을 보았다고 말했을 정도로 완벽한 우승이었다. 타이거는 4라운드 동안 드라이버를 한 번밖에 사용하지 않았고 페어웨이 벙커에 한 번도 들어가지 않았으며 페어웨이 적중률 86퍼센트로 1위, 그린 적중률 81퍼센트로 2위를 기록하며 그의 11번째 메이저 우승을 달성하였다. 그는 드라이버도 아버지도 없었지만 오직 머리를 써서 승리했다. 월터 하겐의 메이저 우승기록과 동률이 되었고 잭 니클라우스보다 2년 일찍 11승을 달성한 기록이므로 니클라우스의 18승 기록을 경신하는 것은 이제 시간문제로 보였다.

2006 PGA 챔피언십 우승

2006년 PGA 챔피언십은 시카고 근교의 메다이나 컨트리클럽으로 돌아왔다. 1999년 타이거가 처음으로 PGA 챔피언십을 우승했던 장소이며 코스의 전장이 길어서 장타자에게 유리한 곳이었다. 지난 7월 디오픈에서 우승했던 타이거는 이제 아버지를 잃은 슬픔에서 벗어났고 1999년 우승 때보다 더 성숙한 모습으로 나타났다. 스윙이 바뀌었고 아이언 샷과 퍼팅이 훨씬 더 날카로워졌으며 무엇보다도 30세가 된 타이거는 코스 매니지먼트에 훨씬 더 현명한 전략가가 되어 있었다. 체격적인 재능과 강인한 정신력을 갖추었으면서도 연습을 가장 열심히 하는 선수이므로 최고가 되는 것은 당연했다.

1라운드에서 69타로 공동 10위에 오른 타이거는 2라운드에서 68타를 치면서 7언더파가 되어 루크 도널드 등 8언더파 공동 선두 4명의 뒤를 이어 공동 5위가 되었다. 3라운드에서는 코스레코드인 65타를 쳤고 루크 도널드와 공동 선두에 나서게 되었다. 다른 선수들은 루크 도널드의 18번 홀 버디 퍼트가 성공되어 타이거를 2위로 밀어내어 줄 것을 바라고 있었다. 3라운드 이후 11번이나 선두에 나서서 한 번도 패배한 적이 없는 타이거의 기록을 알고 있기 때문이었다. 그러나 루크 도널드의 퍼트가 빗나가서 공동선두가 되었고, 마지막 라운드에서 타이거와 함께 챔피언 조로 플레이하게 되었다.

4라운드가 시작되자마자 1번 홀에서 4미터 버디를 잡고 선두에 나선 타이거는 6번 홀에서 13미터 버디 퍼트를 성공시켰고, 8번 홀에서 또 13미터짜리 롱 버디 퍼트를 성공시키는 신기를 보여주며 마지막 홀까지 누구의 위협도 받지 않고 68타로 마무리하여 우승을 차지했다. 69-68-65-68, 합계 270타 18언더파의 스코어로 2위 숀 미쉘Shaun Micheel을 5타 차이로 따돌렸다. 1999년 대회에서 마지막까지 타이거를 위협했던 라이벌 세르히오 가르시아는 이번에도 타이거의 벽을 넘지 못하고 3위에 머물렀다. 우승 후 기자회견에서 4라운드에 보여준 신기의 퍼팅비법에 대한 질문이 있었는데 타이거는 전날 65타를 쳤던 라운드의 녹화방송을 보며 자기 퍼팅의 결점을 발견하고 고쳤다는 대답을 했다. 코스 레코드 65타를 치고도 퍼팅에 결점이 있었다는 타이거의 답변은 골프에 끝이 없다는 의미와 같았다.

타이거는 메이저 대회 3라운드에서 선두에 나설 경우 절대로 패배하지 않는다는 신화를 이어가며 메이저 12승을 달성했다. 12승이 모두 3라운드 선두 이후에 이루어진 것이었다. 또한 PGA 챔피언십 사상 처음으로 같은 골프장에서 두 번 우승을 한 선수가 되었고 18언더파로 최저타 기록과 타이 기록을 남겼다.

2005년, 2006년 연속해서 메이저 2승씩을 거둔 타이거는 제2의 전성기를 누리고 있었으며, 2006년에 PGA 8승을 기록하며 상금왕에 올랐다.

2007년 PGA 챔피언십 타이틀 방어

2007년 마스터스 대회 3라운드가 끝나고 타이거는 선두 스튜어트 애플비Stuart Appleby에게 1타 뒤진 공동 2위가 되어 마지막 라운드의 챔피언 조에서 플레이하였지만 우승을 잭 존슨Zach Johnson에게 빼앗기고 2타 차 공동 2위에 만족해야 했다. 3라운드 후에 선두에 나서지 못하면 우승도 없다는 신화는 계속되고 있었다.

US오픈에서도 비슷한 상황이 벌어졌다. 펜실베이니아 주의 오크몬트 컨트리클럽에서 열린 대회에서는 4일 동안 언더파의 라운드가 8번밖에 나오지 않는 어려운 코스 상태였다. 3라운드 후 4오버파가 된 타이거는 선두 애런 배들리Aaron Baddeley에게 2타 뒤진 단독 2위로 챔피언 조에서 플레이했지만 아르헨티나의 앙겔 카브레라Angel Cabrera가 우승을 차지하며 1타 차 공동 2위가 되었다. 디오픈에서는 아일랜드의 패드릭 해링턴Padraig

Harrington이 우승했고, 타이거는 12위에 그치는 실망스러운 결과를 가지고 돌아왔다.

2007년의 마지막 메이저 대회인 PGA 챔피언십을 준비하는 타이거의 마음속에는 실망감과 초조함 그리고 분노가 섞여있었다. 전주에 WGC^{World Golf Championship} 대회인 브리지스톤 인비테이셔널에서 8타 차이로 우승했던 타이거는 대회가 끝난 후 11시간 만에 1,500킬로미터나 떨어진 오클라호마 주의 서던 힐스 컨트리클럽^{Southern Hills Country Club}에 나타나서 월요일 새벽부터 연습 라운드를 시작했다. 새로 리노베이션을 끝낸 코스의 특징을 파악하고 전략을 세우기 위해서였다.

매년 8월에 열리는 PGA 챔피언십은 언제나 고온, 고습의 날씨와 싸우는 대회였는데 이번 대회의 기온은 특히 살인적이어서 4일 내내 38도를 넘었고, 습도도 높아서 선수들이 집중력을 발휘하기 어려웠다. 1라운드에서 71타를 친 타이거는 20위권으로 부진한 출발을 했지만 2라운드에서 63타를 몰아치며 선두가 되었다. 메이저 대회의 최저타 기록은 63타인데 역사상 26번의 63타 기록이 있었지만 아무도 62타를 치지 못했다. 18번 홀에서 5미터짜리 버디 퍼트가 홀을 돌아 나오며 63타가 된 타이거의 기록은 62.5타로 인정해야 한다는 말이 나올 정도로 아쉬운 장면이었다. 3라운드에서 69타로 3타 차 선두에 나선 것은 우승경쟁을 하는 모든 선수들에게 나쁜 소식이었다. PGA 투어에서 단독 선두에 나섰던 23회 동안

2007년 타이거 우즈의 스윙. 2004년에 새 코치 행크 해니와 스윙을 교정한 후 제2의 전성기를 열었다.

100퍼센트 우승을 한 것은 물론이고, 마지막 라운드의 평균타수가 69.25타이므로 그가 무너질 확률은 없기 때문이었다.

마지막 라운드에서 우디 오스틴Woody Austin이 1타 차이로 바짝 뒤를 추격하기도 했지만 69타를 친 타이거는 결국 2타 차로 우승을 결정지었다. 두 번째로 챔피언 타이틀을 방어했고 네 번째 PGA 챔피언에 오르며 20킬로그램이나 되는 무거운 우승컵 워너메이커 트로피Wanamaker Trophy를 들어올렸다. 3라운드 후에 선두에 나서면 모두 우승하는 신화를 13번째 이어갔고 보비 존스의 메이저 13승 기록과 동률이 되었다. 첫 딸 샘을 낳고 아버지로서 차지한 첫 메이저 우승이었으므로 감격이 더 컸다. 우승 후 타이거는 "주어진 골프코스를 플레이할 뿐이며 코스와 싸워서는 안 된다"는 말을 남겼다. 2007년 7승을 올린 타이거는 사상 최고의 상금액인 10,867,052달러를 벌어들이며 상금왕에 올랐다.

2008년 US오픈 챔피언

2008년 마스터스에서는 남아프리카 공화국의 트레버 임멜만Trevor Immelman이 와이어 투 와이어 우승을 차지했고 타이거는 또 한 번 실망스러운 2위를 하며 그랜드 슬램의 꿈을 접어야 했다. 대회가 치러진 내내 퍼팅 때문에 고통을 받았던 타이거는 아무리 천재적인 퍼터라도 슬럼프를 경험하게 된다는 사실을 인정해야 했다.

2008년 US오픈은 샌디에이고 근교의 퍼블릭 골프코스인 토리 파인스 골프클럽Torrey Pines Golf Club에서 개최되었다. 이 코스에서 프로 대회를 6번이나 우승했었고 금년에는 전장 6,987미터에 파71로 준비되어 메이저 대회 역사상 가장 긴 코스이므로 타이거에게 상당히 유리했다. 두 달 전, 마스터스 대회 직후 무릎수술을 했던 타이거는 수술 후 처음 참가하는 이번 대회에서 우승하여 자신의 건재함을 증명하고 싶었다.

1라운드에서 72타로 10위권 밖이었던 타이거는 2라운드에서 3언더파 68타를 치며 공동 2위가 되었다. 3라운드에서는 초반에 부진하여 12번 홀까지 4오버였지만 나머지 6개 홀에서 이글 두 개와 칩인 버디를 성공하는 등 5언더파를 몰아치며 70타를 쳐서 3언더파로 단숨에 선두가 되었고 1타 차 2위에 리 웨스트우드, 3위에 1언더파의 로코 미디어트Rocco Mediate가 추격을 하는 형세였다. 3라운드 후에 타이거가 선두에 나서는 것을 본 경쟁 선수들은 대부분 추격의 의지를 잃고 그의 우승을 의심하지 않았다. 다만 수술했던 왼쪽무릎의 통증을 호소하며 절뚝거리며 걷는다는 것이 변수였다. 수술 후 컴백이 너무 성급했다는 분석들이 제기되고 있었다.

4라운드가 시작되면서 1번 홀에서 더블보기를 한 타이거는 2번 홀에서 보기를 추가하며 바로 선두에서 밀려났고 우승자를 점치기 어려운 혼전의 양상이 되었다. 네 라운드 동안 1번 홀에서만 더블보기를 세 번이나 하여 6타를 잃은 타이거는 드라이브 샷이 페어웨이를 벗어나는 것을 한탄했다. 9번, 11번 홀의 버디로 다시 선두에 나섰지만 14번 홀에서 로코 미디어트가 버디를 하며 1타 차로 역전에 성공하며 새로운 선두가 되었다. 43세의 미디어트는 지역예선에서 연장전까지 가는 사투를 하며 간신히 본선에 올라왔고, 아무도 그를 주목하지 않았지만 타이거의 메이저 14승을 저지할 기세였다.

파5, 18번 홀에 도착했을 때 선두는 여전히 미디어트였고 타이거와 웨스트우드가 1타 차이로 추격하고 있었다. 타이거의 티샷은 벙커로 갔고 벙커를 탈출한 샷이 이번에는 러프에 멈췄다. 러프에서 연못을 넘긴 어프로치 샷이 홀에서 3.6미터 지점에 멈췄다. 앞 조에서 18홀을 파로 끝낸 미디어트는 두 선수의 플레이를 지켜보며 타이거가 버디 퍼트를 성공시킬 것이라는 불안한 생각을 하고 있었는데 그의 예감이 적중했다. 왼쪽으로 휘어지는 라인으로 퍼트를 한 공은 홀컵을 돌며 그대로 들어갔고 때때로 왼쪽 무릎을 절뚝이던 타이거는 허공에 주먹을 휘두르며 버디 세리모니를 하였다. 웨스트우드는 버디 퍼트에 실패하여 1타가 모자랐고 월요일에 타이거와 미디어트의 18홀 연장전이 벌어지게 되었다.

월요일의 연장승부에서 타이거는 10번 홀까지 3타를 리드하며 승리를 낙관했지만 11번, 12번 홀에서 연속 보기한 틈을 타 미디어트가 13번, 14번, 15번에서 연속 3홀 버디를 잡으며 1타 차 역전에 성공했다. 파5, 18번 홀을 남기고 1타 뒤졌던 타이거는 완벽한 드라이브 샷과 어프로치 샷으로 투온에 성공했고 1미터가 조금 넘는 버디 퍼트를 남기게 되었다. 12,000명이 넘는 관중들이 숨을 죽이며 지켜보고 있는 가운데 퍼팅을 한 공은 그대로 홀컵 가운데로 빨려 들어갔고 두 선수는 서든데스를 위해 7번 홀로 향했다. 그리고 91번째 홀에서 드디어 승부가 났다. 파를 잡은 타이거가 보기를 한 미디어트를 물리치고 14번째 메이저 우승컵을 안았다. 우승 후 기자회견에서 자기가 극복해야 했던 무릎부상을 떠올리며 메이저 14승 중에서 가장 값지고 어려운 우승이었다고 말했다.

타이거는 그의 세 번째 커리어 그랜드 슬램을 달성했고 메이저 13승의 보비 존스를 추월하여 이제 니클라우스의 18승 고지만을 남겼으며 3라운드 후에 선두 또는 공동 선두였을 때 모두 우승을 거두는 신화를 이어갔다. 또 PGA 투어 65승째를 거두며 벤 호건의 64승을 추월했고, 이제 니클라우스의 73승과 샘 스니드의 82승 기록에 도전하게 되었다. 그러나 무릎 재활을 위하여 2008년 시즌의 나머지 경기들을 포기하게 된다.

타이거 신화를 멈추게 한 양용은,
2009년 PGA 챔피언십

2009년 마스터스와 US오픈에서 연달아 6위에 그쳤고 디오픈에서 컷 탈락의 수모를 겪었던 타이거는 마지막 메이저 대회인 PGA 챔피언십을 위해 컨디션을 조절하며 다른 대회의 참가스케줄을 조정했다. PGA 챔피언십은 미네소타 주의 해즐타인 내셔널 골프클럽에서 개최되었는데 2002년 이곳에서 열렸던 PGA 챔피언십에서 2위를 했던 타이거는 코스를 잘 알고 있어서 우승이 가능하다고 생각했다. 당시에는 마지막 네 홀에서 연속 버디를 하고도 1타가 모자랐지만 이번에는 자신이 있었다.

1라운드가 시작되면서 5언더파 67타를 친 타이거가 선두에 나섰고, 2라운드에서 70타를 친 후 해링턴, 비제이 싱 등 공동 2위 그룹을 4타 차이로 앞서게 되었다. 3라운드에 71타로 2타 차 선두를 유지하게 되자 타이거의 와이어 투 와이어 우승을 기정사실로 받아들이는 분위기가 되었다. 메이저 대회 3라운드 후 14번 선두에 나서서 100퍼센트 우승을 했던 기록과 7년 전 이곳에서 열렸던 PGA 챔피언십의 마지막 라운드에서 67타를 쳤던 기록을 보면 그의 우승을 의심할만한 이유를 찾을 수 없었다. 공동 2위는 아일랜드의 해링턴과 3라운드에서 데일리 베스트 67타를 치며 선두권으로 올라온 대한민국의 양용은이었는데 세계랭킹 110위였던 무명의 양용은을 주목하는 사람은 없었다. 다만 해링턴이 메이저 3승을 했던 실력자이고 2008년에만 2승을 했으므로 약간의 변수가 될 수 있다고 인정하는 분위기였다.

1972년, 8남매의 넷째로 제주도에서 태어난 양용은은 19세 때 처음으로 골프채를 잡아본 후 골프연습장에서 일하며 독학으로 스윙을 배웠고 군대에 다녀와서 24세에 프로가 된 늦깎이 골퍼였다. 2004년부터 일본 투어 4승, 한국 투어 2승에 불과한 성적이었지만 2006년 한국오픈 우승으로 참가자격을 획득한 유러피언 투어의 메이저 대회인 HSBC 챔피언십에서 타이거 우즈를 2위로 따돌리며 우승을 했던 저력의 사나이였다. 2008년 미국 PGA 투어 큐스쿨을 통과하며 PGA 투어 출전권을 땄지만 상금랭킹 157위의 부진한 성적으로 인해 2009년 시즌 큐스쿨을 다시 통과해야 했던 어려움도 극복해냈다. 그러나 2009년 3월, 세계랭킹 460위의 무명 양용은이 PGA 혼다 클래식에서 우승함으로써 한국 골퍼로서 최경주에 이어 두 번째 PGA 대회 우승자가 되었고 PGA 선수들 사이에서 실력을 인정받게 되었다. 해링턴이 3라운드 후의 인터뷰에서 타이거와 챔피언 조에서 플레이하게 될 양용은을 얕보지 말라고 말한 것을 보아도 동료선수들의 그를 어떻게 평가하고 있었는지 짐작할 수 있다. 그러나 미디어에서는 PGA 투어 70승 선수와 1승 선수의 대결이 싱겁게 끝날 것이라는 기사를 내보내고 있었다. 그도 그럴 것이 타이거는 PGA 투어에서 3라운드 이후 선두에 나섰던 50번의 대회에서 47승을 이뤄냈기 때문이다.

마지막 라운드에 나타난 타이거는 그의 우승 색깔인 붉은 상의에 검정색 바지를 입었고, 양용은은 한국인이 백의민족이라는 것을 상징하는 흰색 상의와 바지 그리고 모자까지 맞춰서 쓰고 마지막 전투를 준비했다. 타이거와 동반라운드는 처음이지만 지더라도 잃을 것이 없다는 홀가분한 마음으로 1번 티에 도착했다.

4라운드가 시작되면서 타이거는 1번, 2번 홀에서 연달아 가까운 버디 퍼트를 놓쳤고 3번 홀에서 양용은이 버디, 4번 홀에서 타이거가 3퍼트를 하며 보기를 하자 두 선수는 7언더파로 공동선두가 되었다. 5번 홀에서 양용은 보기, 파3, 8번 홀에서 타이거가 보기로 두 선수는 다시 6언더파 공동 선두가 되었고, 7번 홀까지 양용은과 동타로 따라오던 해링턴은 파 3, 8번 홀에서 8타를 치며 순식간에 5타를 잃고 우승 경쟁에서 탈락했다. 타이거가 11번 홀에서 버디를 하며 선두가 되더니 12번 홀에서 보기를 하여 다시 공동선두가 되는 팽팽한 접전이 계속되었다.

승부는 원온이 가능한 짧은 파4, 14번 홀에서 기울기 시작했다. 타이거 의 티샷은 그린사이드 벙커로 들어갔고 양용은의 티샷은 그린 우측을 살 짝 벗어난 페어웨이에 멈췄다. 신중하게 친 양용은의 칩샷이 그대로 홀 컵 안으로 들어가면서 이글이 되었는데, 대회 시작 후 68홀 만에 처음으 로 선두에 나서는 순간이었다. 타이거도 3미터 버디 퍼트를 성공시키며 1타 차로 따라왔다. 파3, 17번 홀에서 양용은의 아이언 티샷이 그린 가운 데에 안전하게 떨어졌고 타이거는 그린을 훌쩍 넘기며 깊은 러프로 가는 티샷을 한 후 망연자실했다. 타이거의 칩샷이 홀보다 많이 짧아서 보기가 거의 확실해진 상황에서 승기를 잡았던 양용은의 실수가 나왔다. 투 퍼트 파만 하면 승리가 굳어지는 순간이었는데 첫 퍼트를 2미터 가량이나 짧 게 치더니 쓰리 퍼트 보기를 범하고 만 것이다. 이제 거의 다 잡았던 타이거를 다시 풀어주는 모습이었다.

　1타 차로 뒤진 가운데 18번 홀에 도착한 타이거는 434미터의 까다로운 홀에서의 티샷이 중요하다는 것을 알고 있었다. 먼저 티샷을 한 양용은의 공은 페어웨이 왼쪽의 퍼스트 컷 러프 192미터 지점에 멈췄는데 라이는 괜찮았지만 공과 깃발 사이에 높은 나무가 서 있었고 깃발은 왼쪽의 그린 사이드 벙커를 살짝 넘어 꼽혀 있어서 누가 보아도 어려운 어프로치 샷을 남겼다. 반면 타이거의 티샷은 페어웨이 오른쪽 174미터 지점 완벽한 위치에 멈췄다. 나무의 아래 위를 훑어보던 양용은은 3번 하이브리드 클럽을 선택하여 부드러운 스윙을 한 후 나무 위로 넘어가는 공을 불안하게 지켜보고 있었는데 공이 바로 깃발 앞에 떨어지면서 관중들의 큰 함성소리가 터져 나왔다. 이 샷은 PGA 챔피언십 역사상 가장 위대했던 샷들 중 하나로 꼽히고 있다. 이제 타이거의 어프로치 샷에 운명이 달려있는데 신중하게 친 4번 아이언 샷은 깃발 왼쪽의 그린을 살짝 벗어난 긴 러프에 멈췄다. 타이거의 칩샷 버디 시도는 성공하지 못해서 보기를 했고 양용은의 마지막 버디 퍼트는 홀의 가운데로 들어가면서 3타 차의 역전 우승이 결정되었다. 우승 후 자신의 골프백을 머리 위로 높이 들어 올리는 양용은의 우승 세리머니를 바라보며 타이거는 고개를 숙였다. 그 이후 타이거의 메이저 대회 성적은 내리막길을 달리게 되었다.

"After Yang took down Tiger, major golf was never the same(양용은이 타이거를 물리치고 우승한 후 타이거의 화려한 메이저 우승 행진은 사실상 끝이 났다)."

양용은의 우승은 아시아 인종 최초의 메이저 우승으로 골프 역사에 남게 되었고 한국 골프가 아시아 최고로 인정받는 계기가 되었다. 아시아 골프의 메이저 대회 역사를 보면 아쉽게 준우승을 했던 경우가 세 번 있었다. 1971년 디오픈에서 2위를 했던 대만의 루량환, 1980년 US오픈에서 2위였던 일본의 이사오 아오끼, 1985년 US오픈에서 아깝게 2위를 했던 대만의 첸TC Chen이었다. 일본과 대만의 골프계는 자기들보다 후발주자인 한국의 메이저 우승을 보며 망연자실했다. 우승 후 클럽하우스에 들어간 양용은을 맞이하며 한 종업원이 말을 건넸다. "게임이 중계되는 동안 이 텔레비전 앞에서 얼마나 많은 선수들이 당신을 응원했는지 아는가?" 타이거는 선수들 사이에서 공공의 적이었다.

이 우승은 골프 역사상 예상을 뒤엎은 위대한 역전 드라마 톱3 중 하나로 기록되고 있는데, 첫째는 1913년 US오픈에서 영국의 해리 바든과 연장전까지 가는 접전 끝에 우승한 20세의 무명 아마추어 프란시스 위멧이었고, 둘째는 1955년 US오픈에서 벤 호건의 다섯 번째 우승을 저지하며 연장전 끝에 우승한 무명 골퍼 잭 플렉의 이야기 그리고 셋째가 바로 2009년

PGA 챔피언십에서 양용은이 타이거 우즈에게 역전 우승한 스토리이다.

타이거의 3라운드 선두 후 14번 연속 우승의 신화는 15번째에서 멈췄고 잭 니클라우스의 메이저 18승 기록 경신을 위해 순항하던 길에도 빨간 불이 켜졌다. 마지막 라운드에서 타이거의 샷은 날카로웠고 힘에서 양용은을 압도하는 듯했지만 33퍼트를 한 퍼팅의 부진이 결정적인 문제였다. 퍼팅을 잘하지 못하는 선수는 절대로 우승할 수 없다는 평범한 골프의 이치가 다시 한 번 증명된 것이다.

세계랭킹 1위

양용은에게 불의의 일격을 당한 타이거의 경기리듬은 점차 흔들리기 시작했다. 그러면서 2009년 말에 불미스러운 스캔들이 터져 나왔고, 이혼을 하는 등 개인적으로 복잡한 상황이 얽혀졌다. 그 이후 슬럼프에 빠지고 성적이 나빠지더니 2010년 10월, 281주 동안 지켜왔던 세계랭킹 1위의 자리를 리 웨스트우드에게 빼앗기게 되었다. 타이거는 2010년 8월, 스윙코치 행크 해니와 결별하고 새로운 코치 숀 폴리Sean Foley를 영입하여 또 한 번 스윙 체인지를 시도했다. 2010년 프로 데뷔 이후 13년 만에 처음으로 PGA 투어의 우승이 없이 시즌을 끝내며 상금랭킹 68위가 되었고, 2011년에는 잦은 부상으로 PGA 시합에 9번밖에 출전하지 못하고 우승 없이 상금랭킹 128위까지 밀리는 수모를 겪었다. 2011년 7월, 12년 동안 호흡을 맞춰온 캐디 스티브 윌리엄스와 헤어지고 새 캐디 조 라카바^{Joe LaCava}를 영입하는 등 변화를 찾았지만 슬럼프는 멈출 줄을 몰랐다.

2012년 부상에서 탈출한 타이거의 성적이 점차 회복되면서 PGA 투어 3승을 하여 상금 랭킹 2위까지 상승했고, 2013년 3월, 다시 세계랭킹 1위에 복귀한 후 2014년 5월 아담 스콧^{Adam Scott}에게 빼앗길 때까지 또다시 60주 동안 1위의 자리를 지켰다. 타이거는 세계랭킹 1위를 통산 683주 동안 지키는 신기록을 달성했다. 또 PGA 투어 5승을 거두며 상금왕의 자리에도 복귀했다. 그러나 2014년부터 다시 허리 부상 때문에 PGA 대회에 7번밖에 출전하지 못했고, 8월에는 스윙코치 숀 폴리와 결별한 후 새로운 코치 크리스 코모^{Chris Como}를 영입하여 꾸준히 스윙 재건에 힘을 쏟고 있다.

타이거는 다시 메이저 챔피언에 복귀할 수 있을 것인가?

타이거가 다시 메이저 대회에서 우승하여 잭 니클라우스의 18승에 계속 도전할 수 있을지에 대한 의문이 계속 제기되고 있으며 전문가들의 의견도 엇갈리고 있다. 1996년 타이거가 프로에 데뷔한 이후 그는 골프산업 전체를 끌고 나가는 동력이었다. 그가 컴백해야 골프산업이 살아나고 젊은 골퍼들을 영입해 올 수 있지만 상황은 낙관적으로 보이지 않는다. 왜냐하면 타이거가 니클라우스의 기록 달성에 큰 의미를 두지 않는다는 보도가 나오고 있기 때문이다. 타이거 자신은 이미 니클라우스의 기록을 뛰어넘었다고 생각할지도 모른다. 1년에 4회씩 열리는 WGC 세계 골프 챔피언십 대회에서도 타이거가 18승을 달성할 동안 제프 오길비Geoff Ogilvy가 3승을 달성했을 뿐 타이거와 대적할 경쟁자가 없었다. 현재 PGA 투어 79승을 기록 중인 타이거는 최다승의 기록인 샘 스니드의 82승을 충분히 경신할 수 있을 것으로 보이지만 부상에서 얼마나 완전하게 회복하느냐가 가장 큰 문제이다.

위대한 골퍼들의 전성기가 끝날 때는 체력이 모자라서가 아니고 정신력이 지쳐서 회복이 불가능한 상황에 빠지기 때문이다. 타이거의 정신력이 어느 정도 지쳐있는지 보이지는 않지만 그가 대규모 레스토랑을 여는 등 비즈니스에 시간을 투자하는 모습을 보면서 그의 메이저 챔피언 복귀가 쉽지 않을 것이라는 예측이 가능하다. 골프는 정신력을 100퍼센트 몰입하지 않으면 집중력이 떨어지면서 퍼팅이 말을 안 듣게 되고 퍼팅을 못하면 우승컵도 없게 되는 게임이기 때문이다.

또 한 가지 중요한 사실은 이제 타이거의 나이가 만 40세를 넘었다는 것이다. 1960년 이후 메이저 챔피언들의 평균나이는 32세였는데 타이거가 2008년 US오픈에서 마지막 메이저 우승을 했을 때와 같은 나이이다. 2000년 이후 60회의 메이저 대회에서 40세 이상의 선수가 우승을 한 경우는 네 번뿐이고 그 중 세 번이 디오픈 우승이었다. 메이저 대회에서 우승하려면 샷 컨디션이 아주 좋은 때와 메이저 대회가 열리는 시기가 맞아 떨어져야 한다. 나이를 먹는다는 것은 컨디션 좋은 날이 점점 줄어들고 있다는 의미이므로 메이저 대회의 우승 가능성이 적어지는 것이다. 유명했던 선수들의 마지막 메이저 우승 나이를 돌아보면 아놀드 파머 34세, 톰 왓슨 33세, 조니 밀러 29세, 세베 발레스테로스 31세 등으로 30대 중반을 넘기기 어려웠다. 세계의 골프팬들은 체격적인 조건이 가장 우수하고 정신력마저 최강이었던 타이거가 나이의 벽마저 넘을 수 있을지 지켜보고 있다.

타이거는 벤 호건이나 모 노먼Moe Norman처럼 역사가 인정하는 자기만의 스윙을 가지고 싶어 했다. 그런 그의 꿈이 이루어질 수 있을지 지켜보는 것도 흥미로운 일이다.

역사상 가장 위대한 골프 선수는 누구인가?

역사상 가장 위대했던 선수를 선정한다고 하면 4명 정도의 후보자를 고를 수 있을 것이다.

1. 보비 존스(1902~1971)

그는 많은 상금을 벌 수 있었던 프로선수로의 전향을 거부하고 아마추어선수로 활동하다가 은퇴했다. 1930년 28세의 나이에 당시 4대 메이저 대회로 인정받았던 US오픈, US 아마추어, 디오픈, 브리티시 아마추어 챔피언십을 한 해에 모두 우승하여 역사상 유일한 그랜드 슬램으로 인정받는 업적을 남기고 깜짝 은퇴를 선언했다. 아마추어 신분으로 출전하면서도 프로들의 메이저 대회인 US오픈 우승 4회, 디오픈 우승 3회를 거두며 프로골프를 평정했고, US 아마추어 우승 5회, 브리티시 아마추어 우승 1회로 아마추어 골프에서도 역사상 최고였다. 1923년 21세에 처음으로 US오픈에서 우승한 이후 21회 참가한 메이저 대회에서 13회 우승이라는 놀랄 만한 승률을 기록했다.

그는 골프를 하면서 공부를 병행하여 조지아텍 공대를 졸업하고 하버드 대학에서 영문학을 전공하여 졸업한 후 애틀랜타 최고의 명문인 에모리 대학의 법대에 진학하여 변호사가 된 수재이다. 자기 생활을 골프에 올인하지 않고 가장 중요한 것은 가족이며, 둘째가 직업, 셋째가 골프라고 말하면서도 당대 최고의 골퍼가 되었다. 은퇴 후 메이저 대회 중 하나인 마스터스 대회를 만들어 모든 골퍼들이 가장 우승하고 싶어 하는 대회로 발전시켰다. 보비 존스는 공부에서도 골프에서도 천재였다.

2. 벤 호건(1912~1997)

골프의 신만큼 공을 완벽하게 친다고 인정받은 벤 호건은 골프의 천재라는 표현보다 연습이 만들어낸 걸작이라는 표현이 더 어울린다. 가난했던 어린 시절에 캐디 생활을 하여 집안을 도우며 골프를 배웠고, 키 170센티미터의 왜소한 체격이지만 끝없는 연습으로 핸디캡을 극복했다. 고등학교 공부를 중단하고 17세에 프로골퍼가 된 후 10년 동안이나 우승 없이 가난한 골퍼로 떠돌았지만 포기하지 않았다.

1940년에 드디어 우승을 거두기 시작한 후 1948년 최고의 전성기가 찾아와서 메이저 대회 2승을 포함한 PGA 11승을 거두며 상금왕이 되었다. 그러나 1949년 2월, 치명적인 교통사고를 당하여 목숨만 겨우 건지고 골프 선수로서의 생명이 끝났다는 진단을 받았지만 불과 1년 만에 재기에 성공하여 1950년 US오픈 챔피언이 되었다. 메이저 챔피언의 자리에 돌아왔지만 평생 동안 다리의 고통을 참으며 플레이해야 했다. 1953년에는 마스터스, US오픈, 디오픈을 우승하여 최초로 한 해에 메이저 3승을 달성한 선수가 되었고, 자동차 사고 후에만 메이저 6승을 이뤄냈다. 결국 메이저 9승으로 그의 선수 생활은 끝이 났지만 1949년의 사고가 없었더라면 상상할 수 없는 대기록을 달성했을지도 모른다.

3. 잭 니클라우스(1940~)

우선 메이저 18승으로 역사상 최다 승자이다. 1962년 US오픈에서 스물두 살에 첫 메이저 대회를 우승한 후 1986년 마흔여섯 살에 마지막 메이저 대회를 우승할 때까지 24년 동안이나 전성기를 누렸다. 선수 생활을 하는 동안 아무런 스캔들이나 사고가 없었으며, 지금까지도 수많은 젊은 선수들의 우상으로 칭송받고 있다. 그의 자세한 활약상은 본문에 잘 나와 있다.

4. 타이거 우즈(1975~)

2000년 US오픈을 시작으로 4개 메이저 대회를 연속으로 우승하여 일명 '타이거 슬램'을 달성한다. 마스터스와 디오픈의 언더파 기준 최저타 우승기록을 가지고 있으며, 2000년 US오픈에서 기록한 15타 차 우승은 메이저 대회 기록이다. 매년 최저 평균타수를 기록한 선수에게 수여하는 바든 트로피를 무려 9번이나 수상했다.

골프팬 여러분이 뽑는 역사상 최고의 선수는 누구인가?

참고문헌

『The Masters of Golf』 Dick Aultmann / Ken Bowden

『A Golfer's Life ARNOLD PALMER』 James Dodson

『A Personal Journey ARNOLD PALMER』 Thomas Hauser

『ARNIE The Evolution of a Legend』 Mark H. McCormack

『Arnie & Jack』 Ian O'Connor

『Gary Player World Golfer』 Gary Player

『Gary Player TO BE THE BEST』 Gary Player

『My Story Jack Nicklaus』 Ken Bowden

『Memories and Mementos』 Jack Nicklaus

『Golf & Life Jack Nicklaus』 Dr. John Tickell

『The Snake in the Sand Trap』 Lee Trevino / Sam Blair

『Super Mex』 Lee Trevino / Sam Blair

『Four Days in July / Tom Watson』 Jim Hurber

『Life Swings』 Nick Faldo

『DRIVEN The Definitive Biography of Nick Faldo』 Dale Concannon

『Training a Tiger』 Earl Woods

『Playing Through』 Earl Woods

『Tiger Woods Biography』 Lawrence J. Londino

『The Passion of Tiger Woods』 Orin Starn